하룻밤에 읽는
금강경

하룻밤에 읽는 금강경

초판 1쇄 인쇄 2016년 11월 11일
초판 1쇄 발행 2016년 11월 22일

번역 • 해설 유중

펴낸이 유중 | 펴낸곳 도서출판 사군자
주소 서울 마포구 동교로27길 12 동교씨티빌 201호
등록 1999년 4월 23일 제1-2484호
전화 323~2961 | 팩스 323~2962
E-mail sagoonja@netsgo.com

값 16,000원
ISBN 978-89-89751-40-3 (03220)

※ 파손된 책은 서점에서 바꿔드립니다.

하룻밤에 읽는 금강경

붓다의 가르침을 너무 길지도 않고 너무 짧지도 않게 엮은 금강경. 삼천대천세계에 칠보를 가득 채워 보시하는 것보다 이 경의 네 구절만이라도 마음에 새기고 남에게 설해주는 것이 보다 낫다. 모든 부처와 모든 부처의 아뇩다라삼먁삼보리가 다 이 경에서 나오기 때문이다.

유중 번역·해설

사군자

● 차례

들어가는 말 • 6

1 가르치지 않고 가르치다 • 15
2 수보리가 무상정등각의 법을 청하다 • 23
3 어떻게 마음을 다스려야 할까? • 33
4 어떻게 살아야 할까? • 47
5 무릇 형상이 있는 것은 모두 허망하다 • 56
6 내 설법은 뗏목과 같은 것이다 • 62
7 무위법(無爲法)으로 차별을 두다 • 78
8 모든 부처와 아뇩다라삼먁삼보리법이 이 경에서 나오다 • 92
9 들어가고 나오는 것도 없고, 가고 오는 것도 없다 • 103
10 어디에도 머무는 바 없이 마음을 내야 한다 • 118
11 이 경의 공덕은 헤아릴 수 없다 • 133
12 이 경이 있는 곳은 부처가 있는 곳과 같다 • 138
13 이 경은 금강반야바라밀경이라 한다 • 142
14 지혜의 눈이 생기다 • 161
15 이 경은 불가사의하고 비교할 수가 없다 • 194
16 이 경은 뜻도, 과보도 헤아릴 수 없다 • 205

17 무아법을 통달하면 참된 보살이라 한다 • 216

18 이는 여래가 구족한 다섯 가지 눈이다 • 244

19 복덕이라는 게 없기 때문에 받을 복덕이 많다 • 257

20 구족한 색신으로 여래를 볼 수 없다 • 263

21 여래가 설한 법이 없다 • 269

22 아뇩다라삼먁삼보리라 깨달았다 할 어떤 법이 없다 • 277

23 선법을 닦으면 아뇩다라삼먁삼보리를 얻는다 • 282

24 반야바라밀경의 공덕은 비교할 수 없다 • 288

25 범부들은 자아가 있다고 여긴다 • 293

26 법으로 여래를 보아야 한다 • 299

27 모든 현상은 단멸하는 게 아니다 • 309

28 자아도 없고 생겨남도 없는 법을 인욕으로 성취하다 • 316

29 여래란 어디로 가는 것도 아니고 어디로부터 오는 것도 아니다 • 324

30 모이나 흩어지나 한 모습이다 • 329

31 일체 법을 이렇게 알고, 이렇게 보고, 이렇게 학신하라 • 339

32 모든 유위법은 꿈 같고 물거품 같다 • 347

진언 • 358

● 들어가는말

　　우리는 태어난 후 다른 것은 몰라도 적어도 '자아'야말로 정말 실재한다고 인식한다. 지혜에 비추어 보면, 어떤 근거도 발견할 수 없는데도 그렇게 인식한다.
　　그러나 이것이 바로 부처와 범부 사이를 가로막고 있는 유일한 장애다. 모든 집착은 자아에 대한 집착으로부터 나오기 때문이다.
　　만약 우리가 자아라는 생각, 인간이라는 생각, 중생이라는 생각, 목숨이라는 생각을 여의게 된다면, 부처가 될 것이다. 그러나 우리가 자아라는 생각, 인간이라는 생각, 중생이라는 생각, 목숨이라는 생각에서 벗어나지 못한다면, 우리는 계속해서 어리석은 범부로 살아갈 것이다.
　　《금강경》은 우리나라에서는 조계종의 소의경전으로 《반야심경》과 함께 가장 널리 읽히고 있는 경전이다.
　　그러나 《반야심경》을 이해하기 위해서는 반드시 《금강경》을 먼저 이해해야 한다. 《반야심경》은 모두 260자(字)로 이루어져 있는데, 그

안에 반야지혜를 압축해서 담고 있기 때문이다. 즉 그에 비해 《금강경》은 너무 길지도 않고, 너무 짧지도 않아 공부하기에 좋을 뿐만 아니라 그 안에 《반야심경》이 모두 녹아 있기 때문이다.

《금강경》의 글자 수는 대략 5,137자(字)이다. 그러나 이를 한 글자로 줄인다면, '공(空)'이다.

《금강경》은 공(空)이라는 말을 한 번도 언급하고 있지 않지만, 처음부터 끝까지 공을 설하고 있다. 따라서 《금강경》은 공을 바탕으로 크게 두 부분으로 나눌 수 있다. 이를 정확히 구분 지을 수는 없지만, 전반부는 '공'에 대한 가르침이고, 후반부는 '공도 공하다'는 가르침이다.

이를 바탕으로 《금강경》은 한결같이 '무아(無我)'를 설하고 있다. 일체 법에는 자아도 없고, 인간도 없고, 중생도 없고, 목숨도 없다는 가르침이다. 그래서 무아법(無我法)을 통달한다면 여래는 그를 참된 보살이라고 말한다.

그러나 일체 법이 공함을 아는 것만으로는 부족하다. 그렇게 되면 보살이 중생을 구제하기 위한 방법은 유일하게 무아법을 방편으로 쓰는 것밖에는 없기 때문이다. 그래서 붓다는 공도 공하다는 가르침을 주고 있다. 즉 혜안을 바탕으로 하면서, 수보리에게 중생의 근기에 맞게 자유자재로 방편을 쓰도록 법안과 불안을 소개하고 있는 것이다.

예컨대 우리가 공(空)에 집착한다면, 중생을 보지 못한다.

성문 4과의 길을 걷는 성자들은 생사의 윤회를 끊으려는 데 관심이 있다. 그러나 이것만을 구하려고 하는 길에는 자비와 연민이 없다. 비록 모든 '집착'으로부터 벗어났다고 하더라도, 그것은 중생 중심이 아니라 여전히 자아 중심이다. 그 결과 모든 집착으로부터 벗어나 성문 4과의 성자들이 다시 태어나지 않음을 성취한다고 하더라도, 이러한 목표는 마치 불임과 같아 무익한 것이다. 성문 4과의 '다시 태어나지 않음(no rebirth)'의 추구는 보살의 '태어남이 없음(no birth)'을 깨닫는 것과는 다르다.

왜냐하면 연민이 없는 집착하지 않음도 열반에 이를 수는 있지만, 부처가 되지는 못하기 때문이다.

보살이 수행하는 목적은 궁극적으로 모든 중생을 구제하는 것이다. 천상의 신들부터 가장 작은 벌레까지 모든 중생을 구제하는 것이다.

아라한은 열반의 잿속으로 사라지지만, 태어남이 없음을 인욕으로써 성취한 보살은 완수할 두 가지 일이 있다. 하나는 중생을 구제하는 것이고, 또 하나는 불국토를 건설하는 것이다.

만약 우리가 생사의 윤회를 끊기 위해서만 아뇩다라삼먁삼보리를 구하려고 한다면, 이는 공에 집착하는 것이다. 우리는 이 세상을 살면서 자비와 연민을 가지고 중생을 구제하고, 이 세상이 고통이 없는 불국토와 같은 세상을 만들어야 한다. 이것이 붓다의 가르침이다.

아뇩다라삼먁삼보리를 구하려는 마음을 낸 선남자 선여인은 어떻게 살아야 하고, 어떻게 마음을 다스려야 할까?

이와 같은 질문을 시작으로 《금강경》은 붓다와 수보리가 대화하는 형식으로 이야기를 풀어가면서 이 경을 마칠 때까지 반복, 예시, 비유, 변주가 끝없이 이어진다.

아뇩다라삼먁삼보리를 구하려는 마음을 낸다면, 어떻게 마음을 다스려야 할까? 붓다는 '일체 중생을 구제하려는 마음을 내어야 한다'고 말한다.

자아도 없고, 인간도 없고, 중생도 없고, 목숨도 없다는 완전한 이타주의적인 마음을 내어야 한다.

또한 붓다는 '대상에 머무르지 않고 보시하며 살아가야 한다'라고 단호하게 말한다.

이 세상을 살아가되, 어디에도 머문 바 없이 살아가고 또한 어디에도 머문 바 없이 보시하며 살아가라고 말하는 것이다.

그래서 《금강경》은 우리에게 세 개의 바라밀을 압축해서 가르치고 있다. 즉 보시바라밀, 인욕바라밀, 지혜바라밀이 그것이다.

또한 《금강경》은 우리에게 다섯 개의 눈을 갖도록 가르치고 있다. 즉 육안, 천안, 혜안, 법안, 불안이 그것이다.

그러면서 붓다는 우리에게 맨 처음 자아는 공하기 때문에 자아에 집착하지 말라고 가르친다. 그 다음에는 법도 공하기 때문에 법에도 집착하지 말라고 가르친다. 그리고 마지막으로는 공도 공하기 때문에 공에도 집착하지 말라고 가르친다.

우리에게 '자아'에 대한 법, '법'에 대한 법, '공'에 대한 법을 점진적으로 가르치면서 이것들을 버리게 하고 있다.

자아에 대한 집착을 끊게 하고, 법에 대한 집착을 끊게 하고, 공에 대한 집착을 끊게 함으로써 모든 생각을 여의게 한다.

《금강경》은 최고의 경전이라 할 수 있다. 이 경은 뜻도 불가사의하지만 그 과보 또한 불가사의하다고 말한다. 모든 부처와 모든 부처의 아뇩다라삼먁삼보리가 다 이 경에서 나오기 때문이다.

전체적으로 《금강경》의 가르침은 아주 단순하고 간결하다. 하지만 그 뜻은 깊고 심오하다.

그러나 다행스럽게도 구마라집이 이를 쉽게 옮겨 놓았다.

이 책을 읽는 독자라면 누구나 느끼겠지만, 구마라집은 원문의 번쇄함을 아주 축약함으로써 문자의 간결함과 상황적 융통성, 그리고 자연스러움이 더해져 원문의 맛보다 의취가 깊다는 평가를 받고 있다.

특히 구마라집은 이 경을 번역할 때 호칭이나 반복되는 어구들을 과감하게 생략하여 간결하게 옮기거나, 또한 어려운 구절들은 우리에게 쉽게 와 닿는 어휘를 선택하거나 의역함으로써 이 경의 대의에서 벗어나지 않으면서도 강렬한 어조로 그 핵심을 명확히 전달하는 데 탁월한 재능을 보여주었다.

또한 구마라집의 《금강경》은 참으로 미문이다. 소략하고 담박한 어투를 유지하면서도 처음부터 끝까지 이 경을 운율에 맞춰 읽어나가도록 하는 뛰어난 문학적 기질도 보여주고 있다.

그리하여 구마라집은 산스끄리뜨 원문의 《금강경》을 더욱더 빛을

발하게 한 것이다.

또한 지금은 《금강경》을 이해하고 공부하기가 훨씬 좋은 상황이 되었다. 산스끄리뜨어를 모르더라도 친절하게 번역한 책들이 많이 나와 있고, 《금강경》을 해설한 뛰어난 사람들도 많이 있기 때문이다.

이 책 역시 그런 도움을 받아 완성되었다. 그 가운데 《금강경》을 읽고 쓰기 시작하면서 특히 큰 도움을 받은 책이 있다. 하나는 산스끄리뜨어 원문을 꼼꼼하고 친절하게 번역하여 엮은 각묵 스님의 《금강경 역해》이고, 또 하나는 탁월한 해설과 수많은 인용으로 방대하지만 짜임새 있게 엮어 놓은 레드 파인(Red Pine)의 《The Diamond Sutra》이다.

진심으로 감사를 드린다.

수보리가 그랬듯이 《금강경》을 읽고 눈물을 흘린다면, 지혜의 눈이 생긴 것이다.

일러두기

1. 이 책은 해인사《고려대장경(高麗大藏經)》권5에 있는 구마라집 번역의 《금강반야바라밀경(金剛般若波羅密經)》을 한글로 옮기고 풀이한 것이다. 한글 번역은 이미 아주 쉽고 또 현대적인 감각과 운율에 맞춰 잘 풀어놓은 것들이 많이 있는데, 그 가운데 이 책에서는 특히 곽철환의《금강경》을 바탕으로 다듬어 옮겼다.

2. 양(梁) 무제(武帝, 재위 502-549)의 아들 소명태자(昭明太子, 501-531)가《금강경》을 32분(分)으로 나누고 각각 제목을 붙였는데, 편의상 이 형식에 따라 32장으로 나누어 해설하였다. 그러나 이 책에서는 32장으로 나누되, 각 장의 제목을 새롭게 다시 붙였고 그 장 안에서도 각각 소제목을 붙여 놓았다. 소명태자가 붙인 제목은 모두 네 글자로 맞추다 보니 표현의 한계가 있고, 또 시각도 다를 수밖에 없기 때문이다.

3. 독자들의 이해를 돕기 위해 가능한 모든 구절을 산스끄리뜨어 원문과 비교하였다. 산스끄리뜨어 원문은 각묵 스님의《금강경 역해》를 바탕으로 하였다. 또한 구마라집이 생략한 구절이나 표현을 비교하고 이해하는 데 도움이 되도록 필요한 경우 보리류지, 진제, 급다, 현장, 의정의 한역도 함께 소개하였다.

4. 해설을 할 때 레드 파인(Red Pine)의《The Diamond Sutra》를 특별히 참고 하였다. 해설에 한해서는 우리나라에 나와 있는 책을 참고하지 않은 것은 독자들이 이미 다 읽었을 것이고, 똑같은 이야기를 반복해서는 새로울 게 없다고 여겼기 때문이다.

5. 32장 모두 각각 해설을 마친 후 원문과 구마라집의 번역을 종합하여 이해하기 쉽도록 다시 '정리'를 해 두었다.

복덕 구족하며 고귀한 반야바라밀에 귀의합니다.

1 가르치지 않고 가르치다

法會因由分
법회인유분

如是我聞 一時 佛在舍衛國祇樹給孤獨園 與大比丘衆千二百五十
여시아문 일시 불재사위국기수급고독원 여대비구중천이백오십
人俱 爾時 世尊食時 著衣持鉢 入舍衛大城乞食 於其城中 次第乞
인구 이시 세존식시 착의지발 입사위대성걸식 어기성중 차제걸
已 還至本處 飯食訖 收衣鉢 洗足已 敷座而坐
이 환지본처 반사흘 수의발 세족이 부좌이좌

법회가 열리다

이와 같이 나는 들었다.
어느 때 붓다께서 1,250명의 큰 무리의 비구들과 함께 사위국 기수

급고독원에 머무셨다.[1]

그때 세존께서 식사 때가 되자 가사를 입고 발우를 들고서 걸식하러 사위대성에 들어가셨다.[2] 그 성에서 차례로 걸식을 하시고 나서 본래 머물던 곳으로 돌아와 식사를 마치고, 가사와 발우를 제자리에 놓고 발을 씻은 다음 자리를 펴고 앉으셨다.[3]

[해설]

1) 산스끄리뜨어에는 "이와 같이 나는 들었다. 한때 세존께서는 슈라와스띠의 제따 숲 급고독원에 많은 비구 승가와 더불어 머무셨나니, 1250인의 비구들과 많은 보살마하살들과 함께 머무셨다"로 되어 있다.

'이와 같이 나는 들었다'는 산스끄리뜨어로 evaṃ mayā śrutam 이다. 모든 한역에서는 '여시아문(如是我聞)'으로 옮기고 있다.

여기서 '나'는 아난다(Ānanda)를 가리킨다. 즉 모든 경은 "이와 같이 나는 들었다"로 시작되는 것은 붓다로부터 들었다는 것이다. 아난다는 석가모니의 사촌동생이고, 붓다가 깨달음을 얻은 날 태어났다. 아난타(阿難陀)는 그 음역이고, 줄여서 아난이라고도 한다.

이처럼 모든 경은 '이와 같이 나는 들었다'라고 시작한 후, '어느 때 붓다가 어느 곳에서 누구에게 법을 설한다'라는 내용이 나온다.

'세존'은 산스끄리뜨어 Bhagavān의 역어이다. 원어의 의미는 '바가(bhaga : 부, 복, 행운)를 가진 분'이라는 뜻이다. 구마라집은 '불(佛)'로 옮겼고, 보리류지는 '바가바(婆伽婆)', 진제는 '불바가바(佛婆伽婆)', 현장과 의정은 '박가범(薄伽梵)'으로 음역을 했고, 급다는 '세존(世尊 : 세상에서 가장 존귀한 분, 세상의 존경을 받는 이)'으로 옮겼다.

하지만 '그때 세존께서'라는 다음 구절처럼 문맥에 따라서는 모든 한역에서 '세존'으로도 옮기고 있다.

참고로 구마라집의 '佛'의 번역을 우리말로 옮길 때 특별히 석가모니 부처(佛)는 '붓다'로 옮겼다.

'1250명의 비구'는 우르벨라 가섭 3형제와 그들의 무리를 합한 1000명과 사리불, 목건련, 야사와 그들의 무리를 합한 250명으로 이루어진 승가의 숫자이다. 여러 주석들에 의하면, 여기서 최초의 다섯 명의 제자가 빠진 것은 그들은 이미 원만하게 구족했기 때문이라고 한다(Red Pine, 《The Diamond Sutra》, p.46, Counterpoint)."

'비구'는 산스끄리뜨어 bhikṣu이다. '걸식자'를 뜻하며, 비구는 그 음역이다. 구마라집, 보리류지, 진제, 급다는 '비구(比丘)'로 옮겼고, 현장, 의정은 '필추(苾芻)'로 옮겼다.

'보살마하살'은 다른 한역에서 생략했지만, 의정은 '급대보살중(及大菩薩衆)'으로 옮겨 넣었다.

2) 산스끄리뜨어에는 "그때 참으로 세존께서는 낮 전에 옷매무새를 가지런히 하시고 가사와 발우를 수하시고 슈라와스띠 큰 도시로

탁발을 위해서 들어가셨다"로 되어 있다.

'낮 전에'는 산스끄리뜨어로 pūrvāhṇa 이다. pūrva는 '이전'을, ahṇ는 '낮'을 뜻한다. 즉 산스끄리뜨어에는 '낮 전에'로 되어 있다(영어로 옮기면 'before noon'이 된다).

이를 구마라집은 알기 쉽게 '식시(食時)'로 옮겼다. 보리류지도 이에 따라 '식시(食時)'로 옮겼고, 진제는 '어일전분(於日前分)', 급다는 '전분시(前分時)', 현장은 '어일초분(於日初分)', 의정은 '어일초분시(於日初分時)'로 옮겼다.

레드 파인(Red Pine)에 의하면, 고대 인도에서는 "새벽은 신들이 먹는 시간이고, 낮은 부처들이 먹는 시간이고, 해 질 녘은 동물들이 먹는 시간이고, 한밤중에는 영혼들이 먹는 시간이다"라고 한다(Red Pine, p.47).

아무튼 '낮 전에'가 정확히 몇 시쯤일지는 모르지만, 아마도 점심 준비를 하는 때를 맞춘 것이라고 생각된다. 왜냐하면 걸식을 하기 위해서는 너무 일찍 가거나 너무 늦게 가게 되면 공양하는 사람을 난처하게 할 수 있기 때문이다. 성에 도착할 때쯤 딱 알맞은 시간에 맞추었을 것이다.

'가사'는 산스끄리뜨어로 cīvara 이다. '옷'을 뜻한다. 여기서는 외출할 때 지니는 '삼의(三衣)'를 뜻한다.

'발우'는 산스끄리뜨어로 pātra 이다. '그릇'을 뜻한다.

우리가 흔히 '삼의일발(三衣一鉢)'이라고 말하는 것은 그 당시에 비구들이 일상생활에 필요한 소유물을 모두 표현한 말이다.

'옷매무새를 가지런히 하시고'는 다른 한역에서 생략했지만, 급다는 '상군착이(上裙著已)', 현장은 '정리상복(整理裳服)'으로 옮겨 넣었다.

3) 산스끄리뜨어에는 "세존께서는 슈라와스띠 큰 도시에서 탁발을 하시고서 공양을 드셨다. 공양을 드신 후에 탁발로부터 돌아오셔서 발우와 가사를 제자리에 내려놓으시고서 두 발을 씻고 미리 준비된 자리에 앉으셨다"로 되어 있다.

모든 한역에서는 탁발하고 식사를 마치신 후 돌아오신 것이 아니라, 탁발하고 돌아오신 후에 식사를 마치신 것으로 옮겼다.

다만 급다는 '환지본처(還至本處)'를 생략하고, 탁발 후 시간 순서대로 그냥 '작이식 작이후식(作已食 作已後食)'으로 옮겼다.

그러나 여기서 중요한 것은 탁발의 의미이다. 즉 차제걸이(次第乞已)에서 알 수 있듯이 "이때 규칙은 차례차례 탁발을 하되, 일곱 집을 넘지 않는다. 그리고 부자나 귀한 집의 음식을 받기 위해서 가난한 집을 건너뛰어서도 안 된다. 이는 공평하고 편견이 없는 부처의 자비를 상징한다(Red Pine, pp.49~50)"는 의미가 담겨 있다.

또한 "걸식의 목적은 아집과 오만을 다스리는 것이고, 맛에 집착하는 것을 극복하는 것이고, 세속에 대한 생각보다 수행에 마음을 집중하기 위한 것이다.

다른 한편 이는 다른 사람들로 하여금 이익이 되게 하려는 목적도 있다. 예컨대 비구들이 출가하여 수행하는 목적은 중생들을 구제하여 자유에 이르게 하기 위함이다. 그런데도 수행자들은 걸식하며 궁핍한 생활을 참고 견디고 있다. 이는 음식과 편안함을 탐닉하는 우리들로 하여금 이런 생각을 갖게 한다. '누군가는 중생들을 구제하기 위해 이런 고행을 하고 있는데, 나는 이렇게 음식과 편안함을 탐닉하고 있구나.' 그러면서 법의 생각은 키우게 되고, 세속에 대한 생각은 줄이게 된다. 결국 수행자들의 걸식은 중생들에게도 이익이 된다는 것이다. —강미농(江味農, 1871-1938)(Red Pine, p.50 참고)"

이렇게 해서 구마라집은 1장을 마무리 지었다.

그러나 산스끄리뜨어 원문에는 다음과 같은 문장이 실려 있다(산스끄리뜨 원문은 '각묵 스님의 《금강경 역해》, 불광출판사, 2014'를 기본으로 삼았다).

결가부좌하시고, 몸을 곧게 하고, 앞을 향해 마음챙김에 머물러 움직이지 않으셨다.

그때 여러 비구들이 세존께 나아갔다. 그리고 세존의 발에 머리를 숙여 절하고 오른쪽으로 세 번 돌고서 한쪽으로 물러나 앉았다.

이를 보리류지, 진제, 급다, 현장, 의정은 옮겨 넣었지만, 구마라집은 이를 과감하게 생략하고 침묵으로 표현한 것 같다.

흔히 우리는 스님들이 《금강경》을 법문할 때, "이 첫 번째 장에서 부처님의 설법은 이미 끝난 것이나 다를 바 없다"고 말하는 것을 듣게 된다. 그것은 아마도 다음과 같은 의미가 아닌가 싶다.

"이 1장에서, 우리는 부처님의 일상생활을 엿볼 수 있다. 하지만 존재로서의 부처님의 일상생활이 우리의 삶과 그렇게 다르지 않다는 것을 알 수 있다. 그러나 여기서 중요한 것은, 소유한 것은 의발(衣鉢) 하나 뿐이고, 너무도 평범한 하루 일과 속에서도 아무런 집착이나 번뇌를 엿볼 수가 없다는 것이다.

즉 경전이 우리에게 주는 가르침은 만약 우리가 무엇을 하든 집착에서 벗어나 얽매이지 않고 행할 수 있고, 우리가 무엇을 하든 번뇌에서 벗어나 망념에 사로잡히지 않고 있는 그대로 볼 수 있다면, 부처와 다를 바가 없다는 것이다.

그래서 이 첫 번째 장은 집착과 번뇌(망념)에서 벗어나 어떻게 하면 부처가 되는지를 말없이 행동(실천)으로 가르치고 있다. 그리고 그것은 가사 한 벌, 텅 빈 발우, 부처의 일상의 삶처럼 매일매일 수행하는 자세로부터 시작된다고 할 수 있다(Red Pine, pp.39~40 참고)."

이는 붓다가 우리에게 가르치지 않고 가르치고 있는 것이다.

[정리] 가르치지 않고 가르치다

이와 같이 나는 들었다.

어느 때 붓다께서 1,250명의 큰 무리의 비구들과 함께 슈라와스띠의 제따 숲 급고독원에 머무셨다.

그때 세존께서 식사 때가 되자 가사를 입고 발우를 들고서 탁발하러 슈라와스띠 큰 도시로 들어가셨다. 그 성에서 차례로 탁발을 하시고 나서 본래 머물던 곳으로 돌아와 공양을 마치고, 가사와 발우를 제자리에 놓고 발을 씻은 다음 자리를 펴고 앉으셨다.

2 수보리가 무상정등각의 법을 청하다

善現起請分
선현기청분

時 長老須菩提 在大衆中 卽從座起 偏袒右肩 右膝著地 合掌恭敬
시 장로수보리 재대중중 즉종좌기 편단우견 우슬착지 합장공경
而白佛言 希有世尊 如來善護念諸菩薩 善付囑諸菩薩 世尊 善男
이백불언 희유세존 여래선호념제보살 선부촉제보살 세존 선남
子善女人 發阿耨多羅三藐三菩提心 應云何住 云何降伏其心 佛言
자선여인 발아뇩다라삼먁삼보리심 응운하주 운하항복기심 불언
善哉善哉 須菩提 如汝所說 如來善護念諸菩薩 善付囑諸菩薩 汝今
선재선재 수보리 여여소설 여래선호념제보살 선부촉제보살 여금
諦聽 當爲汝說 善男子善女人 發阿耨多羅三藐三菩提心 應如是住
체청 당위여설 선남자선여인 발아뇩다라삼먁삼보리심 응여시주
如是降伏其心 唯然世尊 願樂欲聞
여시항복기심 유연세존 원요욕문

수보리가 법을 청하다[1]

그때 대중 가운데 있던 장로 수보리가 자리에서 일어나, 오른쪽 어깨를 드러내고 오른쪽 무릎을 땅에 대고서 합장하고 공경하며 붓다에게 여쭈었다.[2]

"희유하신 세존이시여, 여래께서는 모든 보살을 잘 보호하고 염려해 주시며, 모든 보살을 잘 부촉하십니다.[3]

세존이시여, 아뇩다라삼먁삼보리를 구하려는 마음을 낸 선남자 선여인은 어떻게 살아야 하고, 어떻게 그 마음을 다스려야 합니까?"[4]

붓다께서 말씀하셨다.

"좋고 좋구나. 수보리야, 네가 말한 대로 여래는 모든 보살을 잘 보호하고 염려하며, 모든 보살을 잘 부촉한다. 너는 이제 잘 들어라. 너를 위해 설하겠다.[5] 아뇩다라삼먁삼보리를 구하려는 마음을 낸 선남자 선여인은 이렇게 살아야 하고, 이렇게 그 마음을 다스려야 한다."

"그러겠습니다, 세존이시여" 하며 기쁘게 듣고자 했다.[6]

[해설]

1) 여기서 소명태자가 제목에 붙인 '선현(善現)'은 수보리를 뜻한다. 수보리는 산스끄리뜨어 Subhūti의 음역이다. 원어의 의미는 '착

한 존재'라는 뜻이다.

《금강경》 전체에 걸쳐 구마라집, 보리류지, 진제는 '수보리(須菩提)', 현장은 '선현(善現)', 급다는 '선실(善實)', 의정은 '묘생(妙生)'으로 옮겼다.

수보리는 붓다의 10대 제자 중 한 명이었으며, 《금강경》에서도 말하듯이 그는 무쟁삼매(無諍三昧)의 법을 깨쳐 모든 제자들 가운데 제일이라는 평가를 받았다. 또한 제자들 중에서 누구보다도 공(空)에 대한 이해가 깊어 '해공제일(解空第一)'이라 일컬어졌다.

《증일아함경(增一阿含經)》 등에 그의 전기가 실려 있는데, Subhūti라는 말을 어떻게 분석하느냐에 따라서 '공에서 태어남', 혹은 '상서로운 광경', 즉 공생(空生) 혹은 선현(善現)이라는 이름으로 불린 것이다.

"수보리의 집안은 아주 큰 부자였다. 그런데 수보리가 태어나는 날 집안 창고에 쌓여 있던 금은보화가 갑자기 사라진다. 그래서 그는 공(空)에서 태어난다. 그런데 7일 뒤에 사라졌던 금은보화가 다시 나타난다. 그래서 그의 출생은 또한 상서로운 광경이었다. 이 일화를 되돌아보면서, 주석가들은 집안의 부가 사라짐은 '공의 진리'를 보여주는 것이고, 다시 나타남은 '공(空)도 공하다'는 것을 보여주는 것이다(Red Pine, pp.58)"라고 해설한다.

2) 산스끄리뜨어에는 "그때 수보리 존자가 그 곁에 앉아 있었다. 앉아 있던 수보리 존자는 자리에서 일어나 한쪽 어깨로만 상의를 입고서 오른쪽 무릎을 땅에 대고서 세존을 향해서 합장하여 인사드리고 세존께 이렇게 말씀드렸다"로 되어 있다.

'존자'는 산스끄리뜨어로 āyuṣmān이다. 원래의 의미는 '아유스(āyus : 생명, 수명, 긴 수명)를 가진 자'라는 뜻이다.

구마라집은 '장로(長老)', 급다는 '명자(命者)', 현장과 의정은 '구수(具壽)'로 옮겼다. 그러나 보리류지는 '혜명(慧命)', 진제는 '정명(淨命)'으로 각각 혜와 정을 덧붙여 의역했다(구마라집 번역본에도 '혜명'이라는 호칭이 21장에 한 번 나온다).

3) 산스끄리뜨어에는 "경이롭습니다, 세존이시여. 최고로 경이롭습니다, 선서시여. 여래 아라한 정등각에 의해서 보살마하살들은 최상의 은총으로 감싸여 있습니다. 경이롭습니다, 세존이시여. 여래 아라한 정등각에 의해서 보살마하살들은 최상의 부촉으로 부촉되어 있습니다"로 되어 있다.

'여래 아라한 정등각'은 산스끄리뜨어로 Tathāgata, arhat, samyaksambuddha이다. 여래와 정등각(정변지)은 부처를 칭하는 여래 십호의 호칭들이다. 여래십호(如來十號)는 '여래, 응공, 정변지, 명행족, 선서, 세간해, 무상사, 조어장부, 천인사, 세존' 등 부처를 칭하는 10가지 호칭들이다.

보리류지는 '여래 응공 정변지(如來應供正遍知)', 진제는 '여래 응공 정변각지(如來應供正遍覺知)', 급다는 '여래 응 정변지(如來應正遍知)' 혹은 여래 응등 정변지(如來應等正遍知), 현장과 의정은 '여래 응 정등각(如來應正等覺)'으로 옮겼다.

그러나 구마라집은 《금강경》 전체에 걸쳐 이를 간결하게 '여래'로 옮겼다.

'부촉한다'는 다양한 해석이 있는 듯하다. 예컨대 우선 "산스끄리뜨어 parīndita 의 어근을 어떻게 보느냐에 따라서 pari + √ind로 보면 '힘을 실어준다', pari + √und로 보면 '스며들게 해준다'의 뜻에서 '전수하다'는 뜻으로 볼 수 있다(각묵 스님, 57~58쪽 참고)."

영어로는 '최상의 신뢰감을 가지고 맡긴다(entrust with the greatest of trusts, Red Pine)', '가르친다(instructing, A. F. Price & Wong Mou-lam)', '(제안이나 질문 등에) 최고의 호감을 가지고 호의를 보인다(have been favored with the highest favor, Edward Conze)' 등 다양하게 번역하고 있다.

이를 종합해 보면, '부촉한다'의 의미는 '격려하다, 전수하다, 맡기다, 가르치다, 호의를 보인다'의 의미를 지닌다고 볼 수 있다.

또 하나는 신뢰감을 갖고 격려하면서 '부탁한다, 당부하다'의 뜻으로도 해석할 수 있을 것이다. 예컨대 《묘법연화경(妙法蓮華經, the Lotus Sutra, 줄여서 '법화경法華經'이라고 함)》에 "지금 너희들에게 부촉하노니, 너희들은 응당 일심으로 이 법을 널리 펴서 이로움을 더하도록 하라"에서 보듯이 '당부하다'의 의미로도 해석할 수 있겠다.

이 경에서는 문맥상 '잘 가르쳐 준다'로 풀이하면 될 듯싶다.

4) 산스끄리뜨어에는 "그런데 세존이시여, 보살승에 굳게 나아가는 선남자 선여인은 어떻게 머물러야 하고, 어떻게 수행해야 하며, 어떻게 마음을 항복받아야 합니까?"로 되어 있다.

'보살승'은 산스끄리뜨어로 보디사뜨와야나(bodhisattva-yāna)이다.

보리류지는 '보살대승(菩薩大乘)', 전제, 급다, 현장, 의정은 '보살승(菩薩乘)'으로 옮겼다.

그러나 구마라집은 '보살승'을 '아뇩다라삼먁삼보리'로 이 경 전체에 걸쳐서 거의 일관성 있게 옮겼다(산스크리뜨 원문에서는 7장부터 '아뇩다라삼먁삼보리'라는 용어가 나타나기 시작한다).

구마라집은 '보살승에 굳게 나아가는'이라는 말 대신에 '아뇩다라삼먁삼보리를 구하려는 마음을 낸'으로 의역함으로써 시작부터 우리에게 강렬한 인상과 이미지를 각인시키고 있으며, 이 경 전체의 맥락을 쉽게 파악하게 하고 있다.

'아뇩다라삼먁삼보리'는 산스끄리뜨어 anuttarā-samyak-saṃbodhi를 소리 나는 대로 적은 것이다. anuttarā는 가장 뛰어나고, samyak은 바르고, saṃbodhi는 원만한 깨달음을 뜻한다. 즉 '무상정등각(無上正等覺)'의 의미이다.

"'선남자'는 산스끄리뜨어로 꿀라뿌뜨라(kulaputra)이다. 꿀라는 '가족, 가문'을 의미하고, 뿌뜨라는 '아들'을 뜻한다.

'선여인'은 산스끄리뜨어로 꿀라두히따(kuladuhitā)이다. '좋은 가문의 딸'이라는 뜻이다(각묵 스님, 59쪽 참고)."

구마라집, 진제는 '선남자 선여인'을 넣어 옮겼고, 다른 한역에서는 생략했다.

한편 구마라집을 제외한 다른 모든 한역에서는 원문에 따라 '어떻게 머물러야 하고, 어떻게 수행해야 하며, 어떻게 마음을 항복받아야 합니까?'의 의미로 옮겼다.

그러나 구마라집은 이 경 전체에 걸쳐 '응운하주 운하항복기심(應云何住 云何降伏其心)'으로 옮겼다.

즉 구마라집은 '어떻게 머물러야 하고, 어떻게 수행해야 하며, 어떻게 마음을 항복받아야 합니까?'를 '어떻게 머물러야 하고, 어떻게 마음을 항복받아야 합니까?'라고 축약해서 번역했다.

이 경에서 수보리는 붓다에게 모두 일곱 차례 질문을 하게 되는데(2장, 6장, 13장, 17장, 21장, 22장, 28장), 이것이 그 첫 번째 질문이다(17장에서 수보리는 이 질문을 다시 한 번 더 한다).

여기서 '어떻게 머물러야 하고'는 이 세상에 머무는 동안 '어떻게 살아야 하고', '어떻게 마음을 항복받아야 합니까?'는 '어떻게 마음을 다스려야 합니까?'의 의미이다.

즉 구마라집이 '어떻게 살아야 하고, 어떻게 마음을 다스려야 합니까?'로 축약해서 옮긴 것은, 이 자체가 이미 수행의 의미를 내포하고 있다고 본 것이다. 그래서 '어떻게 수행해야 하며'는 생략한 것이다. 이는 다음에 펼쳐지는 붓다의 대답에서도 알 수 있다.

이와 같이 구마라집은 때때로 원문의 번쇄함을 과감하게 축약하여 아주 간결하게 변형시킴으로써 《금강경》의 핵심을 간추려 전하는 데 온 마음을 쏟은 것이다.

또한 구마라집은 이 경을 번역할 때 부처님의 호칭(여래 아라한 정등각)이나 반복되는 어구들을 과감하게 생략했고, 어려운 구절들은 우리에게 쉽게 와 닿는 어휘(식시, 아뇩다라삼막삼보리 등)를 선택하거나 의역하는 탁월한 재능을 보여 주고 있으며, 처음부터 끝까지 운율에 맞춰 읽어나가도록 하는 뛰어난 문학적 기질도 함께 보여주고 있다.

그 결과 이 경의 대의에서 벗어나지 않으면서도 간결하고 강렬한 어조로 그 핵심을 명확히 전달할 뿐만 아니라 문자의 간결함과 상황적 융통성, 그리고 자연스러움이 더해져 원문의 맛보다 의취가 깊다는 평가를 받고 있다.

5) 산스끄리뜨어에는 "선재 선재라 수보리야, 참으로 네가 말한 바와 같다. 여래 아라한 정등각에 의해서 보살마하살들은 최상의 은총으로 감싸여 있다. 여래 아라한 정등각에 의해서 보살마하살들은 최상의 부촉으로 부촉되어 있다.

그러니 참으로 수보리야, 잘 들어라. 그리고 마음에 잘 새기라"로 되어 있다.

'선재'는 산스끄리뜨어로 sādhu 이다. '선한, 좋은, 모든 것이 다 이루어진' 등의 뜻이다. 구마라집, 보리류지, 진제, 현장, 의정은 '선재(善哉)', 급다는 '선(善)'으로 옮겼다.

'마음에 잘 새기라'는 원문에는 들어 있지만, 구마라집, 보리류지는 생략했다. 진제는 '선사념지(善思念之)', 급다는 '선의념작(善意念作)', 현장, 의정은 '극선작의(極善作意)'로 옮겨 넣었다.

6) 산스끄리뜨어에는 "'그러겠습니다, 세존이시여'라고 수보리 존자는 세존께 대답했다"로 되어 있다.

이를 진제를 제외하고 '유연세존(唯然世尊)' 다음에 구마라집, 보리류지, 현장, 의정은 '원요욕문(願樂欲聞)', 급다는 '원욕문(願欲聞)', 즉 '기쁘게 듣고자 했다'의 의미를 보태서 옮겼다.

따라서 여기서 '원요욕문(願樂欲聞)'을 굳이 넣어 옮긴 것은 단순히 '기쁘게 듣고자 했다'라기보다는 '주의를 기울이며 기쁘게 듣고자 했다'의 의미로 받아 들여야 한다. 그래서 '원요욕문' 속에는 '주의를 기울이며' 혹은 '마음에 새기며'라는 의미가 담겨 있다.

즉 "마치 목이 마를 때 시원한 물을 생각하고, 배가 고플 때 맛있는 음식을 생각하고, 몸이 아플 때 약을 생각하고, 벌들이 벌집을 지을 때 달콤한 꿀을 생각하듯 이와 같이 이 경에서 진리의 감로수를 맛보리라 생각을 한다. ―《화엄경(華嚴經)》(Red Pine, p.69)"는 의미가 담겨 있는 것이다.

그래서 이 구절을 레드 파인(Red Pine)은 "'그러겠습니다, 세존이시여'라고 수보리 존자는 세존께 대답했다. 그리고 주의를 기울였다(The venerable Subhuti answered, "May it be so, Bhagavan," and gave his full of attention.)"로 옮겼다.

[정리] 수보리가 무상정등각의 법을 청하다

그때 대중 가운데 있던 수보리 존자가 자리에서 일어나, 오른쪽 어깨를 드러내고 오른쪽 무릎을 땅에 대고서 합장하고 공경하며 붓다에게 여쭈었다.

"희유하신 세존이시여, 여래께서는 모든 보살을 잘 보호하고 염려해 주시며, 모든 보살을 잘 가르쳐주십니다.

세존이시여, 아뇩다라삼먁삼보리를 구하려는 마음을 낸 선남자 선여인은 어떻게 살아야 하고, 어떻게 마음을 다스려야 합니까?"

붓다께서 말씀하셨다.

"선재 선재라. 수보리야, 네가 말한 대로 여래는 모든 보살을 잘 보호하고 염려하며, 모든 보살을 잘 가르쳐준다. 너는 이제 잘 들어라. 너를 위해 설하겠다. 아뇩다라삼먁삼보리를 구하려는 마음을 낸 선남자 선여인은 이렇게 살아야 하고, 이렇게 마음을 다스려야 한다."

"그러겠습니다, 세존이시여" 하며 기쁘게 듣고자 했다.

3 어떻게 마음을 다스려야 할까?

大乘正宗分
대승정종분

佛告須菩提 諸菩薩摩訶薩 應如是降伏其心 所有一切衆生之類 若
불고수보리 제보살마하살 응여시항복기심 소유일체중생지류 약
卵生 若胎生 若濕生 若化生 若有色 若無色 若有想 若無想 若非有
난생 약태생 약습생 약화생 약유색 약무색 약유상 약무상 약비유
想非無想 我皆令入無餘涅槃 而滅度之 如是滅度無量無數無邊衆生
상비무상 아개령입무여열반 이멸도지 여시멸도무량무수무변중생
實無衆生得滅度者 何以故 須菩提 若菩薩有我相人相衆生相壽者相
실무중생득멸도자 하이고 수보리 약보살유아상인상중생상수자상
卽非菩薩
즉비보살

대승의 바른 종지

붓다께서 수보리에게 말씀하셨다.
"모든 보살마하살은 이렇게 마음을 다스려야 한다.[1]
'알에서 깨어난 것이나, 어미 뱃속에서 태어난 것이나, 습한 데서 생긴 것이나, 변화로 생긴 것이나, 형상이 있는 것이나 형상이 없는 것이나, 생각이 있는 것이나 생각이 없는 것이나, 생각이 있는 것도 아니고 생각이 없는 것도 아닌 온갖 부류의 일체 중생을 내가 다 무여열반에 들게 해서 멸도에 이르게 하겠다.[2] 그러나 이렇게 한량없고 셀 수 없고 끝없는 중생을 멸도에 이르게 했다 하더라도 실은 멸도에 이른 중생은 없다.'[3]
왜 그런가? 수보리야, 보살에게 자아라는 생각, 인간이라는 생각, 중생이라는 생각, 목숨이라는 생각이 있으면 보살이 아니기 때문이다.[4]

[해설]

1) 산스끄리뜨어에는 "수보리야, 여기 [이 세상에서] 보살승에 굳게 나아가는 자는 이렇게 마음을 내어야 한다"로 되어 있다.
원문에 따라 현장, 의정은 '보살승(菩薩乘)에 굳게 나아가는 자'의 의미로 옮겼고, 진제는 '보리심을 일으켜 보살승에 나아가는 자', 급다는 '보살(菩薩)에 나아가려면', 구마라집은 '보살마하살(菩薩摩訶薩)', 보리류지는 '보살(菩薩)'로 옮겼다.

'보살'은 산스끄리뜨어로 보디사뜨와(bodhisattva)이다. 보리살타(菩提薩埵)는 그 음역이고, 보살은 그 준말이다. 보살의 원래 뜻은 '깨달음을 추구하는 존재, 깨달음을 추구하는 중생'을 말한다. '마하살(mahāsattva)'은 보살의 존칭이다. '위대한 중생'이라는 뜻이다.

'이렇게 마음을 내어야 한다'는 산스끄리뜨어로 'evaṁ cittam utpādayitavyam'이다. 즉 '이와 같이 마음을 일으켜야 한다'이다.

구마라집은 '응여시항복기심(應如是降伏其心)' 즉 '마음을 다스려야 한다'로 옮겼고, 보리류지는 '생여시심(生如是心)', 진제는 '응여시발심(應如是發心)', 급다는 '여시심발생응(如是心發生應)', 현장은 '응당발기여시지심(應當發起如是之心)' 의정은 '당생여시심(當生如是心)', 즉 '마음을 일으켜야 한다'의 의미로 옮겼다.

즉 '발심(發心)'의 의미로 옮겼다.

여기서 붓다는 "어떻게 살아야 하고, 어떻게 마음을 다스려야 합니까?"라는 수보리의 첫 번째 질문 가운데, 먼저 "어떻게 마음을 다스려야 합니까?"라는 질문에 '이렇게 마음을 내어야 한다'라고 말한다.

즉 '이렇게 생각을 해야 한다'는 뜻이다.

이와 같은 붓다의 말에 아마도 당혹해 하는 독자들도 있을 것이다. 왜냐하면 《금강경》의 가르침은 모든 생각을 여의게 하는 것이라고 이해하고 있기 때문이다.

그런데 붓다는 "수동적인 자세가 아니라 매우 동적이고, 마음을 억누르는 것이 아니라 마음을 내어야 한다고 말하고 있다. 즉 '이렇게 생각을 해야 한다'고 말한 것이다. 이처럼 붓다는 생각이 일어나는 것을 기다리는 것이 아니라 마음속의 모든 생각들을 날아가게 하는 생각을 내어야 한다고 말한다. 그러나 이 생각은 마치 아침 해와 같다. 아침 해가 하늘의 수많은 별들을 사라지게 하는 것과 같이 생각으로 생각을 날려버리는 것이다(Red Pine, p.72)."

이는 붓다가 모든 생각들을 끊도록 하기 위해 생각을 방편으로 사용하고 있는 것이다.

그렇다면 어떤 마음을 내어야 할까?

이는 다음 구절에서 말하듯이 '일체 중생을 구제하겠다'는 생각을 내어야 한다. 이렇게 마음을 일으킴으로써 자아, 인간, 중생, 목숨이라는 생각을 여의게 할 수 있기 때문이다. 생각으로 생각을 여의게 하는 것이다.

2) 산스끄리뜨어에는 "수보리야, 중생들은 중생의 세계에서 중생이라는 무리로 무리지어져 있나니, 알에서 태어난 것, 태에서 태어난 것, 습기에서 태어난 것, 화현하여 태어나는 것, 형상이 있는 것, 형상이 없는 것, 인식 작용이 있는 것, 인식 작용이 없는 것, 인식 작용이 있는 것도 인식 작용이 없는 것도 아닌 것, 그리고 다시 어떤 중생의 세계가 더 있다고 하더라도 나는 그들을 모두 무여열반의 경지로 완전

히 열반에 들게 하리라'로 되어 있다.

이와 같이 이 경에서는 일체 중생을 9가지로 분류하고 있다. 물론 이는 붓다가 살아계실 때 그 당시의 분류를 따른 것이다.

난생(卵生)은 알에서 깨어난 것으로 새, 뱀, 개구리, 곤충, 아주 작은 이까지를 포함한다.

태생(胎生)은 어미 뱃속에서 태어난 것으로 코끼리, 소, 말, 원숭이부터 인간까지 이에 포함된다.

습생(濕生)은 지렁이와 벌레와 같이 습한 데서 생긴 것부터 물고기와 거북이와 같이 물에서 태어난 것까지를 모두 포함한다.

화생(化生)은 '저절로' 혹은 '홀로' 태어나는 것을 의미하는 것이 아니라 '변화로 생긴 것'을 의미한다. 이는 재생(再生)의 의미로 다음 생에 지상이 아닌 천상의 신이나 지옥의 중생으로 변화하여 태어나는 것들이다.

그러나 더 넓은 의미에서는 지상에서도 변태(metamorphosis, 탈바꿈)를 거쳐 태어나는 것, 즉 나비, 벌, 파리, 투구벌레, 매미, 잠자리, 메뚜기 등과 같이 유충에서 탈바꿈하여 태어난 것들로 해석해도 될 것 같다.

물론 해설자마다 9가지 분류를 몇 개의 범주로 나누어 설명하는 것이 각각 다르지만 '욕계, 색계, 무색계'로 나눈다면, 이 네 가지—난생, 태생, 습생, 화생 등을 특히 '사생(四生 : 네 가지 태어남)'이라고 한다—는 '욕계(欲界)'의 세계를 뜻한다고 보면 될 듯싶다.

'형상이 있는 것, 형상이 없는 것'은 '색계(色界)'의 세계를 뜻한다고 보면 될 듯싶다.

'생각이 있는 것이나 생각이 없는 것이나, 생각이 있는 것도 아니고 생각이 없는 것도 아닌' 것은 산스끄리뜨어에는 '인식 작용이 있는 것이나 인식 작용이 없는 것이나, 인식 작용이 있는 것도 아니고 인식 작용이 없는 것도 아닌'으로 되어 있다. 이는 '무색계(無色界)'의 세계를 뜻한다고 보면 될 듯싶다.

'그리고 어떤 중생의 세계가 더 있다고 하더라도'는 산스끄리뜨어에는 들어가 있지만, 구마라집, 의정은 이를 생략했다. 보리류지는 '소유중생계중생소섭(所有衆生界衆生所攝)', 진제는 내지중생계급가명설 여시중생(乃至衆生界及假名說 如是衆生)', 급다는 '소유중생계시설이(所有衆生界施設已)', 현장은 '내지유정계 시설소시설(乃至有情界施設所施設)'로 옮겨 넣었다.

이는 '이 외에도 설사 누가 다르게 이름을 붙여 중생의 세계가 더 있다고 하더라도', 즉 누가 9가지 혹은 그 이상의 몇 가지로 분류를 하든 붓다가 말한 뜻은 삼계(三界), 즉 욕계, 색계, 무색계의 모든 존재들을 뜻한다.

물론 많은 사람들이 일체 중생 가운데 왜 식물의 세계가 빠졌느냐고 묻곤 한다. 그러나 이 9가지 분류는 '이 외에도 설사 누가 다르게 이름을 붙여 중생의 세계가 더 있다고 하더라도'에서 알 수 있듯이 붓다가 그 당시 인도에 널리 퍼져 있는 분류를 방편으로 사용한 것이다.

아무튼 "어떤 중생의 세계가 더 있다고 하더라도 나는 그들을 모두 무여열반의 경지로 완전히 열반에 들게 하리라"라고 마음을 일으키라는 것이다. 이것이 붓다의 가르침이다.

'무여열반'은 산스끄리뜨어로 빠리니르와나(parinirvāṇa)이다. 즉 반열반(般涅槃)의 뜻이다. 무여(無餘)는 '하나도 남아 있지 않는' 것으로 탐, 진, 치 등 욕망과 집착의 모든 번뇌가 완전히 소멸한 상태로 무여열반은 열반을 강조하는 말이다.

우리는 열반을 죽어서 가는 곳이라고 생각한다. 하지만 붓다는 이 세상에서 중생을 구제하려는 마음을 일으키라고 말하는 것이다(소명태자가 붙인 제목처럼 이것이 대승의 바른 종지이다).

"열반은 흔히 우리가 오해하듯이 죽고 나서 증득되는 어떤 경지가 절대 아니다. 열반의 가장 중요한 측면은 '바로 지금 여기' 이 삶에서 실현시키는 것이다. 탐, 진, 치가 소멸되어서 항상 자, 비, 희, 사가 넘쳐 흐르고 지혜가 두루하는 환희로운 삶의 모습을 상상해 보라. 그것이 바로 열반이요, 부처님이 설하신 가르침의 핵심이다(각묵 스님, 73쪽)."

그래서 붓다는 "수보리야, 여기 이 세상에서 보살승에 굳게 나아가는 자는 이렇게 마음을 내어야 한다"고 가르치고 있는 것이다.

3) 산스끄리뜨어에는 "[그러나] 이렇게 헤아릴 수 없이 [많은] 중생들을 완전히 열반에 들게 하고서도 어떤 중생도 열반에 든 자는 없다"로 되어 있다.

'헤아릴 수 없는'은 진제, 급다, 현장, 의정은 '무량(無量)'으로, 보리류지는 '무량무변(無量無邊)'으로 옮겼고, 구마라집은 '무량무수무변

(無量無數無邊)'으로 여기서는 비슷한 낱말을 운율에 맞춰 오히려 반복함으로써 이를 더욱 강조하였다.

붓다는 우리에게 중생을 구제하려는 마음을 일으키라고 가르치고 있다. 그런데 왜 한량없이 많은 중생을 멸도에 이르게 했다 하더라도 실은 멸도에 이른 중생은 없다고 말하는 걸까?

이는 실은 중생도 중생이 아니기 때문이다. 우리 눈에 각각 다른 모습으로 실제로 존재하는 것처럼 보이는 것은, 우리의 인식 작용일 뿐이다. 우리가 인식하는 독수리, 새, 코끼리, 낙타, 중생, 인간, 동물, 식물, 광물 등을 포함하여 색계, 무색계의 그 어떤 중생도 우리가 이름 붙인 명칭일 뿐 고정불변의 실체가 아니다.

지혜의 눈으로 보면, 이 세상의 모든 존재는 공(空)한 것이다. 그 어떤 중생의 세계가 더 있다고 하더라도 이 모든 존재는 인연화합으로 생겼다가 인연이 다 하면 사라지는 임시의 혹은 가상의 존재이다. 즉 연기적 존재이다.

따라서 사실은 구제하는 나도 없고, 구제 받는 중생도 없다. 그래서 중생을 멸도에 이르게 했다 하더라도 실은 멸도에 이른 중생이 없다고 말하는 것이다.

그러나 중생을 멸도에 이르게 했다고 생각한다면, 이는 자아라는 생각, 인간이라는 생각, 중생이라는 생각, 목숨이라는 생각에 집착하는 것이 되고 만다.

4) 산스끄리뜨어에는 "그것은 왜 그런가? 만일 수보리야, 보살에게

중생이라는 생각이 생긴다면, 그는 보살이라고 말할 수 없기 때문이다. 그것은 왜 그런가? 수보리야, 자아라는 생각이 생기거나, 중생이라는 생각이나, 영혼이라는 생각이나, 개아(個我)라는 생각이 생긴다면 이는 보살이라고 말할 수 없기 때문이다"로 되어 있다.

앞 구절 "그것은 왜 그런가? 수보리야, 보살에게 중생이라는 생각이 있으면 보살이라고 말할 수 없기 때문이다"는 원문에 따라 보리류지, 진제, 급다, 현장, 의정은 옮겼고, 구마라집은 이를 생략했다. 구마라집은 바로 다음에 나오는 자아, 중생, 영혼, 개아라는 구절과 중복되기 때문에 이를 생략했다.

'자아', 즉 아뜨만(ātman)은 영원히 변하지 않는 자아가 있다는 것이다.

'중생', 즉 사뜨와(sattva)는 '존재하는 모든 것', '살아 있는 모든 것'을 뜻한다. 현장만 '중생' 대신에 '유정(有情)'으로 옮겼다.

'영혼', 즉 지와(jīva)는 '목숨'이나 '생명'이라는 말이다(각묵 스님, 83쪽). 구마라집, 보리류지, 진제, 의정은 수자(壽子), 급다는 '수(壽)', 현장은 명자(命子)로 옮겼다. 이는 태어남(生)과 죽음(死)이 있다는 것이다. 그리고 죽고 난 후 불멸의 생명의 영혼이 있다는 것을 내포하고 있다.

'개아', 즉 뿌드갈라(pudgala)는 개인으로서의 인간이라는 개념이다(각묵 스님, 84쪽). 개아를 영어로 말하면, 'a separated individuality'라고 말할 수 있겠다. 구마라집, 보리류지, 급다는 인간(人), 진제는 '받는 자(受者)'로 옮겼고, 현장은 보특가라(補特伽羅)로 음역했다.

이 네 가지 상을 구마라집은 원문의 순서를 바꿔 '아상 인상 중생상 수자상'으로 이 경 전체에 걸쳐서 일관성 있게 번역했다.

이를 보리류지는 '아상 중생상 인상 수자상(我相衆生相 人相 壽者相)', 진제는 '아상 중생상 수자상 수자상(我想 衆生想 壽者想 受者想)', 급다는 '아상 중생상 수상 인상(我想衆生想 壽想 人想)', 현장은 '아상 유정상 명자상 사부상 보특가라상 의생상 마납바상 작자상 수자상(我想有情想 命者想 士夫想 補特伽羅想 意生想 摩納婆想 作者想 受者想)', 의정은 '아상 중생상 수자상 갱구취상(我想 衆生想 壽者想 更求趣想)' 등으로 다양하게 옮겼고, 또 때때로 '아상'이나 '인상'을 넣거나 빼면서 전체적으로 일관성이 흐트러져 있고 어수선하다.

아무튼 《금강경》의 핵심은 먼저 이 네 가지 상(想, saṃjñā, 생각)을 버리게 하는 것이다(구마라집은 생각을 뜻하는 saṃjñā와 특징이나 징표를 뜻하는 lakṣaṇa를 모두 '相'으로 옮겼다).

즉 이 경의 가르침은 처음부터 끝까지 '자아라는 생각, 인간이라는 생각, 중생이라는 생각, 목숨이라는 생각'을 버리게 하는 것이다.

그러나 우리 안에는 오랜 세월 동안 '자아라는 생각, 인간이라는 생각, 중생이라는 생각, 목숨이라는 생각'이 끊임없이 잉태되어 왔다. 그래서 이런 네 가지 생각을 버리기가 쉽지 않다.

물론 그 가운데 가장 근원은 자아라는 생각이다. 자아라는 생각으로 인해 인간, 중생, 목숨이라는 생각이 일어나게 된다.

이것이 선남자 선여인이 아뇩다라삼먁삼보리를 구하려 해도 구하지 못하는 이유이다.

그렇다면 우리는 어떻게 마음을 다스려야 할까? 우선 생각으로 생각을 물리치는 것이다.

즉 일체 중생을 구제하려는 마음을 내어야 한다. 중생을 구제하기 위해 보살의 길을 걷고자 한다면, 자아도 없고, 인간도 없고, 중생도 없고 목숨도 없다는 완전한 이타주의적인 마음을 내어야 하기 때문이다.

우리 역시 아뇩다라삼먁삼보리를 구하려고 한다면 중생을 구제하려는 생각을 내어야 하고, 삶에서 이를 실천해야 한다.

수보리가 청중을 대신해서 이 질문을 한 것이지만, 붓다는 성문(聲聞)들이 닦는 수행과는 전혀 다른 의외의 가르침을 준 것이다.

"수보리는 이 질문을 하면서 마음을 고요히 가라앉히는 명상이나 도덕적 수행을 기대했을지 모른다. 하지만 붓다는 모든 생각을 끊게 하기 위해서 이렇게 마음을 일으켜야 한다며 생각을 방편으로 쓰고 있는 것이다(Red Pine, p.72)."

그러나 이런 의문이 생길 수 있다. 자아, 인간, 중생, 목숨이라는 것이 있기 때문에 버려야 한다는 것인가? 그래서 '이 문장은 그 자체가 모순이다'라고 말할 수도 있을지 모르겠다.

하지만 이런 의문은 14장, 21장에서 풀리게 된다. 수보리가 지혜의 눈이 생기고 난 후 이렇게 말한다.

"왜냐하면 자아라는 생각은 생각이 아니고, 인간이라는 생각과 중생이라는 생각과 목숨이라는 생각도 생각이 아니기 때문입니다."

또한 21장에서 말하고 있듯이 "중생이라는 것은 중생이 아니라고 여래가 설했기 때문이다. 그래서 중생이라 한다."

즉 '일체 중생을 구제하리라'라는 생각도 생각이 아니고, 중생이라는 것도 실은 없다.

그러나 하나의 중생이라도 구제했다는 생각이 있으면, 그 순간 자아가 있다는 생각에 집착하는 것이고 인간, 중생, 목숨이라는 생각에 집착하는 것이다.

그래서 붓다는 "보살이 자아라는 생각, 인간이라는 생각, 중생이라는 생각, 목숨이라는 생각이 있으면, 보살이 아니다"라고 말한다.

즉 아무리 많은 중생을 무여열반에 들게 했어도, 그들을 '중생'이라고 생각하거나 혹은 '중생을 구제했다'는 생각이 있다면, 그 순간 그는 보살이 아니다. 왜냐하면 그것은 자아라는 생각, 인간이라는 생각, 중생이라는 생각, 목숨이라는 생각에 집착하는 것이고, 그는 공(空)을 깨닫지 못한 것이다.

그렇다면 중생을 구제할 생각을 내지 말아야 하는가? 그렇게 생각하면 공(空)에 집착하는 것이다.

붓다는 우리에게 '일체 중생을 구제하겠다는 마음을 내라'는 것이다. 보살이 수행하는 목적은 궁극적으로 모든 중생을 구제하는 것이다. 천상의 신들부터 가장 작은 벌레까지 모든 중생을 구제하는 것이다.

그러나 붓다는 우리를 깨우치기 위해서 이 어마어마한 중생 구제의 비유를 들면서까지 자아, 인간, 중생, 목숨이라는 생각이 있으면, 보살이 아니라고 가르치고 있는 것이다.

아뇩다라삼먁삼보리를 구하려고 한다면 일체 중생을 제도하려는 마음을 내되, 중생이라거나 중생을 제도했다는 생각이 없어야 한다. 제도하는 나도 없고, 제도 받는 중생도 없다. 때문에 제도하는 행위도 없고, 실로 제도를 받는 자도 없다. 그래서 한량없는 중생을 구제했어도 사실은 구제받은 중생이 하나도 없다.

이 경은 '아상, 인상, 중생상, 수자상'이라는 네 가지 생각이 일어나지 않도록 마음을 다스리게 하는 것이 가장 큰 목적이다. 그리고 이것이 이 경을 관통하고 있는 핵심이며, 이 경에서 무엇보다 먼저 깨달아야 할 가르침이다.

[정리] 어떻게 마음을 다스려야 할까?

붓다께서 수보리에게 말씀하셨다.

"모든 보살마하살은 이렇게 마음을 다스려야 한다.

'알에서 깨어난 것이나, 어미 뱃속에서 태어난 것이나, 습한 데서 생긴 것이나, 변화로 생긴 것이나, 형상이 있는 것이나 형상이 없는 것이나, 생각이 있는 것이나 생각이 없는 것이나, 생각이 있는 것도 아니고 생각이 없는 것도 아닌 것이나 그리고 그 어떤 중생의 세계가 더 있다고 하더라도 온갖 부류의 일체 중생을 내가 다 무여열반에 들게 해서 멸도에 이르게 하겠다. 그러나 이렇게 한량없고 셀 수 없고 끝없는 중생을 멸도에 이르게 했다 하더라도 실은 멸도에 이른 중생은 없다.'

왜 그런가? 수보리야, 보살에게 자아라는 생각, 인간이라는 생각, 중생이라는 생각, 목숨이라는 생각이 있으면 보살이 아니기 때문이다.

4 어떻게 살아야 할까?

妙行無住分
묘행무주분

復次 須菩提 菩薩於法 應無所住 行於布施 所謂不住色布施 不住
부차 수보리 보살어법 응무소주 행어보시 소위부주색보시 부주
聲香味觸法布施 須菩提 菩薩應如是布施 不住於相 何以故 若菩薩不
성향미촉법보시 수보리 보살응여시보시 부주어상 하이고 약보살부
住相布施 其福德不可思量 須菩提 於意云何 東方虛空 可思量不 不也
주상보시 기복덕 불가사량 수보리 어의운하 동방허공 가사량부 불야
世尊 須菩提 南西北方 四維上下虛空 可思量不 不也 世尊 須菩提
세존 수보리 남서북방 사유상하허공 가사량부 불야 세존 수보리
菩薩無住相布施福德 亦復如是 不可思量 須菩提 菩薩但應如所教住
보살무주상보시복덕 역부여시 불가사량 수보리 보살단응여소교주

머무는 바 없이 선을 행하라

그리고 수보리야, 보살은 대상에 머무르지 않고 보시해야 한다. 형상에 머무르지 않고 보시해야 하고, 소리·향기·맛·촉감·마음의 대상에 머무르지 않고 보시해야 한다.[1]

수보리야, 보살은 이렇게 생각에 머무르지 않고 보시해야 한다.[2] 왜 그리해야 하는가? 보살이 생각에 머무르지 않고 보시한다면, 그 복덕을 헤아릴 수 없기 때문이다.[3]

수보리야, 어떻게 생각하느냐? 동쪽 허공을 헤아릴 수 있겠느냐?"

"헤아릴 수 없습니다. 세존이시여."

"수보리야, 남쪽 서쪽 북쪽 허공과 동북·동남·서북·서남 허공과 상·하 허공을 헤아릴 수 있겠느냐?"

"헤아릴 수 없습니다. 세존이시여."

"수보리야, 보살이 생각에 머무르지 않고 보시하는 복덕도 이와 같아서 헤아릴 수 없다.[4]

수보리야, 보살은 반드시 가르친 바 대로 살아야 한다.[5]

[해설]

1) 산스끄리뜨어에는 "그런데 다시 수보리야, 참으로 보살은 경계

에 머물러서 보시를 해서는 안 된다. 그 무엇에 머물러서 보시를 해서는 안 된다. 형상에 머물러서 보시를 해서는 안 되며 소리, 향기, 맛, 감촉, 마음의 대상에 머물러서 보시를 해서도 안 된다"로 되어 있다.

'경계'는 산스끄리뜨어로 와수뚜(vastu)이다. '대상, 사물,' 즉 육근의 대상인 육경을 뜻한다. 구마라집은 '법(法)', 보리류지, 급다, 현장, 의정은 '사(事)', 진제는 '류(類)'로 옮겼다.

'무엇에 머물러서 보시를 해서는 안 된다'는 모든 한역에서는 '머무는 바 없이 보시해야 한다'로 옮겨, 원문과는 다르게 적극적이고 동적인 느낌을 주고 있다.

이는 '어떻게 마음을 다스려야 합니까?'에 이어 '어떻게 살아야 합니까?'라는 질문의 답이다. 붓다는 '보살은 대상에 머무르지 않고 보시해야 한다'라고 단호하게 말한다.

이 세상을 살아가되, 그 어떤 것에도 머문 바 없이 보시하며 살아가라고 말하는 것이다.

'보시(布施)'는 산스끄리뜨어로 dāna 이다. '베풂, 줌'의 뜻이다.

'머물러서'는 산스끄리뜨어로 pratiṣṭhitena 이다. 즉 '얽매이다, 집착하다'의 의미로 '무엇에 머물러 있다'는 뜻이다.

이 구절은 '대상에 얽매이지 말고 보시하며 살아가라'는 뜻이다. 즉 보시바라밀을 설하고 있는 것이다.

앞에서 '중생을 구제하려는 마음을 일으켜야 한다'고 말한 것은 깨달음에 이르기 위한 내적 수행이라면, '보시하며 살아가라'는 것은 실천 수행이라고 할 수 있다.

즉 전자가 '아상, 인상, 중생상, 수자상'이라는 네 가지 상에서 벗어나도록 중생 구제라는 생각을 내어 마음을 다스리게 했다면, 후자는 '색, 성, 향, 미, 촉, 법'이라는 다섯 가지 상에 사로잡히지 않도록 보시하며 살아가라고 가르치고 있는 것이다.

물론 이는 둘 다 '모든 법이 공하다(諸法空相)'는 가르침, 즉 지혜바라밀이 밑바탕에 깔려 있다.

즉 자아, 인간, 중생, 목숨이라는 생각에서 벗어날 수 있는 것은 '오온'이 공함을 알아야 하기 때문이다. 마찬가지로 외부 경계 즉 '색, 성, 향, 미, 촉, 법' 역시 인연화합으로 생겨난 것으로 공(空)한 것이다.

그러나 이를 깨닫지 못하면 보시하기 어려울 것이다. 왜냐하면 우리 범부들은 이를 실제 존재하는 것으로 여기고 이에 끝없이 집착하게 되기 때문이다.

그래서 이를 깨닫게 하기 위해 지혜바라밀과 보시바라밀을 설하고 있는 것이다.

예컨대 중생을 구제하려는 생각을 내되, 아상, 인상, 중생상, 수자상에 머무름이 없어야 하고, 보시를 하되, 색, 성, 향, 미, 촉, 법에 머무름이 없어야 한다.

2) 산스끄리뜨어에는 "이와 같이 참으로 수보리야, 보살마하살은 니밋따(겉모양) 생각에 역시 머무르지 않는 그러한 보시를 해야 한다"로 되어 있다.

'니밋따 생각'은 산스끄리뜨어로 nimitta-saṃjñā이다. 니밋따는 '겉모양, 겉모습, 형상', 삼즈냐는 '생각, 관념'을 뜻한다.

보리류지, 진제, 급다, 현장, 의정은 상상(想相), 즉 '겉모양 생각' 혹은 '겉모양에 대한 생각'의 의미로 옮겼다.

구마라집은 이를 뭉뚱그려 '상(相)'으로 옮겼다(앞에서 말했듯이 구마라집은 생각을 뜻하는 삼즈냐와 특징을 뜻하는 락샤나를 모두 相으로 옮겼다). 즉 이는 육근의 대상인 육경(六境: 색, 성, 향, 미, 촉, 법)을 모두 의미한다.

따라서 이는 색, 성, 향, 미, 촉, 법을 모두 포함하고 있기 때문에 '겉모양(즉 색, 성, 향, 미, 촉)이나 생각(즉 법)에 머무르지 않고 보시해야 한다'로 이해하는 게 옳을 듯하다.

붓다가 전자의 중생 구제는 구제하는 자와 구제 받는 자의 관계에 주의를 기울이게 했다면, 후자의 보시는 대상에 주의를 기울이게 하고 있는 것이다.

즉 전자가 '이것은 나다'라는 생각을 버리게 했다면, 후자는 '이것은 내 것이다'라는 생각을 버리게 한 것이다.

3) 산스끄리뜨어에는 "그것은 왜 그런가? 머무르지 않고 보시를 하는 자, 그의 공덕의 무더기는 쉽게 그 양을 잴 수가 없기 때문이다"로 되어 있다.

원문에는 그냥 '머무르지 않고'라고 했다. 진제는 '무집착심(無執著心)', 즉 '집착하는 마음이 없이'로 옮겼고, 급다, 의정은 '부주(不住)' 현장은 '도무소주(都無所住)'로 옮겼다. 이를 구마라집과 보리류지는

'부주상(不住相)'으로 '相'을 넣어 '상에 머무르지 않고'로 옮겼다.

'공덕의 무더기'는 산스끄리뜨어로 puṇya-skandha이다. '공덕의 쌓임'을 뜻한다. 구마라집은 '복덕(福德)', 보리류지, 진제, 현장은 '복덕취(福德聚)', 급다, 의정은 '복취(福聚)'라고 옮겼다.

이는 업(業), 즉 인과를 설하고 있는 것이다. 모든 열매는 씨앗으로부터 자란다. 업은 씨앗과 같다. 생각과 말과 행동으로 하는 모든 행위는 업이 되어, 그에 상응하는 열매를 맺게 한다. 대추의 씨앗은 대추를 낳지, 사과를 낳지 않는다. 선행은 선과를 낳고, 악행은 악과를 낳는다. 가없는 행위는 가없는 열매를 맺게 한다.

그래서 '무주상보시(不住相布施)'의 공덕은 헤아릴 수가 없다고 하는 것이다.

"대상에 집착하는 사람은 사막을 걸어가는 새와 같다. 대상에 집착하지 않는 사람은 하늘을 나는 새와 같다. 전자는 흔적을 남기지만, 후자는 흔적을 남기지 않는다. ― 서발(徐發, ?-1728, 청나라 때 승려)(Red Pine, p.93)"

머문 바 없이 살아가는 것은 흔적을 남기지 않는 것과 같다. 머문 바 없이 하는 보시의 공덕은 흔적을 남기지 않는 허공과 같아 헤아릴 수 없다는 것이다.

4) 산스끄리뜨어에는 "수보리야, 이를 어떻게 생각하느냐? 동쪽 방향의 허공의 양을 쉽게 잴 수가 있겠느냐?

수보리가 대답했다. '참으로 그렇지 않습니다, 세존이시여.'

세존께서 말씀하셨다. '그와 같이 남, 서, 북, 아래, 위의 방위와 중간 방위, 이 모든 열 가지 방향에서 허공의 양을 쉽게 잴 수가 있겠느냐?'

수보리가 대답했다. '참으로 그렇지 않습니다, 세존이시여.'

세존께서 말씀하셨다. '그와 같이 수보리야, 보살이 머무르지 않고 보시를 하는 자, 그의 공덕의 무더기는 쉽게 그 양을 잴 수가 없다"로 되어 있다.

'열 가지 방향'은 시방일체세계(十方一切世界)를 뜻한다. 즉 전 우주를 가리킨다. 그리고 이는 보시의 공덕은 헤아릴 수 없다는 뜻이다.

'머무르지 않고 보시를 하는'은 구마라집, 보리류지는 '부주상보시(不住相布施)', 진제는 '무집착심 행어보시(無執著心 行於布施)', 급다는 '부주시여(不住施與)', 현장은 '도무소주 이행보시(都無所住 而行布施)', 의정은 '행부주시(行不住施)'로 옮겼다.

5) 산스끄리뜨어에는 "이와 같이 수보리야, 보살승에 굳게 나아가는 자는 니밋따(겉모양) 생각에도 역시 머무르지 않는 그러한 보시를 해야 한다"로 되어 있다.

'니밋따 생각에도 역시 머무르지 않는 그러한 보시를 해야 한다'는 보리류지는 '단응여시행어보시(但應如是行於布施)', 진제, 의정은 이 구절 전체를 생략했고, 급다는 '시여응 여불상상역주(施與應 如不相想亦住)', 현장은 '여시여부주상상 응행보시(如是如不住相想 應行布施)'로 옮겼다.

구마라집은 '단응여소교주(但應如所教住)', 즉 이를 과감하게 '반드시 혹은 오직 가르친 대로 살아야 한다'로 옮겼다(구마라집이 이렇게 의역한 의도는 '머문 바 없이 보시하며 살아가야 한다'는 것만이 아니라 지금까지의 가르침을 포괄한다고 볼 수 있다).

만약 아뇩다라삼먁삼보리를 구하려고 한다면(구마라집이 옮긴 '단(但)'은 '오직'이라는 뜻으로 오직 이 길뿐이라는 뉘앙스를 풍긴다), 우리 역시 마땅히 가르친 대로 중생을 구제하려는 마음을 내어야 하고, 대상에 집착하지 않고 보시하며 살아가야 한다.

보시는 실천적인 수행이다. 보시는 씨앗을 뿌리는 것이고, 공덕은 그 열매다.

"붓다는 보시(dāna : '베풂' 혹은 '관용'의 뜻이기도 함)를 실천적인 측면에서, 크게 세 가지로 말한다. 물질적인 보시(음식, 옷, 재물 등 財施)는 탐욕을 끊게 하고, 감정적인 보시(편안함, 배려, 평화 등 無畏施)는 성냄을 끊게 하고, 정신적인 보시(진리나 도리의 가르침 등 法施)는 어리석음을 끊게 한다. 붓다의 일상생활—텅 빈 발우와 가사 한 벌, 항상 고요하고, 행동으로 가르치지 않고 가르치는 설법—은 이 세 가지를 보여주고 있는 것이다(Red Pine, p.87)."

[정리] 어떻게 살아야 할까?

그리고 수보리야, 보살은 대상에 머무르지 않고 보시해야 한다. 형상에 머무르지 않고 보시해야 하고, 소리·냄새·맛·촉감·마음의 대상에 머무르지 않고 보시해야 한다.

수보리야, 보살은 이렇게 생각에 머무르지 않고 보시해야 한다. 왜 그리해야 하는가? 보살이 생각에 머무르지 않고 보시한다면, 그 공덕을 헤아릴 수 없기 때문이다.

수보리야, 어떻게 생각하느냐? 동쪽 허공을 헤아릴 수 있겠느냐?"

"헤아릴 수 없습니다. 세존이시여."

"수보리야, 남쪽 서쪽 북쪽 허공과 서북·서남·동북·동남 허공과 상·하 허공을 헤아릴 수 있겠느냐?"

"헤아릴 수 없습니다. 세존이시여."

"수보리야, 보살이 생각에 머무르지 않고 보시하는 공덕도 이와 같아서 헤아릴 수 없다.

수보리야, 보살은 마땅히 가르친 바 대로 살아야 한다.

5 무릇 형상이 있는 것은 모두 허망하다

如理實見分
여리실견분

須菩提 於意云何 可以身相 見如來不 不也 世尊 不可以身相 得見
수보리 어의운하 가이신상 견여래부 불야 세존 불가이신상 득견
如來 何以故 如來所說身相 卽非身相 佛告須菩提 凡所有相 皆是虛妄
여래 하이고 여래소설신상 즉비신상 불고수보리 범소유상 개시허망
若見諸相非相 則見如來
약견제상비상 즉견여래

여여한 이치를 여실히 보다

수보리야, 어떻게 생각하느냐? 몸의 형상으로 여래를 볼 수 있겠느냐?"[1]

"아닙니다, 세존이시여. 몸의 형상으로 여래를 볼 수 없습니다. 왜

냐하면 여래께서 말씀하신 몸의 형상은 몸의 형상이 아니기 때문입니다."[2]

붓다께서 수보리에게 말씀하셨다.

"무릇 형상이 있는 것은 모두 허망하다. 모든 형상을 형상 아닌 것으로 본다면 여래를 볼 것이다."[3]

[해설]

1) 산스끄리뜨어에는 "수보리야, 이를 어떻게 생각하느냐? 상을 구족했기 때문에 여래라고 보아야 하느냐?"로 되어 있다.

'상'은 산스끄리뜨어로 lakṣaṇa이다. 니밋따가 '겉모양 혹은 형상'의 일반적인 상(相)이라면, 락샤나(lakṣaṇa)는 '특별한 상' 혹은 '독특한 상'을 뜻한다. 즉 붓다가 갖추고 있는 신체의 특징인 32상(三十二相)을 의미한다(32상의 자세한 내용은 13장을 참고하라).

'구족하다'는 산스끄리뜨어로 sampad이다. '구족하다, 갖추다', 즉 '무엇인가를 빠뜨리지 않고 있다'의 의미이다.

구마라집은 '신상(身相)'으로 옮겼지만, 보리류지는 '상성취(相成就)', 진제는 '신상승덕(身相勝德)', 급다는 '상구족(相具足)', 현장은 '제상구족(諸相具足)', 의정은 '구족승상(具足勝相)'으로 '상을 구족한 것으로서'의 의미를 넣어 옮겼다.

2) 산스끄리뜨어에는 "참으로 그렇지 않습니다, 세존이시여. 상을 구족했기 때문에 여래라고 보아서는 안 됩니다. 세존이시여, 그것은 왜 그런가 하면, 상을 여래께서 설하신 것, 그것은 상을 구족한 것이 아니기 때문입니다"로 되어 있다.

32상은 공덕의 결과이다. 그러나 모든 형상은 공하다. 32상 또한 공하다. 그래서 구족한 것이 아니라고 말한다.

3) 산스끄리뜨어에는 "상을 구족[했으므로 여래라고 보면] 그것은 거짓이다. 상을 구족[했으므로 여래라고 보지] 않으면 그것은 거짓이 아니다. 참으로 이와 같이 상과 상이 아니라는 [두 측면에서] 여래를 보아야 한다"로 되어 있다.

보리류지는 "무릇 형상이 있는 것은 모두 허망한 말이고, 모든 형상을 형상이 아니라고 보면 그것은 허망한 말이 아니다(凡所有相 皆是妄語 若見諸相非相 則非妄語)"로 옮겼고,

진제는 "무릇 형상이 있는 것은 모두 허망하다. 그러므로 형상이 있다고 할 수 없는 것, 그것이 곧 진실이다(凡所有相 皆是虛妄 無所有相 卽是眞實)"로 옮겼고,

현장은 "상을 구족했다는 것도 허망하며, 상을 구족하지 않았다는 것도 허망하다(乃至諸相具足 皆是虛妄, 乃至非相具足 皆是虛妄)"로 옮겼다.

이외 다른 한역들도 이와 비슷하게 '망(妄)과 불망(不妄)' 혹은 '허망(虛妄)과 비허망(非虛妄)'을 넣어 옮겼다.

그리고 나서는 모두 "형상을 형상 아닌 것으로 본다면 혹은 상을 구

족한 것은 상을 구족한 것이 아닌 것으로 본다면, 여래를 볼 것이다"
로 구마라집과 비슷하게 옮겼다.

이는 '형상이 있는 것은 허망하므로 형상이 있다고 할 수 없다. 이 것을 실재로 바라보면 허망한 것이다. 그래서 일체의 형상을 실상이 아니라는 것을 아는 것이 곧 여래를 보는 것이다'라는 의미이다.

즉 존재 자체가 허망하다는 것이 아니라 실재라고 인식하는 것이 허망하다는 뜻이다.

이를 구마라집은 "범소유상 개시허망 약견제상비상 즉견여래"로 옮긴 것이다.

이것이 그 유명한 《금강경》에 나오는 첫 번째 사구게이다(사구게가 꼭 이를 가리키는 것은 아니지만, 금강경에서 4행시로 된 사구게는 10, 26, 32장에 나오는 것까지 보통 4개를 꼽고 있다).

붓다 역시 우리와 똑같이 육체와 정신을 지니고 있다. 물론 그의 육체는 32상의 특징을 지니고 있다. 그러나 아무리 32상을 지니고 있다고 하더라도 육체는 단지 4가지 요소, 즉 지, 수, 화, 풍의 요소로 이루어진 것으로 공한 것이다. 그럼에도 불구하고 붓다가 지닌 32상으로 여래를 볼 수 있다고 말한다면, 그것은 형상 즉 색(色)에 집착하는 것이다. 여래는 32상을 구족했기 때문도 아니고, 구족하지 않았기 때문도 아니다.

앞에서 보시의 공덕은 헤아릴 수 없다고 말한 바 있다. 이렇게 말하면, 범부들은 그 공덕에 집착하게 된다. 예컨대 범부들은 보시를 실천하면서도 자신의 외모(모습)가 어떻게 될지 혹은 자신의 행복에 대한 생각만을 하기 쉽다.

붓다가 갖춘 32상은 그 공덕의 한 예이다. 그리고 그 32상의 공덕은 불가사의할 정도다. 그러나 심지어 붓다가 갖춘 32상도 허망하다고 공덕의 비유를 들면서까지 보시를 하되, 보시의 공덕에 집착하지 말라고 가르치고 있는 것이다.

마치 "황금으로 만든 부처는 화로에 견딜 수 없고, 나무로 만든 부처는 불에 견딜 수 없으며, 진흙으로 만든 부처는 물에 견딜 수 없다(도천道川, 1100-1170, 송나라 때 승려)"는 게송과 같다.

그러나 구마라집은 붓다가 몸에 지닌 32가지 상뿐만 아니라, 여기서 한 발 더 나아가 우리 눈에 보이는 모든 형상을 아우르면서 "무릇 형상이 있는 것은 모두 허망하다. 모든 형상을 형상 아닌 것으로 본다면 여래를 볼 것이다(凡所有相 皆是虛妄, 若見諸相非相 則見如來)"라고 옮긴 것이다.

이는 이 경의 근본 가르침에서 조금도 벗어나지 않고 있으면서도, 다소 난삽한 산스끄리뜨어 원문을 간결하게 축약하면서도 오히려 더 넓게 포괄함으로써 깊은 의미를 부여하고 있다.

또한 사구게의 운율까지 갖춤으로써《금강경》을 대표하는 구절로 승화시켰다는 평가를 받고 있다.

보시는 깨달음에 이르기 위한 실천 수행이다. 보시는 탐욕을 끊게 하고, 머무는 바 없이 보시를 하라는 것은 공을 깨닫게 하는 것이다.

즉 지혜바라밀을 닦는 실천 수행이다.

"무릇 형상이 있는 것은 모두 허망하다." 즉 모든 것은 공하다. 이렇게 보는 것이 곧 '여리실견(如理實見)'이다.

'형상이 공함을 보고, 모든 형상을 형상 아닌 것으로 보게 되면, 여래를 볼 것이다'라고 말하는 것이다.

[정리] 무릇 형상이 있는 것은 모두 허망하다

수보리야, 어떻게 생각하느냐? 몸의 형상으로 여래를 볼 수 있겠느냐?"

"아닙니다, 세존이시여. 몸의 형상으로 여래를 볼 수 없습니다. 왜냐하면 여래께서 말씀하신 몸의 형상은 몸의 형상이 아니기 때문입니다."

붓다께서 수보리에게 말씀하셨다.

"무릇 형상이 있는 것은 모두 허망하다. 모든 형상을 형상 아닌 것으로 본다면 여래를 볼 것이다."

6 내 설법은 뗏목과 같은 것이다

正信希有分
정신희유분

須菩提白佛言 世尊 頗有衆生 得聞如是言說章句 生實信不 佛告須
수보리백불언 세존 파유중생 득문여시언설장구 생실신부 불고수
菩提 莫作是說 如來滅後 後五百歲 有持戒修福者 於此章句 能生
보리 막작시설 여래멸후 후오백세 유지계수복자 어차장구 능생
信心 以此爲實 當知是人 不於一佛二佛三四五佛 而種善根 已於
신심 이차위실 당지시인 불어일불이불삼사오불 이종선근 이어
無量千萬佛所 種諸善根 聞是章句 乃至一念 生淨信者
무량천만불소 종제선근 문시장구 내지일념 생정신자

바른 믿음은 드물다

수보리가 붓다에게 여쭈었다.

"세존이시여, 이런 말씀을 듣고서 참되다는 마음을 낼 중생이 혹 있겠습니까?"[1]

붓다께서 수보리에게 말씀하셨다.

"그런 말 하지 마라. 여래가 입멸한 후 500년 뒤에도 계(戒)를 지키고 복을 짓는 자가 있어, 이 말에 신뢰하는 마음을 내고 이것을 참되다고 여길 것이다.[2] 이 사람은 한 부처나, 두 부처, 셋·넷·다섯 부처 곁에서만 선근(善根)을 심은 게 아니라 이미 한량없이 많은 부처의 처소에서 온갖 선근을 심었기 때문에 이 말을 듣고서 한 마음으로 청정한 마음을 낼 것임을 알아야 한다.[3]

[해설]

1) 이것이 수보리의 두 번째 질문이다.

산스끄리뜨어에는 "세존이시여, 어떤 중생들이 있어서 미래세의 다음 시간 다음 시기의 다음 오백세에 정법이 쇠퇴할 시기가 되었을 때 이런 형태의 경전의 말씀들이 설해질 때 참되다는 생각을 일으키겠습니까?"로 되어 있다.

'미래세의 다음 시간 다음 시기의 다음 오백세에 정법이 쇠퇴할 시기가 되었을 때'를 보리류지는 '어미래세말세(於未來世末世)', 급다는 '당유미래세 후시 후장시 후분오백 정법파괴시중(當有未來世 後時 後長

時 後分五百 政法波壞時中)', 현장은 '어당내세 후시 후분 후오백세 정법장멸 시분전시(於當來世 後時 後分 後五白歲 正法將滅 時分轉時)', 의정은 '어당내세 후오백세 정법멸시(於當來世 後五白歲 正法滅時)' 등으로 옮겼다.

구마라집은 이를 생략했다. 다음에 나오는 구절에서도 '여래멸후 후오백세(如來滅後 後五百歲)'로 간략하게 옮겼다.

그런데 여기서 우리가 눈여겨보아야 할 것이 한 가지가 있다. 즉 구마라집이 '참되다는 생각을 일으키겠습니까?'를 '생실신부(生實信不)'로 옮긴 것이다.

다른 한역들에서는 원문에 따라 보리류지는 '생실상부(生實相不)', 진제, 현장, 의정은 '생실상부(生實想不)'로 옮겼다. 모두 믿음을 뜻하는 '신(信)' 대신에 '생각'을 뜻하는 '상(相)' 혹은 '(想)'으로 옮겼다.

구마라집은 왜 그랬을까? 콘체(Conze, 영국명 에드워드 콘즈)는 "여기에는 하나의 역설이 숨겨져 있다"라고 말한다(Edward Conze, 《*Buddhist Wisdom : The Diamond Sutra and The Heart Sutra*》, p.24, Vintage). 즉 참되다는 생각도 생각이다. 그러나 중생들이 마음에 생각을 갖게 되면, 자아와 인간과 중생과 목숨에 집착하는 것이 되고 만다. 그래서 콘체는 "이 문장은 그 자체가 모순이다"라고 지적한 바 있다.

그러나 이와 같은 콘체의 의문 또한 14장에서 풀리게 된다. 14장에서 수보리가 말하고 있듯이 "세존이시여, 이 참되다는 생각은 생각이 아닙니다. 그래서 여래께서 참되다는 생각이라 하셨습니다."

또한 이 6장 끝에서 '뗏목의 비유'가 등장하는 것도 이 때문이다.

붓다가 "내 설법은 뗏목과 같은 것이다"라고 비유하듯이, '참되다는 생각'은 하나의 방편이다. 강을 건너고 나면 뗏목을 버리듯이 법을 이해하고 나면 '참되다는 생각'도 버려야 한다.

그러므로 콘체가 지적한 것처럼 붓다의 가르침에는 모순을 찾을 수 없다.

그래서 구마라집이 '참되다는 생각(bhūta-Saṃjñā)'을 '참되다는 믿음'으로 옮긴 것은 콘체가 지적한 그런 모순을 피하기 위한 이유 때문인 것은 아닌 것 같다.

'믿음'이라는 말을 잠시 설명하면 이렇다.

"초기경에 '믿음'이라는 뜻으로 쓰이는 단어는 슈랏다(śraddhā, 빨리어 삿다saddhā), 쁘라사다(prasāda, 빨리어 빠사다pasāda), 아디목샤(adhimokṣa, 빨리어 아디목카adhimokkha) 등 세 가지가 있다.

첫째, 슈랏다는 심장, 가슴, 마음의 의미로, 빨리어의 삿다는 신뢰의 의미로 주로 쓰였다. 둘째, 빠사다는 밝음, 분명함의 뜻이고, 쁘라사다는 이런 분명함에서 오는 의심이 없는 마음의 편안함의 내면 상태를 표현하는 의미로 주로 쓰였다. 셋째, 아디목카는 확신, 결단, 결심의 뜻이다. 즉 신뢰와 분명함에 바탕한 확신이라는 뜻으로 주로 쓰였다. 따라서 이런 의미로 아디목샤를 구마라집이 14장, 31장에서도 '신해(信解)'라고 옮긴 것이고, 이 경의 14장, 15장, 31장의 현장의 번역에서도 이를 발견할 수 있다(각묵 스님, 123~126쪽 참고)."

따라서 구마라집이 '상(相, 想)' 대신에 '신(信)'으로 옮긴 것을 단순히 '믿음'으로 해석해서는 안 될 것이다.

즉 구마라집이 옮긴 '신(信)'은 '신뢰', '명료함', '확신', '마음'으로 사용하고 있다고 보아야 한다(구마라집이 '겉모양' 혹은 '생각'을 뭉뚱그려서 '상相'으로 옮긴 것과 같은 맥락으로 보면 된다). 따라서 문맥에 따라 '마음', '신뢰', '확신' 등으로 옮겨야 할 것이다.

붓다는 '나를 믿어라'라고 말한 적이 없다. 오히려 '나를 의심하라'고 말한다. 붓다의 가르침은 믿음이 아니라 체험이고 깨달음이기 때문이다.

따라서 여기서 생실신부(生實信不)는 '참되다는 믿음'이라기보다 '참되다는 마음', 즉 '이런 말씀을 듣고 참되다는 마음을 내겠습니까?'로 이해해야 한다.

2) 산스끄리뜨어에는 "수보리야, 그대는 그렇게 말하지 말라. 어떤 중생들이 있어서 미래세의 후오백세에 정법이 쇠퇴할 시기가 되었을 때에 이런 경전의 말씀들이 설해지면 참되다는 생각을 일으킬 것이다. 그리고 다시 참으로 수보리야, 미래세에 보살마하살들이 있어서 미래세의 후오백세에 정법이 쇠퇴할 시기가 되었을 때에 [그들은] 공덕을 쌓고 계를 지니고 지혜가 있어서 이런 경전의 말씀들이 설해지면 참되다는 생각을 일으킬 것이다"로 되어 있다.

이 구절 역시 구마라집은 반복되는 어구들을 생략하고 간결하게 옮겼다.

'이런 경전의 말씀들이 설해지면 참되다는 생각을 일으킬 것이다'

에서도 구마라집은 '신심(信心)'을 덧붙여 '어차장구 능생신심 이차위실(於此章句 能生信心 以此爲實)'로 옮기고 있지만, 신심을 '믿는 마음'이라기보다는 '신뢰하는 마음', 즉 '이 말에 신뢰하는 마음이 일어나 이것을 참되다고 여길 것이다'로 이해해야 한다.

다만 아쉬운 것은 '공덕을 쌓고 계를 지니고 지혜가 있어서'에서 구마라집이 '지혜(智慧)'를 생략한 것이다. 다른 한역에서는 모두 '지혜'를 넣어 '공덕을 쌓고 계를 지니고 지혜가 있어서'로 옮겼지만, 구마라집은 '지혜'를 생략하고 '계를 지키고 복을 짓는(持戒修福)' 것으로만 옮긴 것이다.

이것이 조금 아쉬운 것은, '복을 짓기' 위해서 즉 '공덕'을 쌓기 위해서는 마음이 청정해야 한다. 그래서 '공덕(복)을 쌓고'는 마음을 청정하게 유지하는 것(定)을 의미하고, '계를 지니고'는 계율을 지켜 실천하는 것(戒)을, '지혜가 있어서'는 미혹을 끊고 지혜가 생긴 것(慧)을 의미한다. 즉 이 짤막한 구절 안에 삼학(三學)의 의미가 담겨있다고 볼 수 있기 때문이다.

즉 여래가 입멸한 후에도 계(戒), 정(定), 혜(慧)를 닦는 자들이 있어, 이 말에 신뢰하는 마음을 내고 이것을 참되다고 여길 것이라는 뜻이다.

3) 산스끄리뜨어에는 "참으로 다시 수보리야, 그들 보살마하살들은 한 부처님만을 섬기고 한 부처님 밑에서만 선근을 심은 자가 될 뿐만 아니라 참으로 다시 수보리야,[그들은] 몇 십만의 부처님을 섬기고 몇 십만의 부처님 밑에서 선근을 심은 그런 보살마하살들이 되리니,

이런 형태의 경전의 말씀들이 설해질 때에는 한 마음으로 명확함을 역시 얻게 될 것이다"로 되어 있다.

이 긴 문장을 구마라집은 운율에 맞춰 '불어일불이불삼사오불, 무량천만불(不於一佛二佛三四五佛, 無量千萬佛)'로 옮기면서, '섬기고' 등을 생략하며 '선근을 심은' 것으로 간결하게 옮겼다.

이 장에서 수보리는 미래에 대한 걱정을 하면서 붓다에게 여쭈었다. 하지만 붓다는 "미래세의 후오백세에 정법이 쇠퇴할 때에도 공덕을 쌓고 계(戒)를 지키고 지혜가 있어, 이 경전의 말씀을 듣고서 신뢰하는 마음이 일어나 참되다고 여길 것이다"라고 분명하게 말한다.

또한 그러면서 "그들은 오랫동안 선근(善根, kuśala-mūla)을 심어왔기 때문이다"라고 말한다.

'선근'은 산스끄리뜨어로 꾸살라물라(kuśala-mūla)이다.

'신뢰하는 마음'이 '선근'으로부터 생겨나는 것은 마치 '열매'가 '나무'로부터 생겨나는 것과 같다.

'선한 생각, 선한 말, 선한 행동', 즉 이 세 가지 선한 행위의 씨앗을 뿌린 결과이다. 이 세 가지 행위를 통해 부단히 선근을 심으며 선법을 닦은 것이다.

"초기경에 의하면 꾸살라물라, 즉 선근은 탐, 진, 치가 없음을 의미한다(각묵 스님, 120쪽)."

'한 마음으로 명확함'은 산스끄리뜨어로 eka-citta-prasādam이다 (각묵 스님은 '한 마음으로 청정한 믿음'으로 옮겼다). eka는 하나를 뜻하고,

citta는 마음을 뜻한다. 앞에서 말했듯이 쁘라사다(prasāda, 일차적인 뜻은 '밝음, 분명함'의 뜻이다)는 '분명함'에서 오는 의심이 없는 마음의 편안한 내면 상태를 표현한다.

이 쁘라사다를 구마라집, 보리류지, 급다, 현장은 '정신(淨信)', 진제는 '실신(實信)', 의정은 '신심(信心)'으로 옮겼다.

즉 모두가 쁘라사다를 '신(信)'을 넣어 옮겼다. 하지만 이 역시 '청정한 믿음'이라기보다는 '청정한 마음' 혹은 문맥상 '참되다는 마음 혹은 참되다는 생각'으로 이해해야 한다.

[정리] 이 경을 참되다고 할 미래의 중생이 있겠습니까?

수보리가 붓다에게 여쭈었다.

"세존이시여, 이런 말씀을 듣고서 참되다는 마음을 낼 중생이 혹 있겠습니까?"

붓다께서 수보리에게 말씀하셨다.

"그런 말 하지 마라. 미래세의 후오백세에 정법이 쇠퇴할 때에도 계를 지키고 복을 짓고 지혜가 있어, 이 말에 신뢰하는 마음을 내고 이것을 참되다고 여길 것이다. 이 사람은 한 부처나, 두 부처, 셋·넷·다섯 부처 곁에서만 선근(善根)을 심은 게 아니라 이미 한량없이 많은 부처의 처소에서 온갖 선근을 심었기 때문에 이 말을 듣고서 한 마음으로 참되다는 생각을 낼 것임을 알아야 한다.

須菩提 如來悉知悉見 是諸衆生 得如是無量福德 何以故 是諸衆生
수보리 여래실지실견 시제중생 득여시무량복덕 하이고 시제중생
無復我相人相衆生相壽者相 無法相 亦無非法相 何以故 是諸衆生
무부아상인상중생상수자상 무법상 역무비법상 하이고 시제중생
若心取相則爲著我人衆生壽者 若取法相卽著我人衆生壽者 何以故
약심취상즉위착아인중생수자 약취법상 즉착아인중생수자 하이고
若取非法相卽著我人衆生壽者 是故不應取法 不應取非法 以是義故
약취비법상 즉착아인중생수자 시고불응취법 불응취비법 이시의고
如來常說 汝等比丘 知我說法 如筏喩者 法尙應捨 何況非法
여래상설 여등비구 지아설법 여벌유자 법상응사 하황비법

수보리야, 여래는 이 중생들이 한량없는 복덕을 받을 줄 다 알고 다 본다.[4] 왜 그런가? 이 중생들에게는 자아라는 생각, 인간이라는 생각, 중생이라는 생각, 목숨이라는 생각이 없고, 법이라는 생각도 없고 법이 아니라는 생각도 없기 때문이다.[5] 왜냐하면 중생들이 마음에 생각을 갖게 되면, 자아와 인간과 중생과 목숨에 집착하는 것이 되기 때문이다. 왜 그런가? 법이라는 생각을 갖더라도 자아와 인간과 중생과 목숨에 집착하는 것이 되고, 법이 아니라는 생각을 갖더라도 자아와 인간과 중생과 목숨에 집착하는 것이 되기 때문이다.[6] 그러므로 법에

집착해서도 안 되고, 법이 아닌 것에 집착해서도 안 된다.[7] 이런 뜻에서 여래가 항상 '너희들 비구는 내 설법이 뗏목과 같은 것이라고 아는 자들이니, 법도 버려야 하거늘 하물며 법이 아닌 것이랴'[8] 하였다.

[해설]

4) 산스끄리뜨어에는 "수보리야, 여래는 부처의 지혜로써 그들을 안다. 수보리야, 여래는 부처의 눈으로써 그들을 본다. 수보리야, 여래는 그들을 깨달아 [안다]. 그들 모두는 수보리야, 측량할 수 없고 헤아릴 수 없는 공덕의 무더기를 쌓고 얻게 될 것이다"로 되어 있다.

구마라집은 이를 '실지실견(悉知悉見)'으로 간결하게 옮겼고, 급다는 '불지(佛智)', '불안(佛眼)'을 넣어 옮겼고, 현장은 '불지(佛智)', '불안(佛眼)', '각(覺)'을 넣어 '부처의 지혜로써 다 알고 부처의 눈으로써 다 보고 깨달아 안다'의 의미로 옮겼다.

'육안(肉眼)', '천안(天眼)', '혜안(慧眼)', '법안(法眼)', '불안(佛眼)'에 대해서는 18장을 참고하라.

5) 산스끄리뜨어에는 "그것은 왜 그런가? 수보리야, 그들 보살마하살들에게는 자아라는 생각이 일어나지 않기 때문이다. 중생이라는 생각, 영혼이라는 생각, 개아라는 생각이 일어나지 않기 때문이다. 수보리야, 또한 그들 보살마하살들에게는 법이라는 생각도 법이 아니

라는 생각도 생겨나지 않기 때문이다. 그들에게는 역시 수보리야, 생각도 생각 아님도 생겨나지 않기 때문이다"로 되어 있다.

'생각도 생각 아님도 생겨나지 않기 때문이다'는 구마라집은 생략했고, 보리류지는 '무상 역비무상(無想 亦非無想)', 진제는 '무상 무비상(無想 無非想)', 급다는 '불역피등 상 무상전불(不亦彼等 想 無想轉不)', 현장은 '무상전 역무비상전(無想轉 亦無非想轉)', 의정은 '비상 비무상(非想 非無想)'으로 옮겨 넣었다.

앞에서 자아, 인간, 중생, 목숨이라는 생각을 버리게 했다면, 여기서는 이것은 법이고 이것은 법이 아니라든지, 이것은 생각이고 이것은 생각이 아니라든지 그것이 무엇이든 마음에 어떤 상을 갖지 말라는 것이다.

즉 이를 해석하면 이렇다.

"지혜로운 태도는 8가지 생각에 집착하지 않는 것이다. 즉 아상, 인상, 중생상, 수자상, 법이라는 생각, 법이 아니라는 생각, 생각이라는 생각, 생각이 아니라는 생각 등 8가지다. 앞의 네 가지 생각은 고대 인도에서 붓다를 알지 못하는 다른 종교의 사람들 사이에 퍼져 있는 잘못된 생각이고, 나머지 네 가지 생각은 붓다를 아는 사람들 사이에 잘못 퍼져 있는 생각을 언급하고 있다(Conze, pp. 26~27)."

보살마하살은 이 8가지 생각이 생겨나지 않기 때문이다.

6) 산스끄리뜨어에는 "그것은 왜 그런가? 만일 수보리야, 그들 보살마하살들에게 법이라는 생각이 생겨난다면 그것은 그들의 자아에

대한 집착이고, 중생에 대한 집착이고, 영혼에 대한 집착이고, 개아에 대한 집착이기 때문이다. 만일 법이라는 생각이 생겨난다면 그것도 단지 자아에 대한 집착일 뿐이며, 중생에 대한 집착이고, 영혼에 대한 집착이고, 개아에 대한 집착일 뿐이기 때문이다"로 되어 있다.

구마라집은 "마음에 생각을 갖게 되면, 자아와 인간과 중생과 목숨에 집착하는 것이 되기 때문이다". 즉 '약심취상 즉위착아인중생수자(若心取相 則爲著我人衆生壽者)'를 앞에 넣어 옮겼다. 다른 모든 한역에서는 원문대로 옮겼다.

즉 중생들이 법이라는 생각을 갖더라도, 법이 아니라는 생각을 갖더라도 자아와 인간과 중생과 목숨에 집착하는 것이다.

7) 산스끄리뜨어에는 "그것은 왜 그런가? 참으로 다시 수보리야, 보살은 법을 국집해서도 안 되고, 법이 아닌 것을 [국집해서도] 안 되기 때문이다"로 되어 있다.

'국집하다'는 산스끄리뜨어로 grāha이다. '집착하다'의 뜻이다.

즉 '법에 집착해서도 안 되고, 법이 아닌 것에 집착해서도 안 된다'는 의미이다.

이를 조금 더 깊게 분석해 보면, 이것은 중도를 설하고 있는 것이다.

여기서 "붓다는 우리에게 양극단을 버리고 '중도'의 길을 걸어야 한다고 말하고 있다. 우리는 공간의 차원에서는 '자아', '인간', '중생'이라는 생각에 집착하고, 시간의 차원에서는 '목숨'이라는 생각에 집착하고, 개념의 차원에서는 '법', '법 아닌 것'에 집착한다. 그러나 붓다는 시공과 개념 모두를 초월하여 중도의 길을 걸어야 한다는 가르침을 주고 있는 것이다(Red Pine, p. 124 참고)."

붓다는 '고행과 감각적 쾌락'이라는 양극단을 여의고 중도의 길로 깨달음을 얻었다.

이와 마찬가지로 색에 집착해서도 안 되고, 공에 집착해서도 안 된다.

모든 것은 원래 공(空)한 것이다. 하지만 "그것이 존재(a dharma)한다는 생각도 쓸모가 있다. 왜냐하면 우리가 이 세상을 살아가는 데 필요하기 때문이다. 그렇지 않으면 보시나 다른 사람을 도울 수도 없다. 또 한편 그것이 존재하지 않는다(no dharma)는 생각도 쓸모가 있다. 이는 우리가 깨달음에 들어서게 하기 때문이다(Red Pine, p. 126)."

그래서 법 아닌 것에 집착해서도 안 되고, 법에 집착해서도 안 된다. 그 어느 쪽이든 집착해서는 안 된다.

비유하면 이렇다. "강 한 가운데 물에 빠져 죽어 가면서, 어느 쪽 강가를 이야기한들 무슨 소용이 있겠는가? 만약 존재하는 것에 집착하거나 존재하지 않는 것에 집착한다면, 그것은 마음의 진흙탕에 빠진 것이다. ―전흡(傳翕, 497-669, 양나라 때 승려)(Red Pine, p. 128)"

그럼에도 불구하고 어느 한 쪽에 집착한다면, 이는 마치 "금으로 금을 맞바꾸려 하는 것과 같고, 물로 물을 씻으려는 것과 같다. ―도천(道川, 1100-1170, 송나라 때 승려)(Red Pine, p. 128)"

그래서 붓다는 보살은 중도를 걸어야 한다고 가르치고 있는 것이다.

8) 산스끄리뜨어에는 "그래서 이것을 두고서 여래는 '법문이란 뗏

목과 같은 것이라고 깊게 아는 자들은 법들도 반드시 버려야 하거늘 하물며 법들이 아닌 것임에랴'라고 설하셨다"로 되어 있다.

" '법문'은 산스끄리뜨어 다르마빠랴야(dharma-paryāya)이다. paryāya의 기본 의미는 '일이 경우에 맞게 잘 되어 가는 것'을 뜻하며, 그런 의미에서 '방편, 방법, 순서, 차례, 습관' 등의 의미로 쓰이고, 부처님의 설법은 항상 이렇게 설해지므로 가르침의 의미로 쓰인다. 한역에서는 법에 들어가는 문, 즉 방편이나 방법이라는 뜻에서 법문으로 옮겨 쓰고 있다(각묵 스님, 135~136쪽 참고)."

즉 법은 고통의 바다를 건너 피안에 이르게 하는 하나의 방편이다. 그것이 법의 유일한 목적이다.

구마라집은 '설법(說法)', 보리류지, 현장, 의정은 '법문(法門)', 진제는 '경(經)', 급다는 '법본(法本)'으로 옮겼다.

법(法)을 '뗏목에 비유'하는 것은 여러 경전에서도 나타난다. 가르침은 강 건너편으로 건너게 해주는 뗏목과 같다. 솔개를 길들이던 아랏타라 비구가 삿된 견해를 주장하자, 붓다가 뱀의 비유와 이 뗏목의 비유를 설한 후 "내가 긴 세월 동안 설한 뗏목의 비유에 대해 잘 안다면, 너희들은 마땅히 이 법도 버려야하거늘 하물며 법이 아닌 것이겠는가?"라며, '뗏목에 비유'의 가르침마저 버리라고 말한다(김월운,《중아함경》,〈아리타경阿梨咤經〉, 285쪽, 2011, 동국역경원).

여기서 말하는 법(dharma)은 '붓다의 가르침'이고, 법이 아닌 것은 '삿된 견해'나 '부, 명예, 권력' 등 온갖 세속적인 것들을 말한다.

법도 버려야 하는데, 하물며 '삿된 견해'나 '부, 명예, 권력' 등 온갖 세속적인 것들은 말할 것도 없다는 것이다.

즉 "여기서 말하는 '법'은 '법이라는 생각'을 말하는 것이 아니라 붓다의 가르침을 말한다. '법 아닌 것'은 '법이라는 생각이 없음'이 아니라 부, 명예, 권력 등 온갖 세속적인 것들을 말한다. ―통리(通理, 1701-1782, 청나라 때 승려)(Red Pine, pp.127~128)"

법 아닌 것이야 말할 것도 없지만, 붓다는 우리에게 강을 건넌 뒤에는 가르침마저도 버리게 하고 있다.

《금강경》에서 붓다의 가르침은 점진적이다. 붓다는 '공(空)'이라는 말을 한 번도 언급하지 않고 있지만, 전체적으로 이 경은 공에 대한 가르침이다.

"맨 처음 붓다는 자아에 집착하지 않도록 '자아'가 공하다고 가르친다. 그런 다음 법에 집착하지 못하도록 '법'도 공하다고 가르친다. 마지막으로 공에 집착하지 않도록 '공'도 공하다고 가르친다. ―통리(通理)(Red Pine, pp.127)"

[정리] 내 설법은 뗏목과 같은 것이다

수보리야, 여래는 이 중생들이 한량없는 복덕을 받을 줄 다 알고 다 본다. 왜 그런가? 이 중생들에게는 자아라는 생각, 인간이라는 생각,

중생이라는 생각, 목숨이라는 생각이 없고, 법이라는 생각도 없고 법이 아니라는 생각도 없기 때문이다. 왜냐하면 중생들이 마음에 생각을 갖게 되면, 자아와 인간과 중생과 목숨에 집착하는 것이 되기 때문이다. 왜 그런가? 법이라는 생각을 갖더라도 자아와 인간과 중생과 목숨에 집착하는 것이 되고, 법이 아니라는 생각을 갖더라도 자아와 인간과 중생과 목숨에 집착하는 것이 되기 때문이다. 그러므로 법에 집착해서도 안 되고, 법이 아닌 것에 집착해서도 안 된다. 이런 뜻에서 여래가 항상 '너희들 비구는 내 설법이 뗏목과 같은 것이라고 아는 자들이니, 법도 버려야 하거늘 하물며 법이 아닌 것이랴' 하였다.

7 무위법(無爲法)으로 차별을 두다

無得無說分
무득무설분

須菩提 於意云何 如來得阿耨多羅三藐三菩提耶 如來有所說法耶 須
수보리 어의운하 여래득아뇩다라삼먁삼보리야 여래유소설법야 수
菩提言 如我解佛所說義 無有定法 名阿耨多羅三藐三菩提 亦無有定法
보리언 여아해불소설의 무유정법 명아뇩다라삼먁삼보리 역무유정법
如來可說 何以故 如來所說法 皆不可取 不可說 非法 非非法 所以
여래가설 하이고 여래소설법 개불가취 불가설 비법 비비법 소이
者何 一切賢聖 皆以無爲法 而有差別
자하 일체현성 개이무위법 이유차별

얻음도 없고 설함도 없다

수보리야, 어떻게 생각하느냐? 여래가 아뇩다라삼먁삼보리를 얻었느냐? 여래가 설한 법이 있느냐?"[1]

수보리가 말했다.

"제가 붓다께서 설하신 뜻을 이해하기로는 아뇩다라삼먁삼보리라고 할 일정한 법도 없고, 또 여래께서 설하신 일정한 법도 없습니다.[2] 왜냐하면 여래께서 설하신 것은 모두 잡을 수도 없고, 설명할 수도 없고, 법도 아니고, 법이 아닌 것도 아니기 때문입니다.[3] 왜 그런가? 모든 성자들은 다 무위법(無爲法)으로써 차별을 두기 때문입니다."[4]

[해설]

1) 산스끄리뜨어에는 '다시 또 세존께서 수보리 존자에게 이렇게 말씀하셨다'라면서, "수보리야, 이것을 어떻게 생각하느냐? 여래가 '[이것이] 무상정등각이다'라고 철저히 깨달았다 할 그 어떤 법이 있는가? 혹은 여래는 어떤 법을 가르치기는 했는가?"로 되어 있다.

구마라집, 의정은 앞 구절을 생략했다. 보리류지는 '부차 불고혜명수보리(復次 佛告慧命須菩提)', 진제는 '불부고정명수보리(佛復告淨命須菩提)', 급다는 '부차 세존명자선실위여시언(復次 世尊命者善實邊如是言)',

현장은 '불부고구수선현언(佛復告具壽善現言)'으로 옮겼다.

'무상정등각'은 산스끄리뜨어로 anuttarā-samyaksaṃbodhi이다. 산스끄리뜨어 원문에 '아뇩다라삼먁삼보리'라는 말이 이 7장에서 처음 나타난다.

구마라집, 보리류지는 '아뇩다라삼먁삼보리(阿耨多羅三藐三菩提)', 급다는 '무상정변지(無上正遍知)'로 일관되게 옮겼다. 진제는 때때로 '아뇩다라삼먁삼보리(阿耨多羅三藐三菩提)' 혹은 '무상보리(無上菩提)', 현장은 '아뇩다라삼먁삼보리(阿耨多羅三藐三菩提)' 혹은 '무상정등보리(無上正等菩提)' 혹은 '무상정등각(無上正等覺)', 의정은 '무상보리(無上菩提)' 혹은 '무상정등각(無上正等覺)'으로 옮겼다.

'어떤 법'은 구마라집과 보리류지는 '정법(定法 : 정해진 법)', 진제는 '법(法)', 급다는 '일법(一法 : 하나의 법)', 현장과 의정은 소법 '(少法 : 조그마한 법)'으로 옮겼다.

지금까지 붓다는 보살의 길을 설해 왔다.

3장에서는 '보살에게 자아라는 생각, 인간이라는 생각, 중생이라는 생각, 목숨이라는 생각에 집착해서는 안 된다'고 말한다.

4장에서는 '보살은 형상에 머무르지 않고 보시해야 하고, 소리·향기·맛·촉감·마음의 대상에 머무르지 않고 보시해야 한다'고 말한다.

6장에서는 '법에 집착해서도 안 되고, 법이 아닌 것에 집착해서도 안 된다'고 말한다. 그러면서 '내 설법은 뗏목과 같은 것이다'라고 말한다.

이 7장에서는 수보리가 이를 철저히 깨달았는지, 붓다는 많은 법 가운데 최상의 깨달음에 이르는 무상정등각, 즉 아뇩다라삼먁삼보리법을 비유로 들면서 "여래가 아뇩다라삼먁삼보리를 얻었느냐? 여래가 설한 법이 있느냐?"라고 묻고 있는 것이다.

구마라집은 "다시 또 세존께서 수보리 존자에게 이렇게 말씀하셨다"의 앞 구절을 생략하였지만, 여기서 '다시'라는 말에 주목해야 한다.

즉 붓다는 법이 아닌 것은 말할 것도 없고 법에도 집착하지 말라며, "내 설법은 뗏목과 같은 것이다"라고 수보리에게 말했다. 하지만 수보리는 여전히 이 가르침을 마음에 새기지 않고 붓다의 가르침을 뗏목처럼 버리지 못한 것이다.

그래서 붓다는 이를 깨닫도록 하기 위해 무상정등각, 즉 아뇩다라삼먁삼보리법을 예로 들면서 아뇩다라삼먁삼보리법에도 집착하지 말라고 '다시' 한 번 일깨워 주려는 것이다.

또한 이 질문에는 또 하나의 숨은 뜻이 있다. 지금까지는 보살의 길을 말했다면, 이제 깨달음의 문제로까지 이야기를 진전시킨 것이다.

즉 "자아, 인간, 중생, 목숨이라는 생각에 집착하는 것은 시간과 공간이라는 물질적인 세계에 얽매이는 것이고, 법이나 법이 아닌 것에 집착하는 것은 개념적인 세계에 얽매이는 것이다. 깨달음에 집착하는 것은 공에 얽매이는 것이다(Red Pine, p.124 참고)."

우리는 법이 아닌 것에 집착해서는 안 된다. 하지만 법에 집착해서도 안 된다고 말하면, 공(空)에 집착하게 된다. 그러나 공에 집착해서도 안 된다.

예컨대, 깨달음에 집착하는 것도 공에 집착하는 것이다. 당연히 깨달음에 이르는 아뇩다라삼먁삼보리법은 말할 것도 없고 깨달음에도 집착해서는 안 된다는 뜻이 숨어 있다.

붓다는 이 또한 일깨워 주려는 것이다.

이 7장의 나머지 부분은 모두 "여래가 아뇩다라삼먁삼보리를 얻었느냐? 여래가 설한 법이 있느냐?"라는 붓다의 질문에 대한 수보리의 답변으로 이루어져 있다. 지금부터 수보리의 답변을 살펴보도록 하자.

2) 산스끄리뜨어에는 "세존이시여, 제가 세존께서 설하신 뜻을 깊이 아는 바로는 여래가 '[이것이] 무상정등각이다'라고 철저히 깨달았다 할 그 어떤 법도 없으며, 여래는 그러한 어떤 법도 설하시지도 않았습니다"로 되어 있다.

'철저히 깨달았다 할'은 산스끄리뜨어로 abhisambuddhaḥ이다. 구마라집, 보리류지, 진제는 '득(得)'(구마라집은 '구하려는', '얻은', '증득 즉 깨달은'을 모두 '得'으로 옮김, 따라서 문맥에 맞게 해석을 해야 함), 급다는 '증각(證覺)', 현장은 '증득(證得)', 의정은 '증(證)'으로 옮겼다.

'어떤 법도 없으며'는 구마라집, 보리류지는 '무유정법(無有定法)', 진제는 '무소유법(無所有法)', 급다는 '무유일법(無有一法)', 현장은 무유소법 '(無有少法)'으로 옮겼고, 의정은 '법(法)'을 빼고 '증득한 바도 없고, 설한 바도 없다(實無所證 亦無所說)'의 의미로 옮겼다.

이는 붓다가 열반에 들기 전에 "45년 동안 가르침을 설하였지만, 나는 한마디도 한 게 없다"라고 말한 것과 같다.

깨달음은 형상이 없다. 그래서 잡거나 줄 수 있는 법이 없다. 그래서 깨달음에 이르는 법도 없고, 가르침을 주거나 받을 법이 없다.

이는 '가르침에 집착해서도 안 되고, 깨달음에 집착해서도 안 된다'는 말이다.

이것이다 할 아뇩다라삼먁삼보리법이 없는데 깨달음에 집착해서 아뇩다라삼먁삼보리법을 얻으려고 하는 것은, 허공을 나는 새의 흔적을 쫓아가려는 것과 같고, 바람을 잡으려는 것과 같고, 물을 움켜쥐려고 하는 것과 같고, 그림자를 쫓아가려는 것과 같다. 이런 집착 또한 허망한 것이다.

즉 법에 집착해서 오직 깨달음을 구하려고 하는 것은, 여전히 자아, 인간, 중생, 목숨이라는 생각에서 벗어나지 못한 것이다.

자아라는 생각, 인간이라는 생각, 중생이라는 생각, 목숨이라는 생각을 완전히 여의는 것, 그것이 곧 깨달음이다.

이를 정리하면 이렇다.

"3장에서 붓다는 '자아', '인간', '중생', '목숨'이라는 생각을 버리라고 말한다. 이는 물질적인 세계를 이루고 있는 시공간이 실재가 아니라 공이라는 것이다. 4장에서 말하는 색, 성, 향, 미, 촉, 법 역시 실재가 아니라 공하다. 6장에서는 법에 집착해서도 안 되고, 법이 아닌 것에 집착해서도 안 된다고 말한다. 이는 개념의 세계를 이루고 있는 생각도 실재가 아니라 공하다는 것이다. 이 7장에서는 이를 깨우쳐 주면서 또 하나의 집착이 될 수 있는 깨달음의 문제도 건드리고 있는 것이다. 그래서 붓다는 수보리에게 무상정등각에 대해서 묻고 있는 것이다(Red Pine, p.131)."

그래서 이렇게 수보리는 "아뇩다라삼먁삼보리라고 할 일정한 법도 없고, 또 여래께서 설하신 일정한 법도 없습니다"라고 대답한 것이다.

그리고 나서 "여래께서 설하신 것은 모두 잡을 수도 없고, 설명할 수도 없고, 법도 아니고, 법이 아닌 것도 아니기 때문입니다"라며 그 이유를 설명하게 된다.

3) 산스끄리뜨어에는 "그것은 왜 그런가 하면, 여래께서 철저히 깨달으셨거나 설하신 그 법은 잡을 수도 없고 설명할 수도 없기 때문입니다. 그것은 법도 아니요, 법이 아님도 아니기 때문입니다"로 되어 있다.

"붓다는 우리에게 법(法)에 대해 '자아'에 대한 법, '법'에 대한 법, '공'에 대한 법을 가르치면서 점진적으로 버리게 한다. 즉 붓다는 맨 처음 중생들을 가르칠 때, 자아는 공하기 때문에 자아에 집착하지 말라고 가르친다. 그 다음에는 법도 공하기 때문에 법에도 집착하지 말라고 가르친다. 그리고 마지막으로는 공도 공하기 때문에 공에도 집착하지 말라고 가르친다.

'깨달음도 하나의 법이다. 모든 법은 공하다. 그러므로 깨달음도 공하다.' 그래서 깨달음은 개념이나 언어나 말로 표현할 수 없다(Red Pine, pp. 127, 130)."

그래서 여래께서 철저히 깨달으셨거나 설하신 그 법은 형태가 없고 쥘 수도 없고 인식할 수도 없고 설명할 수도 없다.

그러나 그것은 법도 아니고, 법이 아닌 것도 아니다. 일체의 법이 공하기 때문에 법도 아니고, 그러나 중생을 깨닫게 하는데 쓸모가 있기 때문에 또한 법이 아닌 것도 아니다.

즉 "그것을 잡으려고 하면, 허공을 잡으려고 하는 것과 같다. 그리고 그것을 설명하려고 하면, 허공을 설명하려고 하는 것과 같다. 그래서 그것을 법이 아니라고 말한다. 그러나 그것은 중생을 깨닫게 하는 방편으로 쓸모가 있어 법이 아니라고 말할 수 없다. 그래서 그것을 법이 아닌 것도 아니라고 말한다(Red Pine, p. 135)."

그러나 수보리는 "여래께서 철저히 깨달으셨거나 설하신 그 법은 잡을 수도 없고 설명할 수도 없고, 법도 아니고, …"라고 말하는 순간 이런 의문이 든 것이다.

"법은 공하다. 그렇지만 붓다는 깨달음을 얻었고, 또한 중생을 제도하기 위해 깨달음에 이르는 법을 가르치고 있다. 때문에 법은 공한 것이 아니다. 그래서 수보리는 '법도 아니고'라는 자신의 말 속에 이런 모순이 내포되어 있다고 생각하고 '법이 아닌 것도 아니기 때문입니다'라고 말한 것이다. 그러나 그런 후, 곧바로 무위의 차원으로 은신처를 삼고 있다(Red Pine, p. 130)."

즉 여기까지 수보리는 성문으로서 논리를 잘 전개했다. 하지만 이렇게 말한 후, 다음과 같이 "그것은 왜 그런가 하면, 참으로 성자들은 무위로 나타나기 때문입니다"라고 사족을 덧붙이고 만다.

4) 산스끄리뜨어에는 "그것은 왜 그런가 하면, 참으로 성자들은 무위로 나타나기 때문입니다"로 되어 있다.

보리류지는 "모든 성자들은 무위법을 증득하여 이름을 얻기 때문입니다"라는 의미로 '일체성인 개이무위법득명(一切聖人 皆以無爲法得名)', 진제는 "모든 성자들은 무위, 진여로써 나타나기 때문입니다"의 의미로 '일체성인 무위진여소현현고(一切聖人 無爲眞如所顯現故)', 급다는 '무위법현명성인(無爲法顯明聖人)', 현장은 '이제현성보특가라 개시무위지소현고(以諸賢聖補特伽羅 皆是無爲之所顯故)', 의정은 '이제성자 개시무위소현현고(以諸聖者 皆是無爲所顯現故)'로 모두 비슷하게 옮겼다.

이를 구마라집은 '일체현성 개이무위법 이유차별(一切賢聖 皆以無爲法 而有差別)', 즉 "모든 성자들은 다 무위의 상태에서 차별을 두기 때문입니다"로 의역한 것이다.

"'성자'는 산스끄리뜨어로 ārya-pudgala(聖人)이다. ārya의 원래 의미는 '아리야 족에 속하는' 정도의 의미다. 빨리어는 ariya이다. '고귀한'의 뜻이다. 초기경에는 나타나지 않으나, 주석서에 성자, 즉 예류, 일래, 불환, 아라한에 이른 분들이라 한다(각묵 스님, 148~149쪽 참고)."

'무위로써 나타나는'은 산스끄리뜨어로 asaṃskṛta-prabhāvitā이다.

즉 "'무위로써 나타나는(asaṃskṛta-prabhāvitā)'에서 부정 접두어 'a-'가 붙은 asaṃskṛta는 '형성되지 않은 혹은 조건 지워지지 않은'이라는 뜻이고, 부정 접두어 'a-'를 뺀 이것의 명사인 saṃskāra는 '행(行 : 의도적인 행위) 혹은 유위(有爲)'라는 뜻이다. 그래서 asaṃskṛta를 무위로 옮기며, 성자들은 '어떤 의도적 행위나 조건으로 형성된 현상계를 초월해 있다'는 의미이다(각묵 스님, 148쪽)."

우리는 성자는 무위로써 나타나기 때문에 32상으로 여래를 볼 수가 없다. 그러나 성자들이 무위로써 나타난다면, 붓다는 중생들을 가르치기 위해 왜 깨달음을 얻어야 할까? 그래서 무위로써 나타나기 때문이라는 이 말 속에는 '깨달음도 없고, 가르침도 없다'는 근거가 되기도 한다.

그러나 "수보리는 붓다의 제자들 가운데 공을 제일 잘 아는 자이고, 가장 현명한 제자들 가운데 한 명이다. 하지만 여기서 수보리의 한계가 드러나고 만다. 수보리는 성자라고 말하고 있지만, 부처는 성자가 아니다. 부처는 무위로써 드러나지 않는다. 지혜 제일이라 불린 사리불(舍利弗, Śāriputra)의 말처럼 '여래는 유위로써 머무는 것도 아니고, 무위로써 머무는 것도 아니다. 그래서 유위로써 나타나는 것도 아니고, 무위로써 나타나는 것도 아니다.' 그래서 붓다는 이 말에 수보리에게 '선재, 선재'라는 말을 하지 않는다. 그렇다면 여래는 어디로부터 나타난다는 것일까? 붓다는 이 물음에 다음 8장에서 '모든 부처와 모든 부처의 아뇩다라삼먁삼보리가 다 이 경에서 나타난다'고 말한다(Red Pine, pp.136~137)."

즉 '…그것은 법도 아니요, 법이 아님도 아니기 때문입니다'라며 수보리는 성문으로서 논리를 잘 전개했지만, 그 이유를 "참으로 성자들은 무위로 나타나기 때문입니다"라고 말함으로써 한계를 드러내고 만 것이다.

따라서 이 구절을 구마라집은 의도적으로 "모든 성자들은 다 무위법으로써 차별을 두기 때문입니다(一切賢聖 皆以無爲法 而有差別)"로 옮긴 것이다. 이는 정말 탁월하다고 말할 수밖에 없다(그 반대로 번역자로서의 본분을 망각했다는 평을 들을 수도 있겠다).

즉 붓다의 가르침은 유위(有爲 : 차별이 있는 상태에서의 분별)의 차원이 아니라 무위(無爲 : 차별이 없는 상태에서 분별)의 차원에서 말하는 가르침이다. 때문에 사실은 말로 설명할 수도 없고, 줄 수도 없고, 옮길 수도 없다. 허공이 텅 비어 경계가 없고, 새가 날아가지만 흔적이 없는 것과 같다.

붓다는 존재하지도 않는 것이 깨달음에 이르는 길에 방해가 되기 때문에 존재하지 않지만 존재하지 않는 것에 대해 말한다.

예컨대 색성향미촉법은 실재가 아니다. 그러나 중생은 그것이 실제로 존재한다고 생각하고 집착한다. 이는 유위의 차원이다. 그러나 붓다는 색성향미촉법이 존재하지 않지만 중생들이 깨달음에 방해가 되기 때문에 어쩔 수 없이 말로써 설명한다. 그러나 이는 무위의 차원에서 말하는 것이다.

붓다가 말하는 '자아', '중생', '범부', '부처', '법', '진리', '현상', '티끌', '세계' 등도 모두 무위의 차원에서 말하는 것이다. 그러나 범부들은 이런 말들을 들으면 그 언어에 집착하고 상을 그리게 된다.

이 경 25장에서도 말하고 있듯이 "수보리야, 자아가 있다는 여래의 말은 자아가 있다는 뜻이 아닌데, 범부들은 그것이 자아가 있다고 여긴다"는 것이다.

따라서 우리는 언어에 집착해서도 안 된다. 언어에 집착하고 상을 그리는 순간, 우리는 아상, 인상, 중생상, 수자상에 빠지고 만다.

존재하지 않지만, 붓다는 무위의 차원에서 말하고 있는 것이다.

'자아', '중생', '보살', '부처', '법', '아뇩다라삼먁삼보리', 법이든 법이 아닌 것이든 그 무엇이든 공한 것이다. 하지만 중생들은 이를 실재하는 것으로 받아들이기 때문에 이를 깨우치기 위해 말하는 것이다. 따라서 이를 이해하기 전에는 가르침에 의존해야 한다. 물론 이해하고 난 후에는 이 가르침 또한 필요 없다. 이마저도 버려야 한다.

예컨대 "아뇩다라삼먁삼보리도 아뇩다라삼먁삼보리가 아니라고 여래가 설했다. 그래서 아뇩다라삼먁삼보리라고 한다"는 말이 있다.

이 경우 범부들은 '아뇩다라삼먁삼보리'라는 말을 듣게 되면, 상(이상적인 세계)에 빠진다. 그래서 여래는 '아뇩다라삼먁삼보리가 아니다'라고 말한다. 그러나 범부들은 이 말을 듣게 되면, 또 공(허무주의 세계)에 빠진다. '그래서 아뇩다라삼먁삼보리라고 말한다'라고 설하는 것이다.

이렇게 말하는 것은 실은 아뇩다라삼먁삼보리도 아니고, 아뇩다라삼먁삼보리가 아닌 것도 아니기 때문이다.

즉 아뇩다라삼먁삼보리도 공하기 때문에 아뇩다라삼먁삼보리도 아니고, 그러나 중생을 깨닫게 하는데 쓸모가 있기 때문에 또한 아뇩다라삼먁삼보리가 아닌 것도 아니다.

그러나 범부들은 깨달음도 있고 가르침도 있다고 말하면 이상주의의 견해에 빠지게 되고, 깨달음도 없고 가르침도 없다고 말하면 허무주의의 견해에 빠지고 만다.

따라서 법에 집착해서도 안 되고, 법이 아닌 것에 집착해서도 안 된다.

구마라집이 '무유정법(無有定法)'이라고 말한 것도 마찬가지다. 즉 정해진 법이 있지 않다는 것은 법이 없다는 뜻이 아니다. '법이 없다'가 아니라 '법이 있다고 할 것이 없다'라고 말한 무유정법은 '있다'는 상에 빠지는 것을 경계하면서도 '없다'는 상에 빠지는 것도 경계한 것이다.

그래서 다음 8장에서, 붓다는 수보리에게 "불법도 불법이 아니다. 그래서 불법이라고 한다"라고 말한다.

[정리] 무위법(無爲法)으로 차별을 두다

수보리야, 어떻게 생각하느냐? 여래가 아뇩다라삼먁삼보리를 깨달았다 할 법이 있는가? 여래가 설한 법이 있는가?"

수보리가 말했다.

"제가 붓다께서 설하신 뜻을 이해하기로는 아뇩다라삼먁삼보리라고 깨달았다 할 일정한 법도 없고, 또 여래께서 설하신 일정한 법도 없습니다. 왜냐하면 여래께서 설하신 것은 모두 인식할 수도 없고, 설명할 수도 없고, 법도 아니고, 법이 아닌 것도 아니기 때문입니다. 왜 그런가? 모든 성자들은 다 무위로써 차별을 두기 때문입니다."

8 모든 부처와 아뇩다라삼먁삼보리법이 이 경에서 나오다

依法出生分
의법출생분

須菩提 於意云何 若人滿三千大千世界七寶 以用布施 是人所得福
수보리 어의운하 약인만삼천대천세계칠보 이용보시 시인소득복
德 寧爲多不 須菩提言 甚多 世尊 何以故 是福德 即非福德性 是故
덕 영위다부 수보리언 심다 세존 하이고 시복덕 즉비복덕성 시고
如來說福德多 若復有人 於此經中 受持乃至四句偈等 爲他人說
여래설복덕다 약부유인 어차경중 수지내지사구게등 위타인설
其福勝彼 何以故 須菩提 一切諸佛 及諸佛阿耨多羅三藐三菩提法
기복승피 하이고 수보리 일체제불 급제불아뇩다라삼먁삼보리법
皆從此經出 須菩提 所謂佛法者 即非佛法
개종차경출 수보리 소위불법자 즉비불법

법에 의하여 생겨나다

"수보리야, 어떻게 생각하느냐? 어떤 사람이 삼천대천세계에 칠보를 가득 채워 보시를 한다면, 그가 받을 복덕이 많겠느냐?"[1]

수보리가 말했다.

"매우 많습니다, 세존이시여. 왜냐하면 그 복덕은 복덕성(福德性)이 아니기 때문입니다. 그래서 여래께서 복덕이 많다고 하셨습니다."[2]

"그런데 만약 다른 어떤 사람이 이 경에서 네 구절만이라도 받아 지니고 남에게 설해 준다면, 그 복이 저 복보다 나을 것이다.[3] 왜냐하면 수보리야, 모든 부처와 모든 부처의 아뇩다라삼먁삼보리법이 다 이 경에서 나오기 때문이다.[4]

그러나 수보리야, 불법(佛法)이라는 것도 불법이 아니다.[5]

[해설]

1) 산스끄리뜨어에는 "수보리야, 이를 어떻게 생각하느냐? 어떤 선남자 선여인이 이 삼천대천세계를 칠보로 가득 채우고서 여래 아라한 정등각들께 보시를 행한다면, 참으로 그 선남자 선여인은 이로 인해서 아주 많은 공덕의 무더기를 쌓을 수 있겠느냐?"로 되어 있다.

'선남자 선여인'은 보리류지, 진제, 의정은 '선남자 선여인(善男子善

女人)', 급다는 '선가자 선가녀(善家子善家女)', 현장은 '선남자 혹 선여인(善男子或善女人)'으로 옮겨 넣었다.

'삼천대천세계'는 산스끄리뜨어로 trisāhasramahāsāhasralokadhātu이다.

"tri는 '3'이고, sāhasra는 sahasra(1000)의 형용사로 '천에 속하는, 천으로 이루어진'의 뜻이고, mahā는 '크다(大)'이다. loka는 '세(世)'이고, dhātu는 '계(界)'이다. 그래서 이는 '삼천대천으로 이루어진 세계'라는 뜻이다(각묵 스님, 154쪽 참고)."

'여래 아라한 정등각들께'는 급다는 '여래등응등정변지등(如來等應等正遍知等)'을 넣어 원문의 의미를 살렸다. 그 외의 모든 한역에서는 이를 생략했다.

왜냐하면, 사실 여래에게 칠보가 왜 필요하겠는가?

이미 앞에서 보시의 공덕은 허공과 같이 헤아릴 수 없다고 말한 바 있다. 그러나 그 공덕은 설사 '여래 아라한 정등각들께 보시를 행하더라도' 이 경의 네 구절만 못하다고 강조하는 의미가 담겨 있다.

'칠보'는 산스끄리뜨어로 sapta-ratna이다. sapta는 '일곱', ratna는 '보배'를 뜻한다. 칠보에 대한 설명은 경전마다 다르다. 《법화경》에서 칠보는 금, 은, 마노(瑪瑙), 유리(瑠璃), 차거(硨磲 혹은 거거), 진주(眞珠), 매괴(玫瑰), 《무량수경》에서 칠보는 금, 은, 유리, 파리, 마노, 차거, 산호이다.

그러나 칠보가 무엇이냐가 중요한 것이 아니라, 7가지 보석은 귀한 것을 나타내는 상징적인 숫자라고 생각하면 될 듯싶다.

예컨대 "세계의 거의 모든 문화에서 7(七)이라는 숫자는 행운을 뜻한다. 또한 7개의 별로 이루어진 북두칠성 역시 거의 모든 문화권에서 소중히 여긴 것에서도 알 수 있듯이 7(七)은 우리에게 친근한 숫자이다. 따라서 7이라는 숫자는 상징적인 것으로 이해하면 될 듯싶다(Red Pine, p.143)."

2) 산스끄리뜨어에는 "세존이시여, 왜 그런가 하면, 여래께서 공덕의 무더기라고 설하신 것, 그것은 [공덕의] 무더기가 아니라고 여래께서 설하셨나니 그래서 여래께서 설하시기를 '공덕의 무더기, 공덕의 무더기'라 하시는 것입니다"로 되어 있다.

'공덕의 무더기'는 산스끄리뜨어로 puṇya-skandha이다. skandha는 오온(pañca-skandha, 빨리어 pañca khanda)의 '온(蘊 : 쌓다)'과 같은 의미이다.

무더기란 어떤 것들이 모여서 형성된 것이다.

그러나 "그것을 구성하고 있는 요소가 무엇이든 그 안의 모든 구성요소들이 공하기 때문에 [그것이 아무리 많이 쌓여 무더기를 형성하더라도] '무더기' 역시 공한 것이다. 그래서 공덕의 쌓임도 쌓임이 아니다(Conze, p.36)."

그래서 사실은 '무더기'라고 하지만, 그것은 실체가 아니다.

그러나 우리는 '공덕' 혹은 '공덕의 무더기'라는 말을 듣는 순간 상을 그리게 된다. 그래서 여래가 '공덕의 무더기는 무더기가 아니다'

라고 말한다. 중생들이 공덕에 집착하기 때문이다. 그러나 여래가 이렇게 말하면, 우리는 또 공에 집착한다. 즉 공덕을 쌓을 이유가 없다고 생각한다. 따라서 여래는 공에서 벗어나도록 '그래서 공덕의 무더기라고 한다'라고 말한다.

이는 실은 공덕의 무더기는 공덕의 무더기도 아니고, 공덕의 무더기가 아닌 것도 아니기 때문이다.

앞에서 말했듯이 중생은 X라는 말을 듣게 되면, X가 실제로 존재한다고 생각한다. 그러면서 중생은 이에 집착한다.

예컨대 범부들은 '자아, 중생, 범부, 불법, 현상, 꽃, 돌, 인간, 우주'라는 말을 들으면, 그것이 실체가 있다는 듯이 개별적으로 존재하는 각각의 상을 그리게 되고, 집착하게 된다. 그러나 그 순간 우리는 아상, 인상, 중생상, 수자상에 빠지고 만다.

그래서 여래는 그것이 아니다. 즉 공하다고 말한다. 그러면 아상, 인상, 중생상, 수자상에서 벗어나게 된다. 그러나 그 순간 중생은 또 공에 빠지고 만다. 따라서 공에서 벗어나도록 공도 공하기 때문에 다시 앞 말을 부정해서 '그래서 X라고 한다'라고 말한다.

즉 모든 것은 원래 공하지만, 그것이 존재한다는 생각도 쓸모가 있다. 법안은 보시나 중생을 보게 한다. 또 한편 그것이 존재하지 않는다는 생각도 쓸모가 있다. 혜안은 우리가 깨달음에 들어서게 하기 때문이다.

붓다의 가르침은 X도 아니고, X가 아닌 것도 아닌 이원론을 떠난 가르침이다. 《금강경》에서 반복하고 있는 "…卽非(혹은 則非)…是故…" 혹은 "…[卽, 則非…是名…"은 모두 이런 가르침이다.

예컨대 "여래가 말하는 X는 X가 아니다. 그래서 X라고 한다"라는 말을 풀어보면 이렇다.

즉 첫 번째 X는 우리가 실체가 있다고 보는 것이다. 즉 이는 유위의 차원에서 육안(肉眼)으로 보는 것이다. 두 번째 'X가 아니다'라고 부정하는 것은 X가 공하다는 의미이다. 즉 색즉시공이다. 이는 혜안(慧眼)으로 보는 것이다. 그러나 세 번째 '그래서 X라고 한다'라고 다시 부정하는 것은 공도 공하다는 의미이다. 즉 공즉시색이다. 이는 법안(法眼)으로 보는 것이다(육안, 천안, 혜안, 법안, 불안은 18장을 참고하라).

이처럼 '그래서 X라고 한다'는 것은 공에서 벗어나 법안으로 보는 것이다. 법안은 근원적인 현상과 중생 구제로의 연결성을 본다.

예컨대 "여래가 말한 현상은 현상이 아니다. 그래서 현상이라 한다"라는 말이 있다고 가정하자.

첫째, 맨 앞의 현상은 실제 존재한다고 보는 것이다. 이것은 육안으로 보는 것이다. 둘째, '현상이 아니다'라고 말하는 것은 모든 현상은 공하기 때문이다. 이것은 혜안으로 보는 것이다. 셋째, '그래서 현상이라 한다'는 임시의 혹은 가상의 존재이지만 연기적으로 존재하고 있기 때문이다. 그래서 현상이 아닌 것도 아닌 것이다. 이것은 법안으로 보는 것이다.

또 다른 예를 하나 들면 이렇다.

예컨대 "불법도 불법이 아니다. 그래서 불법이라 한다"라는 말이 있다고 가정하자.

첫째, 맨 앞의 '불법'은 단지 언어로 이름 붙인 가명이다. 이 말을 듣는 순간 우리는 상을 그리게 된다. 이것은 육안으로 보는 것이다. 둘째, '불법이 아니다'라고 말하는 것은 불법도 공하기 때문이다. 이것은 혜안으로 보는 것이다. 셋째, '그래서 불법이라 한다'는 불법이 중생을 구제하는 데 쓰임이 있기 때문이다. 그래서 불법이 아닌 것도 아닌 것이다. 이것은 법안으로 보는 것이다.

그래서 한 가지 주의할 것은, "…卽非…是名…"에서 '是名'을 '그래서 X라고 한다' 대신에 '그 이름이 X다'라고 해석하게 되면, 자칫 이는 붓다의 가르침을 반 만 해석하는 셈이 되고 만다.

왜냐하면 이렇게 해석하면 공에 그치고 말기 때문이다. 즉 이는 법안이 생기는 것을 가로막는 장애가 되기 때문이다. '是名'을 '그래서 X라고 한다'로 옮기는 것이 온전한 해석이라 할 수 있겠다.

3) 산스끄리뜨어에는 "그리고 참으로 수보리야, 선남자 선여인이 이 삼천대천세계를 칠보로 가득 채우고서 여래 아라한 정등각들께 보시를 행한다 하더라도 다시 이 법문 가운데서 단지 네 구절로 된 게송이라도 뽑아내어 남들에게 상세히 가르쳐주고 자세히 설명해준다면 이것이 이로 인해서 측량할 수도 없고 셀 수도 없이 더 많은 공덕의 무더기를 쌓을 것이다"로 되어 있다.

'게송'은 산스끄리뜨어로 gāthā이다. 구마라집, 보리류지, 진제,

급다는 '게(偈)', 현장은 '가타(伽陀)'로 음역했고, 의정은 '송(頌)'으로 옮겼다.

'네 구절로 된 게송'은 구마라집, 보리류지, 진제는 '사구게(四句偈)', 급다는 '사구등게(四句等偈)', 현장은 '사구가타(四句伽陀)', 의정은 '사구송(四句頌)'으로 옮겼다.

'단지 네 구절로 된 게송이라도 뽑아내어 남들에게 상세히 가르쳐주고 자세히 설명해준다면"은 구마라집은 이를 이 경 전체에서 거의 비슷하게, '수지내지사구게등 위타인설(受持乃至四句偈等 爲他人說)' 혹은 '수지내지사구게등 수지독송 위타인설(혹은 위인해설爲人解說)'로 옮겼다.

'측량할 수도 없고 셀 수도 없이'는 다른 모든 한역에서는 원문에 따라 옮겼지만, 구마라집은 이를 '기복승피(基福勝披)'로 간략하게 옮겨, 앞의 것과 비교하여 극명한 대비를 이루게 하였다.

그러나 아무리 소중하고 귀한 칠보를 삼천대천세계를 가득 채워 보시하더라도 그것은 물질일 뿐이다. 우리가 보시를 하면, 그 공덕으로 천상에 태어나거나 미래의 삶에서 부나 명예를 누릴 수는 있다. 그렇지만 그 공덕 역시 복이 다하면 윤회의 삶을 살아야 한다. 결국 그 공덕만으로는 깨달음에 이를 수 없다. 그래서 보시바라밀은 깨달음에 이르기 위한 수행이고, 중생 구제를 위한 하나의 방편이다.

따라서 아무리 삼천대천세계에 칠보를 가득 채워 보시를 하더라도, 이것들은 이 경의 네 구절만 못하다.

"모든 부처(佛)와 모든 부처의 아뇩다라삼먁삼보리가 다 이 경에서 나오기 때문이다."

이 경의 네 구절만이라도 정말 이해하고 남을 깨우쳐 준다면, 그 공덕은 헤아릴 수도 없고 셀 수도 없는 것이다. 그로 인해 지혜의 완성, 즉 궁극적으로 깨달음을 얻을 수 있게 하기 때문이다.

4) 산스끄리뜨어에는 "그것은 왜 그런가? 수보리야, 여래 아라한 정등각들의 무상정등각은 참으로 이로부터 생겨났고 부처님 세존들도 이로부터 생겨났기 때문이다"로 되어 있다.

여래는 무위로써 나타나는 것이 아니라 이 경에서 나온다는 것이다.

그래서 7장에서 말했듯이 "그것은 왜 그런가 하면, 참으로 성자들은 무위로 나타나기 때문입니다"라는 수보리의 말에 붓다가 '선재 선재'라는 말을 하지 않은 이유이다. 무위 역시 이분법적 사고일 뿐이다. 유위가 있기 때문에 무위가 있다. 무위 역시 유위의 상대적인 개념인 것이다.

그렇다면 이 경에서 나온다는 것, 이는 어떤 의미일까? 모든 법은 지혜를 담고 있기 때문이다. 즉 '이 경에서 나온다'는 것은 단순히 이 경의 네 구절의 말이라든지 이 경의 탁월함을 의미하는 것이 아니라, 바로 이 경에 담겨 있는 지혜를 의미하는 것이다. 이는 모든 부처와 모든 부처의 아뇩다라삼먁삼보리가 지혜바라밀, 즉 반야바라밀로부터 나온다는 뜻이다.

"반야바라밀은 모든 부처의 인(因)이면서 동시에 과(果)이다(Conze,

p.37)."

왜냐하면 이는 모든 부처는 반야바라밀에 의지하여 깨달음을 성취하기 때문이다.

《반야심경》에서 "(과거 미래 현재) 삼세의 모든 부처님도 반야바라밀다를 의지하므로 최상의 깨달음을 얻느니라(三世諸佛 依般若波羅蜜多故 得阿耨多羅三藐三菩提)"고 말하는 것과 같다.

"반야바라밀은 여래의 어머니고, 어머니다(Conze, p.37)"라는 말도 마찬가지다.

왜냐하면 여래는 반야바라밀로부터 나오기 때문이다.

5) 산스끄리뜨어에는 "그것은 왜 그런가? 수보리야, '불법, 불법'이라는 것, 참으로 불법이 아니라고 여래는 설했나니 그래서 말하기를 불법이라고 하기 때문이다"로 되어 있다.

즉 모든 법은 공하다. 따라서 불법도 공(空)하다. 그래서 불법이 아니라고 말한다. 그러나 이는 중생을 구제하는 데 쓰임이 있다. 그래서 불법이 아닌 것도 아닌 것이다.

6장에서 '내 설법은 뗏목과 같다'고 말했듯이 "법에 집착해서도 안 되고, 법이 아닌 것에 집착해서도 안 된다." 그러면서 "법도 버려야 하거늘 하물며 법이 아닌 것이랴"라고 했다.

모든 개념, 설사 그것이 불법이라 하더라도 그것에 집착하면 깨달음에 이르는 장애가 되고, 또 하나의 미혹이 되기 때문이다.

구마라집은 "그래서 불법이라고 한다"는 생략했다. 보리류지, 진제, 의정은 '시명불법(是名佛法)', 급다는 '피고설명불법자(彼故說名佛法者)', 현장은 '시고여래설명제불법제불법(是故如來說名諸佛法諸佛法)'으로 옮겨 넣었다.

[정리] 모든 부처와 아뇩다라삼먁삼보리법이 이 경에서 나오다

"수보리야, 어떻게 생각하느냐? 어떤 선남자 선여인이 삼천대천세계에 칠보를 가득 채워 보시를 한다면, 그가 받을 복덕이 많겠느냐?"

수보리가 말했다.

"매우 많습니다, 세존이시여. 왜냐하면 그 복덕(福德)은 복덕이 아니기 때문입니다. 그래서 여래께서 복덕이 많다고 하셨습니다."

붓다께서 말씀하셨다.

"그런데 수보리야, 다른 어떤 사람이 이 경에서 네 구절만이라도 받아 지니고 남에게 설해 준다면, 그 복이 저 복보다 나을 것이다. 왜냐하면 수보리야, 모든 부처와 모든 부처의 아뇩다라삼먁삼보리가 다 이 경에서 나오기 때문이다.

그러나 수보리야, 불법(佛法)이라는 것도 불법이 아니다. 그래서 불법이라고 한다.

9 들어가고 나오는 것도 없고, 가고 오는 것도 없다

一相無相分
일상무상분

須菩提 於意云何 須陀洹 能作是念 我得須陀洹果不 須菩提言 不也
수보리 어의운하 수다원 능작시념 아득수다원과부 수보리언 불야
世尊 何以故 須陀洹 名爲 入流 而無所入 不入色聲香味觸法 是名
세존 하이고 수다원 명위입류 이무소입 불입색성향미촉법 시명
須陀洹 須菩提 於意云何 斯陀含 能作是念 我得斯陀含果不 須菩
수다원 수보리 어의운하 사다함 능작시념 아득사다함과부 수보
提言 不也 世尊 何以故 斯陀含 名一往來 而實無往來 是名斯陀含
리언 불야 세존 하이고 사다함 명일왕래 이실무왕래 시명사다함
須菩提 於意云何 阿那含 能作是念 我得阿那含果不 須菩提言 不也
수보리 어의운하 아나함 능작시념 아득아나함과부 수보리언 불야
世尊 何以故 阿那含 名爲不來 而實無來 是故名阿那含
세존 하이고 아나함 명위불래 이실무래 시고명아나함

하나의 상도 상이 아니다

"수보리야, 어떻게 생각하느냐? 수다원(須陀洹)이 '나는 수다원과를 증득했다'고 생각하겠느냐?"¹⁾

수보리가 말했다.

"아닙니다, 세존이시여. 왜냐하면 수다원을 입류(入流 : 들어간 자)라고 하지만 들어간 곳이 없으니, 형상·소리·향기·맛·감촉·마음의 대상에도 들어가지 않았기 때문입니다. 그래서 수다원이라 하셨습니다.²⁾

"수보리야, 어떻게 생각하느냐? 사다함(斯陀含)이 '나는 사다함과를 증득했다'고 생각하겠느냐?"³⁾

"아닙니다, 세존이시여. 왜냐하면 사다함을 일왕래(一往來 : 한 번 더 들어올 자)라고 하지만 실은 가고 오는 것이 없기 때문입니다. 그래서 사다함이라 하셨습니다."⁴⁾

"수보리야, 어떻게 생각하느냐? 아나함(阿那含)이 '나는 아나함과를 증득했다'고 생각하겠느냐?"⁵⁾

수보리가 말했다.

"아닙니다, 세존이시여. 왜냐하면 아나함을 불래(不來 : 다시 돌아오지 않을 자)라고 하지만 실은 온다는 것이 없기 때문입니다. 그래서 아나함이라 하셨습니다."⁶⁾

[해설]

1) 산스끄리뜨어에는 "수보리야, 이를 어떻게 생각하느냐? 참으로 [성자의] 흐름에 든 자(預流)가 '나는 예류과를 증득했다'는 [생각을] 내겠는가?"로 되어 있다.

'흐름에 든 자'는 산스끄리뜨어로 srota-āpanna(빨리어 sota-āpanna)이다. 예류(預流), 입류(入流)의 뜻이다. 그래서 srotaāpatti-phala를 '예류과'라고 한다. 처음으로 성자의 흐름에 들어섰다는 의미이다.

구마라집, 보리류지, 진제는 '수다원(須陀洹)'으로 음역했고, 급다는 '유입(流入)', 현장, 의정은 '예류(預流)'로 옮겼다.

2) 산스끄리뜨어에는 "참으로 그렇지 않습니다, 세존이시여. '[성자의] 흐름에 든 자'는 '나는 예류과를 증득했다'는 [생각을] 내지 않습니다.

세존이시여, 그것은 왜 그런가 하면, 참으로 그는 어떤 법(法)에도 들지 않았기 때문입니다. 그래서 말하기를 '흐름에 든 자'라 합니다. 형상에 든 것도 아니고 소리, 냄새, 맛, 감촉, 마음의 대상에 든 것도 아닙니다. 그래서 말하기를 '흐름에 든 자'라 합니다"로 되어 있다.

즉 여기서 '어떤 법'은 육경(六境), 즉 색성향미촉법(色聲香味觸法)을 뜻한다. 그리고 색성향미촉법에 들어가지 않았다는 것은 수다원은 색성향미촉법이 공한 것임을 안다는 의미이다.

이후 산스끄리뜨어에는 "세존이시여, 만일 흐름에 든 자가 '나는 예류과를 증득했다'는 [생각을] 낸다면, 그것은 참으로 그에게 자아에 대한 집착이 생긴 것이고, 중생에 대한 집착, 영혼에 대한 집착, 개아에 대한 집착이 생긴 것입니다"의 문장이 들어 있다.

구마라집, 보리류지는 생략했고, 급다, 현장, 의정은 원문을 생략하지 않고 옮겨 넣었다.

즉 색성향미촉법(色聲香味觸法)을 실재하는 대상으로 인식하게 되면, 그 순간 주체와 객체라는 분별이 생긴 것이다. 이는 자아가 있다는 생각에 빠진 것이 되고 만다. 따라서 수다원과를 증득했다고 생각하는 순간, 자아, 인간, 중생, 목숨이라는 생각으로부터 벗어나지 못한 것이 되고 만다.

구마라집이 이를 생략한 것은 아라한에서 이 말이 나오기 때문이다. 이는 수다원뿐만 아니라 사다함, 아나함, 아라한 모두가 해당되는 말이기 때문에 반복을 피하고 아라한에서 마치 결론을 내리듯 한 번만 옮긴 것이다.

3) 산스끄리뜨어에는 "수보리야, 이를 어떻게 생각하느냐? 참으로 '한 번만 더 돌아올 자(一來)'가 '나는 일래과를 증득했다'는 [생각을] 내겠는가?"로 되어 있다.

'한 번만 더 돌아올 자'는 산스끄리뜨어로 sakṛdāgāmī이다. '한 번 돌아온다'는 일래(一來), 일왕래(一往來)의 뜻이다.

구마라집, 보리류지, 진제는 '사다함(斯陀含)'으로 음역했고, 급다, 현장, 의정은 '일래(一來)'로 옮겼다.

4) 산스끄리뜨어에는 "참으로 그렇지 않습니다, 세존이시여. '한 번만 더 돌아올 자'는 '나는 일래과를 증득했다'는 [생각을] 내지 않습니다.

그것은 왜 그런가 하면, '한 번만 더 돌아올 자'가 됨에 들었다는 그 어떤 법도 없기 때문입니다. 그래서 말하기를 '한 번만 더 돌아올 자'라고 하는 것입니다"로 되어 있다.

사실은 들어가고 나오는 것도 없고, 가고 오는 것도 없다. 그것이 수다원이든, 사다함이든 이런 생각이 드는 순간, 자아라는 생각, 인간이라는 생각, 중생이라는 생각, 목숨이라는 생각에서 벗어나지 못한 것이다.

5) 산스끄리뜨어에는 "수보리야, 이를 어떻게 생각하느냐? 참으로 '다시는 돌아오지 않을 자(不還)'가 '나는 불환과를 증득했다'는 [생각을] 내겠는가?"로 되어 있다.

'다시는 돌아오지 않을 자'는 산스끄리뜨어로 Anāgāmi이다. 불환(不還), 불래(不來)의 뜻이다.

구마라집, 보리류지, 진제는 '아나함(阿那含)'으로 음역했고, 급다는 '불래(不來)', 현장, 의정은 '불환(不還)'으로 옮겼다.

6) 산스끄리뜨어에는 "참으로 그렇지 않습니다, 세존이시여. '다시는 돌아오지 않을 자'는 '나는 불환과를 증득했다'는 [생각을] 내지 않습니다.

세존이시여, 그것은 왜 그런가 하면, '다시 돌아오지 않을 자'가 됨에 들었다는 그 '어떠한 법'도 없기 때문입니다"로 되어 있다.

이를 구마라집은 '명위불래 이실무래(名爲不來 而實無來)', 즉 "불래(不來)라고 하지만 실은 온다는 것이 없기 때문입니다"로 옮겼다.

그런데 우리나라의 많은 해석가들이 '불래'를 부정하기 위해 임의로 '不' 자를 넣어 '명위불래 이실무불래(名爲不來 而實無不來)'로 해석하는데, 이는 큰 잘못이다. 즉 '다시 돌아오지 않음이 없기 때문입니다'가 되어, '다시 돌아온다'가 되고 말기 때문이다.

이미 말했듯이 사실은 들어가고 나오는 것도 없고, 가고 오는 것도 없다. 또한 다시 돌아오지 않음을 증득할 그 어떤 법도 없다. 그것이 수다원이든, 사다함이든, 아나함이든 이런 생각이 드는 순간, 자아와 인간과 중생과 목숨에 집착하고 있는 것이다.

[정리] 들어가고 나오는 것도 없고, 가고 오는 것도 없다

수보리야, 어떻게 생각하느냐? 수다원(須陀洹)이 '나는 수다원의 경지에 이르렀다'고 생각하겠느냐?"

수보리가 말했다.

"아닙니다, 세존이시여. 왜냐하면 수다원을 입류(入流)라고 하지만 들어간 곳이 없으니, 형상·소리·냄새·맛·감촉·마음의 대상에도 들어가지 않았기 때문입니다. 그래서 수다원이라 하셨습니다.

그러나 세존이시여, 만약 수다원이 '나는 수다원의 경지에 이르렀다'고 생각한다면, 그것은 자아라는 생각, 인간이라는 생각, 중생이라는 생각, 목숨이라는 생각에 집착하는 것이 되는 것입니다."

"수보리야, 어떻게 생각하느냐? 사다함(斯陀含)이 '나는 사다함의 경지에 이르렀다'고 생각하겠느냐?"

"아닙니다, 세존이시여. 왜냐하면 사다함을 일왕래(一往來)라고 하지만 실은 가고 오는 것이 없기 때문입니다. 그래서 사다함이라 하셨습니다."

"수보리야, 어떻게 생각하느냐? 아나함(阿那含)이 '나는 아나함의 경지에 이르렀다'고 생각하겠느냐?"

수보리가 말했다.

"아닙니다, 세존이시여. 왜냐하면 아나함을 불래(不來)라고 하지만 실은 온다는 것이 없기 때문입니다. 그래서 아나함이라 하셨습니다."

須菩提 於意云何 阿羅漢 能作是念 我得阿羅漢道不 須菩提言 不也
수보리 어의운하 아라한 능작시념 아득아라한도부 수보리언 불야
世尊 何以故 實無有法 名阿羅漢 世尊 若阿羅漢作是念 我得阿羅漢道
세존 하이고 실무유법 명아라한 세존 약아라한작시념 아득아라한도
卽爲著我人衆生壽者 世尊 佛說我得無諍三昧人中 最爲第一 是第
즉위착아인중생수자 세존 불설아득무쟁삼매인중 최위제일 시제
一離欲阿羅漢 我不作是念 我是離欲阿羅漢 世尊 我若作是念 我得阿

일이욕아라한 아부작시념 아시이욕아라한 세존아약작시념 아득아
羅漢道 世尊則不說 須菩提 是樂阿蘭那行者 以須菩提實無所行 而
라한도 세존즉불설 수보리 시요아란나행자 이수보리실무소행 이
名須菩提 是樂阿蘭那行
명수보리 시요아란나행

"수보리야, 어떻게 생각하느냐? 아라한(阿羅漢)이 '나는 아라한의 도를 증득했다'고 생각하겠느냐?"[7]

수보리가 말했다.

"아닙니다, 세존이시여. 왜냐하면 실은 아라한이라 할 그 어떤 법(法)도 없기 때문입니다.[8]

세존이시여, 만약 아라한이 '나는 아라한의 도를 증득했다'고 생각한다면, 이는 자아와 인간과 중생과 목숨에 집착하는 것입니다.[9]

세존이시여, 붓다께서는 저를 무쟁삼매를 얻은 사람 가운데 으뜸이라 하셨는데, 이는 욕망을 제일 잘 여읜 아라한이라는 뜻입니다.[10] 그러나 저는 제가 욕망을 여읜 아라한이라고 생각하지 않습니다.[11]

세존이시여, 제가 만약 '나는 아라한의 도를 증득했다'고 생각한다면, 세존께서 '수보리는 번뇌 없는 행을 좋아하는 자이다. 수보리는 실은 행한 게 없으므로 수보리는 번뇌 없는 행을 좋아한다'라고 하지 않았을 것입니다."[12]

[해설]

7) 산스끄리뜨어에는 "수보리야, 이를 어떻게 생각하느냐? 참으로 아라한이 '나는 아라한 됨을 증득했다'는 [생각을] 내겠는가?"로 되어 있다.

산스끄리뜨 원문을 보면, 수다원, 사다함, 아나함의 경우에는 과(果, phala)를 넣었지만, 여기서는 과(果)를 생략했다.

이는 "아라한은 '어디로 들어간다'고 표현되는 중간의 과위가 아니고 구경의 경지라는 의미가 포함되어 있다(각묵 스님, 178쪽 참고)"고 하겠다.

구마라집은 여기에 '도(道)'를 넣어 옮겼고, 보리류지, 진제, 의정은 도(道) 대신에 과(果)를 넣어 옮겼다.

'아라한'은 산스끄리뜨어 arhat의 음역이다. '대접과 존경을 받을 만한 분'이라는 뜻이다. 그래서 급다는 아라한 대신에 '응자(應者)'라고 옮겼다.

성자의 반열에 든 수다원, 사다함, 아나함, 아라한의 성문 4과(聲聞四果) 가운데 아라한은 더 이상 배우고 닦을 만한 것이 없으므로 무학(無學)이라고도 한다.

8) 산스끄리뜨어에는 "참으로 그렇지 않습니다, 세존이시여. 아라한은 '나는 아라한됨을 증득했다'는 [생각을] 내지 않습니다.

세존이시여, 그것은 왜 그런가 하면, 아라한이라 이름할 그 어떠한 법도 없기 때문입니다. 그래서 말하기를 아라한이라 하는 것입니다"로 되어 있다.

그래서 관례적으로 누가 아라한을 성취했는지를 시험할 때 '나는 아라한을 성취했다'고 말한다면, 그는 아라한을 성취하지 못한 것이다.

왜냐하면 아라한의 경지에 이른 것은 아상, 인상, 중생상, 수자상을 여의였기 때문이다.

9) 산스끄리뜨어에는 "세존이시여, 만일 아라한이 '나는 아라한됨을 증득했다'는 [생각을] 낸다면 그것은 참으로 그에게 자아에 대한 집착이 생긴 것이고, 중생에 대한 집착, 영혼에 대한 집착, 개아에 대한 집착이 생긴 것입니다"로 되어 있다.

산스끄리뜨 원문에서는 수다원에서도 이 구절이 언급되었지만, 구마라집이 생략했던 것은 여기서 나오기 때문이다. 이는 성문 4과 모두에게 해당되는 말이다.

즉 수다원, 사다함, 아나함 혹은 아라한이든 '나는 ~을 증득했다'고 생각한다면, 그 순간 이는 자아와 인간과 중생과 목숨에 집착하고 있는 것이다. 이는 수다원, 사다함, 아나함, 아라한의 경지에 이르지 못한 것이다.

그런데 붓다는 왜 갑자기 수다원, 사다함, 아나함, 아라한에 대한 이런 질문을 했을까? 붓다는 설사 아라한을 증득했다고 하더라도 이것이 궁극적인 목표가 아님을 수보리의 예를 들면서 가르침을 주려는 것이다.

10) 산스끄리뜨어에는 "세존이시여, 그것은 왜 그런가 하면, 저는 여래 아라한 정등각께서 '다툼이 없이 머무는 자들 가운데서 제일'이라고 지목된 자입니다. 세존이시여, 저는 아라한이고, '욕망을 여읜' 자입니다"로 되어 있다.

'다툼이 없이 머무는'은 구마라집은 '무쟁삼매를 증득한(得無諍三昧)'으로 옮겼다. 보리류지는 이를 따랐고, 진제는 '무쟁삼매에 머무는(住無諍三昧)', 급다는 '무쟁을 행하는(無諍行)', 현장, 의정은 '무쟁을 증득하고 머무는(得無諍住)'으로 옮겼다.

수보리는 해공(解空) 제일이면서 또한 무쟁 제일이라 할 수 있다. 이는 다른 경에서도 나오는 이야기다.

"《맛지마 니까야(Majjhima Nikāya, 중아함경)》〈무쟁에 대한 분별경(Araṇavibhaṅgasutta)〉에서 세존께서 바로 이 '다툼 없음(아라나, araṇā)'에 대해서 여러 가지로 설명을 한 후 마지막에 '비구들이여, 그런데 수부띠는 무쟁의 행도(行道)를 증득한 제자이다'라고 말한다(각묵 스님, 181쪽 참고)."

'욕망'은 산스끄리뜨어로 rāga이다. 일차적으로는 '색깔, 염색'의 뜻이 있고, '욕망, 욕심, 흥분'의 뜻으로 쓰인다.

'욕망을 여읜'은 구마라집, 보리류지, 급다는 '이욕(離欲)', 진제는 '이삼유욕(離三有欲)', 현장은 '이탐욕(離貪欲)', 의정은 '이어욕염(離於欲染)'으로 옮겼다.

11) 산스끄리뜨어에는 "그러나 저는 '나는 아라한이다. 나는 욕망

을 여의였다'라는 그런 [생각]을 내지 않습니다"로 되어 있다.

앞에서 말했듯이 아라한을 성취했는지를 시험할 때 '나는 아라한을 성취했다'고 말하면, 그것은 아라한을 성취하지 못한 것이다. 이것으로 보아 수보리는 아라한을 증득한 것으로 보인다.

아라한은 성문 4과 가운데 생사의 윤회를 끊은 자이다. 성문(聲聞, śrāvaka)은 '듣는 자' 또는 '가르침을 듣는다'의 뜻이다.

"성자들의 명칭에서 알 수 있듯이 4단계의 성자들은 생사의 윤회를 끊으려는 데 관심이 있다. 그러나 성문 4과의 길을 걷는 성자들이 '다시 태어나지 않음'을 성취한다면, 그들이 어떻게 무위로써 나올 수 있겠는가? 이러한 목표는 마치 불임과 같아 무익한 것이다. 수보리도 그렇고, 이것만을 구하려고 하는 길에는 [중생을 구제하려는] 연민이 없다. 비록 '집착'으로부터 벗어났다고 하더라도, 그것은 중생의 중심이 아니라 여전히 자아 중심이다. 성문 4과의 '다시 태어나지 않음(no rebirth)'의 추구는 보살의 '태어남이 없음(no birth)'을 깨닫는 것과는 다르다. 그 차이는 아주 깊은 것이다. 성문은 강을 댐으로 막는 것이고, 보살은 강물을 아예 삼켜버리는 것이다(예를 들면 성문은 갈애의 흐름을 막는 것과 같고, 보살은 갈애를 아예 삼켜버린 것과 같다).

자아, 인간, 중생, 목숨이라는 생각에 집착하지 않는 것, 그 수행으로부터 얻는 과보로는 부처의 목표에는 이르지 못한다. 중생을 구제하는 공덕으로부터 나오는 헤아릴 수 없는 무한한 공덕의 몸을 얻지도 낳지도 못한다. 왜냐하면 연민이 없는 집착하지 않음도 열반에 이를 수는 있지만, 부처가 되지는 못하기 때문이다(Red Pine, p.157).”

수보리는 보살의 길을 걷고 싶어 법을 청했지만, 여전히 수보리는 생사고뇌에서 벗어나는 성문에 머물러 있었다. 즉 무학의 경지에 이르렀고, 욕망을 여의였고, 다시는 오고 가지 않는 생사의 윤회를 끊어 아라한을 증득했다. 또한 모든 번뇌에서 벗어나 마음의 고요를 얻은 사람 가운데 가장 으뜸이라는 칭송을 받는다. 그러나 이는 여전히 공에만 머물러 있는 것이다.

실제 그 당시 성문 제자들은 아라한이 부처의 경지에 거의 동등하게 이른 최종적인 목표로 간주하는 경향이 있었다. 붓다는 번뇌 없는 행을 좋아하는 데 그치고 있는 수보리에게 중생 구제라는 보살의 길을 걷도록 다시 깨우쳐 주기 위해 이렇게 성문 4과에 대해서 묻고 있는 것이다.

"아라한은 열반의 잿속으로 사라지지만, 보살은 중생을 구제하기 위해 세상에 머물러 있다. 태어남이 없는 인욕을 얻은 보살은 완수할 두 가지 일이 있다. 하나는 중생을 구제하는 것이고, 또 하나는 불국토를 건설하는 것이다(Red Pine, p.174, 179, 180참조)."

14) 산스끄리뜨어에는 "세존이시여, 만일 제가 '나는 아라한 됨을 증득했다'는 [생각을] 내었다면, 여래께서는 저를 두고 '수보리 선남자는 다툼이 없이 머무는 자들 가운데서 제일이라서 어떤 것에도 머물지 않는다. 그래서 말하기를 다툼 없이 머무는 자, 다툼 없이 머무는 자다'라고 인정하지 않으셨을 것이기 때문입니다"로 되어 있다.

'다툼 없이'는 산스끄리뜨어로 '아라나(araṇa)'이다. '다툼 없음(無諍)'의 뜻이고, '아란나(阿蘭那)'는 그 음역이다. 이는 '번뇌가 없음(無煩)'을 의미하기도 한다.

구마라집은 '아란나(阿蘭那)', 다른 모든 한역에서는 '무쟁(無諍)'으로 옮겼다.

그러나 "어떤 것에도 머물지 않는다. 그래서 다툼이 없이 머무는 자다"라는 말은 언뜻 모순처럼 보이는데, 이는 어떤 의미일까?

즉 이는 '그 어떤 것에도 머물지 않고, 다툼이 없는 무쟁에 머무는 자다'라는 뜻이다.

비유하면 이렇다. 만약 어떤 사람이 그 어떤 것도 욕심을 내지 않는다면, 그는 욕심으로부터 벗어남에 머무는 자다. 또 그 어떤 것에도 얽매이지 않는다면, 그는 얽매임으로부터 벗어남에 머무는 자다.

[정리] 머물지 않은 곳에 머문다

"수보리야, 어떻게 생각하느냐? 아라한(阿羅漢)이 '나는 아라한의 경지에 이르렀다'고 생각하겠느냐?"

수보리가 말했다.

"아닙니다, 세존이시여. 왜냐하면 실은 아라한이라 할 그 어떤 법도 없기 때문입니다.

세존이시여, 만약 아라한이 '나는 아라한의 경지에 이르렀다'고 생각한다면, 이는 자아와 인간과 중생과 목숨에 집착하는 것입니다.

　세존이시여, 붓다께서는 저를 무쟁삼매를 증득한 사람 가운데 으뜸이라 하셨는데, 이는 아라한이고, 욕망을 여읜 자라는 뜻입니다. 그러나 저는 아라한이고, 욕망을 여의었다고 생각하지 않습니다.

　세존이시여, 제가 만약 '나는 아라한의 경지에 이르렀다'고 생각한다면, 세존께서 '수보리는 다툼이 없이 머무는 자들 가운데서 제일이다. 수보리는 어떤 것에도 머물지 않으므로 다툼이 없이 머무는 자다'라고 하지 않으셨을 것입니다."

10 어디에도 머무는 바 없이 마음을 내야 한다

莊嚴淨土分
장엄정토분

佛告須菩提 於意云何 如來昔在然燈佛所 於法有所得不 世尊 如來
불고수보리 어의운하 여래석재연등불소 어법유소득부 세존 여래
在然燈佛所 於法實無所得 須菩提 於意云何 菩薩莊嚴佛土不 不也
재연등불소 어법실무소득 수보리 어의운하 보살장엄불토부 불야
世尊 何以故 莊嚴佛土者 則非莊嚴 是名莊嚴 是故須菩提 諸菩薩
세존 하이고 장엄불토자 즉비장엄 시명장엄 시고수보리 제보살
摩訶薩 應如是生淸淨心 不應住色生心 不應住聲香味觸法生心 應
마하살 응여시생청정심 불응주색생심 불응주성향미촉법생심 응
無所住 而生其心 須菩提 譬如有人 身如須彌山王 於意云何 是身
무소주 이생기심 수보리 비여유인 신여수미산왕 어의운하 시신
爲大不 須菩提言 甚大 世尊 何以故 佛說非身 是名大身
위대부 수보리언 심대 세존 하이고 불설비신 시명대신

정토를 장엄하다

붓다께서 수보리에게 말씀하셨다.

"어떻게 생각하느냐? 여래가 옛적에 연등불(然燈佛) 처소에서 얻은 그 어떤 법이 있느냐?"[1]

"세존이시여, 여래께서 연등불 처소에서 얻은 그 어떤 법도 실은 없습니다."[2]

"수보리야, 어떻게 생각하느냐? 보살이 불국토를 장엄하느냐?"[3]

"아닙니다, 세존이시여. 왜냐하면 불국토를 장엄한다는 것은 장엄이 아니기 때문입니다. 그래서 장엄이라 하셨습니다."[4]

"그러므로 수보리야, 모든 보살마하살은 이렇게 청정한 마음을 내야 한다.[5] 형상에 머무르지 않고 마음을 내야 하고, 소리·향기·맛·감촉·마음의 대상에 머무르지 않고 마음을 내야 한다. 어디에도 머무는 바 없이 그 마음을 내야 한다.[6]

수보리야, 어떤 사람이 몸이 수미산왕만 하다면, 어떻게 생각하느냐? 그 몸이 크다고 하겠느냐?"[7]

수보리가 말했다.

"매우 큽니다, 세존이시여. 왜냐하면 붓다께서 말씀하신 (몸은) 몸이 아니기 때문입니다. 그래서 큰 몸이라 하셨습니다."[8]

[해설]

1) 산스끄리뜨어에는 "수보리야, 이것을 어떻게 생각하느냐? 여래가 연등 여래 아라한 정등각의 곁에서 얻은 그 어떤 법이 있는가?"로 되어 있다.

'연등불'은 산스끄리뜨어로 Dīpaṅkara 이다. 즉 석가모니에게 수기를 준 부처이다. dīpa 는 '등불'이고, Dīpaṅkara 는 '등불을 켠다'는 뜻이다. 연등불은 그가 태어났을 때 등불처럼 빛이 났다고 붙여진 이름인데, 연등불 역시 왕자였고 부처가 된 후 이 이름을 얻은 것이다.

이는 7장에서 "수보리야, 어떻게 생각하느냐? 여래가 아뇩다라삼먁삼보리를 얻었느냐? 여래가 설한 법이 있느냐?"라고 묻는 것과 같다.

그러나 이렇게 다시 묻는 것은, 앞에서 말했듯이 아라한은 수행의 최종의 목표가 아니다. 아라한은 욕망을 여읜 것이지만, 아라한은 연민 또한 여읜 것이다. 수보리가 다시 태어나지 않음에서 벗어났지만, 수보리는 여전히 공에 사로잡혀 있다.

이 장은 석가모니가 연등불을 만났을 때의 자신의 예를 들면서 보살의 길을 깨우쳐주려는 것이다. 즉 아라한의 성취와 보살의 성취를 대비시키고 있는 것이다.

그때 석가모니의 이름은 수메다(Sumedha)였다. 그는 일체 법이 태어남이 없음을 알았다. 그는 과거에도 태어남이 없고, 미래에도 태어남이 없고, 현재에도 태어남이 없다는 지혜가 생긴 것이다. 즉 보살이 마지막으로 성취하는 태어남이 없는 법들을 인욕으로써 성취한 것이다.

이 세상에 공하지 않는 것이 없다. 즉 태어남이 없는데 어떤 법을 얻을 게 있겠는가?

붓다의 가르침은 어떤 법들을 얻는 것이 아니다. 그 반대로 붓다의 가르침은 잘못된 생각이나 견해들을 하나씩 버리도록 하는 것이다. 자아, 인간, 중생, 목숨, 감각, 감수, 마음, 다양한 심리적 기능과 상태, 공간, 열반 등 시공간과 개념의 차원을 포함하여 그것이 무엇이든, 모든 것이 공할 뿐 어떤 위대한 법도 작은 법도 얻을 법이 있지 않음을 안 것이다.

성문 4과의 '다시 태어나지 않음(no rebirth)'의 추구는 보살의 '태어남이 없음(no birth)'을 깨닫는 것과는 다르다고 말한 바 있다.

"여래는 어떤 것에도 집착하지 않는다. 왜냐하면 그의 마음은 어떤 것이든 의지할 곳을 찾아 쫓아다니지 않기 때문이다. 그는 유위에도 집착하지 않고, 무위에도 집착하지 않는다. ―《도행반야경(道行般若經)》(Red Pine, p.182)"

2) 산스끄리뜨어에는 "참으로 그렇지 않습니다, 세존이시여, 여래가 연등 여래 아라한 정등각의 곁에서 얻은 그 어떤 법도 없습니다"로 되어 있다.

이는 7장과 8장을 참고하라.

7장에서는 "제가 붓다께서 설하신 뜻을 이해하기로는 아뇩다라삼먁삼보리라고 할 일정한 법도 없고, 또 여래께서 설하신 일정한 법도 없습니다. 왜냐하면 여래께서 설하신 것은 모두 잡을 수도 없고, 설명할 수도 없고, 법도 아니고, 법이 아닌 것도 아니기 때문입니다."라고 했다.

8장에서는 "그러나 수보리야, 불법(佛法)이라는 것도 불법이 아니다."라고 했다.

모든 법은 공하다. 그래서 잡을 수도 없고 쥘 수도 없다.

햇빛은 모든 곳을 비추지만 잡을 수가 없듯이 법도 형태가 없어 쥘 수도 없고 얻을 수도 없고 인식할 수도 없고 설명할 수도 없다.

즉 일체의 법이 공하기 때문에 법도 아니고, 또 공에 집착해서도 안 되기 때문에 또한 법이 아닌 것도 아니다. 따라서 법에도 머무는 바 없고, 법 아닌 것에도 머무는 바 없이 마음을 내어야 한다. 그러나 얻은 법이 있다고 생각하는 순간, 자아, 인간, 중생, 목숨이라는 생각에 집착하는 것이 되고 만다. 그래서 연등불 곁에서 얻은 그 어떤 법도 없다고 한 것이다.

3) 산스끄리뜨어에는 "수보리야, 어떤 보살이 말하기를 '나는 [불]국토 건설을 이룩하리라'라고 한다면, 그는 거짓을 말하는 것이다"로 되어 있다.

'불국토'는 산스끄리뜨어로 kṣetra이다.

'건설'은 산스끄리뜨어로 vyūha이다. '장엄'의 뜻이다.

"산스끄리뜨어 kṣetra는 기본적으로 '사는 곳'이라는 뜻이고, '땅, 들판, 장소'의 의미로 쓰이며, '공덕을 자라게 하는 땅' 즉 복전(福田)의 뜻으로 추상화하여 쓰이기도 한다. 또 불국토라는 개념으로도 쓰인다.

산스끄리뜨어 vyūha는 초기경에서 기본적으로 '덩어리, 집단, 특히 군대의 대열'을 의미하는 데, '정돈, 배열, 배치', '치장, 장식, 장엄', '건립, 변형, 변화, 변모' 등의 의미를 지니고 있다(각묵 스님, 186~187쪽 참고)"라면서, 각묵 스님은 이를 '불국토 건설'로 옮겼다.

'나는 [불]국토 건설을 이룩하리라고 한다면, 그는 거짓을 말하는 것이다'를 보리류지는 '아장엄불국토 피보살불실어(我莊嚴佛國土 彼菩薩不實語)', 진제는 '아당장엄청정불토 이차보살설허망언(我當莊嚴 淸淨佛土 而此菩薩說虛妄言)', 급다는 '아국토장엄성취아자 피불여어(我 國土莊嚴成就我者 彼不如語)', 현장은 '아당성판불토공덕장엄 여시보살 비진실어(我當成辦佛土功德莊嚴 如是菩薩非眞實語)', 의정은 '아당성취장 엄국토자 차위망어(我當成就莊嚴國土者 此爲妄語)'로 옮겼다.

구마라집은 '거짓을 말하는 것이다'를 생략하면서 "보살이 불국토를 장엄하느냐?(菩薩莊佛土不)"라고 붓다가 묻는 것으로 옮겼다.

그런데 우리는 불국토를 말하면, 어떤 상을 떠올리게 된다. 여기서 말하는 불국토는 물질적인 세계를 의미한다고 생각해서는 안 된다. 불국토 장엄을 물질로 치장하거나 장엄한다는 뜻이 아니다.

"불국토는 물질이나 인식할 수 있는 세계가 아니다. 따라서 여래가 설하신 법처럼 잡을 수가 없다. 우리가 사는 평범하고 더럽혀진 세계와 대비하면, 모든 것이 아름답고 완벽하게 조화를 이루게 되는 청정한 세계다(Conze, pp.43~44 참고)."

따라서 불국토는 물질적인 세계가 아니라 무형의 정신적인 세계를 의미하므로 무엇으로 치장하거나 조화롭게 할 수 있는 대상이 아니다.

그러나 '나는'이라고 말하는 순간 아상에 빠진 것이고, '장엄'이라고 말하는 순간 장엄에 집착하는 것이다. 불국토 장엄도 장엄이 아니다. 장엄도 장엄이 아니고, 국토도 국토가 아니다. 때문에 실은 장엄할 국토도 없다. 그래서 거짓이 되고 만다.

그래서 '나는 불국토를 장엄하겠다'라고 한다면, 그도 역시 보살이 아니라고 해야 할 것이다.

17장에서도 말하고 있듯이 "수보리야, 보살이 '내가 불국토를 장엄하겠다'고 한다면 보살이라 할 수 없다."

이는 3장에서 "중생을 멸도에 이르게 했다 하더라도 실은 멸도에 이른 중생은 없다. 왜 그런가? 수보리야, 보살에게 자아라는 생각, 인간이라는 생각, 중생이라는 생각, 목숨이라는 생각이 있으면 보살이 아니기 때문이다."라고 말하는 것과 같은 맥락이다.

그러나 우리가 꼭 잊지 말아야 할 것은, 그렇다고 이것이 중생을 구제하지 말라는 것이 아니다. 마찬가지로 불국토 건설은 건설이 아니라고 하는 것이 불국토를 건설하지 말라는 것이 아니다. 그렇게 생각한다면, 공에 빠진 것이다.

우리는 이 세상을 살면서 자비와 연민을 가지고 중생을 구제하고, 이 세상이 고통이 없는 불국토와 같은 세상을 만들어야 한다.

보살이 수행하는 목적은 중생을 구제하고 불국토를 건설하기 위함이다. 중생을 구제하고 불국토를 건설하되, 다만 아상, 인상, 중생상,

수자상에서 벗어날 때 비로소 중생을 구제하고 불국토를 건설할 수 있다는 것이다.

또한 중생을 구제하는 것이 죽어서가 아니라 이 세상에서 실현하는 것이다. 마찬가지로 불국토 건설은 바로 우리가 살고 있는 이 세계의 정토화를 의미한다. 이것이 바로 불국토의 현실적 실천이다. 바로 현실 속에서 정토를 만들어가는 행위가 곧 보살행이다.

이를 깨우쳐주려는 것이다.

석가모니가 연등불 처소에서 불국토 건설을 하리라고 마음을 냈듯이 불국토 건설을 하리라고 마음을 내라는 것이다.

4) 산스끄리뜨어에는 "그것은 왜 그런가? 수보리야, '[불]국토 건설, [불]국토 건설'이라는 것, 그것은 [불국토] 건설이 아니라고 여래가 설하였나니 그래서 말하기를 [불]국토 건설이라고 하기 때문이다"로 되어 있다.

원문대로 다른 한역에서는 붓다가 계속해서 수보리에게 이렇게 설명하는 것으로 되어 있다. 구마라집은 이를 수보리가 답변하는 것으로 옮겼다.

그런데 붓다는 왜 우리에게 중생 구제와 불국토 건설을 설하는 걸까? 그것은 우리가 미처 생각하지 못한 것이 있다.

즉 "어떤 한 사람이 부처가 된다고, 국토가 청정해진다는 생각은 잘못이다. 부처와 부처의 가르침을 받는 중생들이 함께 할 때 청정한 불국토 건설이 완성되기 때문이다(Red Pine, p.180)."

이는 부처와 중생이 둘이 아니기 때문이다. 그래서 깨달음은 항상 중생 구제와 함께 한다. 즉 깨달음이 곧 중생 구제이고, 중생 구제가 곧 불국토 건설이다.

5) 산스끄리뜨어에는 "그러므로 이제 수보리야, 보살마하살은 이와 같이 머무르지 않는 마음을 내어야 한다. 어떤 것에도 머무르는 마음을 내지 않아야 한다"로 되어 있다.

앞의 구절 '이와 같이 머무르지 않는 마음을 내어야 한다'는 진제는 응생여시무주착심(應生如是無住著心), 급다는 '부주심발생응(不住心發生應)', 현장은 '여시도무소주응생기심(如是都無所住應生基心)', 의정은 '부주어사 부주수처(不住於事 不住隨處)'로 원문의 의미로 옮겼다.

그러나 구마라집, 보리류지는 '응여시생청정심(應如是生淸淨心)', 즉 '이렇게 청정한 마음을 내야 한다'로 의역했다.

이는 구마라집이 뒷말과 중복을 피하기 위해 의도적으로 의역한 것일 수 있지만, 이는 더 깊은 뜻이 있다. 즉 《유마경(維摩經, Vimalakīrti Sūtra)》에서 붓다는 이렇게 말한다.

"국토를 청정하게 하고자 하는 자는 먼저 자신의 마음을 청정하게 해야 한다. 마음이 청정해지면 국토가 청정해지니라"라고 말한다.

즉 "마음이 청정(淨)하면 국토(國土)도 청정해진다(心淸淨 國土淸淨)"는 것이다.

그리고 '마음이 청정'한 것은 '어떤 것에도 머무르지 않는 마음을 내는 것이다.'

"마음이 청정하다는 것은 외적으로는 육근에 의해 오염되지 않도록 머무는 것이고, 내적으로는 자아와 중생에서 벗어나 머무는 것뿐만 아니라 열반에도 집착하지 않는 것이다. 이것이 청정이라고 말한다. ―종밀(宗密, 780-841, 당나라 때 승려)(Red Pine, p.180)"

구마라집은 이렇게 중복을 피하면서도 깊은 의취를 드러내고 있는 것이다.

뒤의 구절 '어떤 것에도 머무르는 마음을 내지 않아야 한다'는 의정을 제외하고는 모두 나중에 옮겼다. 즉 "형상에 머무르는 마음을 내지 않아야 하며, 소리, 냄새, 맛, 감촉, 마음의 대상에 머무르는 마음을 내지 않아야 한다"를 옮긴 후, 이를 뭉뚱그리며 "어떤 것에도 머무르는 마음을 내지 않아야 한다"로 옮긴 것이다.

구마라집, 보리류지, 진제는 '응무소주 이생기심(應無所住 而生其心)', 급다는 '무소주심발생응(無所住心發生應)', 현장은 '도무소주응생기심(都無所住應生基心)'으로 옮겼고, 의정은 '응생부주사심 응생부주수처심 응생부주색성향미촉법심(應生不住事心 應生不住隨處心 應生不住色聲香味觸法心)'으로 색성향미촉법을 또 덧붙여 옮겼다.

'응무소주 이생기심', 즉 "어디에도 머무는 바 없이 마음을 내야 한다"는 우리에게 잘 알려진 구절이다. 육조 혜능 대사가 이 구절을 듣고 깨달음을 얻었다는 일화가 전해지기 때문이다.

또한 '불응주색생심 불응주성향미촉법생심 응무소주 이생기심(不應住色生心 不應住聲香味觸法生心 應無所住 而生其心)'은 우리에게 잘 알려진

《금강경》의 두 번째 사구게이기도 하다.

6) 산스끄리뜨어에는 "형상에 머무르는 마음을 내지 않아야 하며, 소리, 냄새, 맛, 감촉. 마음의 대상에 머무르는 마음을 내지 않아야 한다"로 되어 있다.

앞에서 말했듯이 산스끄리뜨어에는 '어떤 것에도 머무르는 마음을 내지 않아야 한다'고 말한 후, 이 문장이 나온다.

이를 현장은 "부주어색응생기심 부주비색응생기심 부주성향미촉법응생기심 부주비성향미촉법응생기심(不住於色應生基心 不住非色應生基心 不住聲香味觸法應生基心 不住非聲香味觸法應生基心)"으로 옮겼다.

즉 "형상에 머무르지 않는 마음을 내야 하고, 형상 아닌 것에도 머무르지 않는 마음을 내야 하고, 소리·향기·맛·감촉·생각의 대상에 머무르지 않는 마음을 내야 하고, 소리·향기·맛·감촉·생각의 대상이 아닌 것에도 머무르지 않는 마음을 내야 한다"로 옮겼다.

"원래 마음은 어디에도 머물지 않는다. 그러나 그 마음이 여러 가지 경계에 접촉하면서, 그러한 경계와 접촉이 공하다는 것을 깨닫지 못하고 생각을 일으킨다. 그것이 실재한다고 생각하고 이러한 경계에 집착하게 된다. 그러나 그것은 원숭이가 달을 잡으려고 하는 것과 같고, 백태 낀 눈이 사물을 꽃으로 보는 것과 같다. 모든 것은 마음의 산물이다. 실상을 깨닫게 되면, 그 어떤 것에도 집착하지 않게 된다. 그 어떤 것에도 집착하지 않는 마음, 그것이 반야지혜이다. －이문회(李文會, ?-1185)(Red Pine, p.182)."

예컨대 우리는 자아가 있고, 또 대상이 실재한다고 생각하고 바라본다. 이렇게 자아와 대상이 만나면 온갖 생각이 일어난다. 그것이 마음이다.

그래서 "마음은 선악의 뿌리이다. 어리석을 수도 있고, 지혜로울 수도 있다. 또한 마음의 움직임은 가늠할 수도 없지만, 고요함도 헤아릴 수 없다. 마음은 광대하고 경계가 없다. 그래서 마음을 우주라고 한다. ─혜능(慧能, 638-713)(Red Pine, p.413)"

7) 산스끄리뜨어에는 "[예를 들면] 어떤 사람이 구족한 몸과 큰 몸을 가지고 있다고 하자. 그 몸이 이러한 형태여서 마치 산들의 왕인 수미산과 같다고 하자. 수보리야, 이를 어떻게 생각하느냐? 그 몸은 참으로 크다 하겠느냐?"로 되어 있다.

'수미산'은 산스끄리뜨어 수메루(Sumeru)의 음역이다. 줄여서 '메루'라고도 하는데, 소미로(蘇迷盧)라고도 음역하기도 하고, 선고산(善高山), 묘고산(妙高山)이라고도 번역한다.

구마라집, 보리류지, 진제는 '수미산(須彌山)', 급다는 '선고산(善高山)', 현장, 의정은 '묘고산(妙高山)'으로 옮겼다.

예컨대 "푸루샤(Purusha)는 인도 신화에 등장하는 거인이다. 그는 자신을 희생한 영웅적인 우주적 원시 인간으로 묘사되고 있다. 그의 신체가 토막으로 잘리게 되자, 각 부분에서 인류가 생겨나고 세계가 만들어진다. 그래서 인도 사람들에게 푸루샤는 최초의 인류인 원인(原人) 혹은 '인간(man)'을 뜻하기도 한다. 이와 같이 세계와 인류는 그런 인욕과 보시의 결과이다.

붓다는 이 가르침의 공덕으로 얻게 될 보살의 큰 몸을 이해시키기 위해서 수미산왕만한 크기 혹은 신화에 나오는 거인인 푸루샤를 연상시키는 비유를 하고 있다(Red Pine, p. 184 참고)."

사실 이 구절을 해석하는 것은 결코 쉽지 않다.

여기서 말하는 수미산에 비유한 몸은 보살이 공덕으로 얻게 될 '법신(法身)'을 상징적으로 보여주고 있다고 볼 수 있다(법신은 17장, 20장, 22장, 26장 해설을 참고하라).

법신은 한 공간이나 장소에 있는 것이 아니라 허공과 같이 경계가 없어 거대한 몸이고, 시공을 초월한다. 법신은 우리의 지식을 초월한다. 우리는 본 적도 없고, 육안으로는 볼 수도 없다. 그래서 법신은 말로 설명할 수 없고 헤아릴 수 없고, 들어도 이해할 수 없고, 상상할 수 없다.

붓다는 이 가르침의 공덕으로 보살이 얻게 될 몸을 어렴풋이나마 상상할 수 있도록 상징적으로 수미산왕만한 크기의 거인을 연상시켜 설명하고 있다고 볼 수 있다.

8) 산스끄리뜨어에는 "그것은 큽니다, 세존이시여. 그 몸은 큽니다, 선서시여. 왜 그런가 하면, 세존이시여, '몸, 몸'이라는 것, 그것은 몸이 아니라고 여래께서 설하셨습니다. 그래서 말하기를 몸이라고 하기 때문입니다. 세존이시여, 참으로 그것은 몸이 아니며, 몸 아님도 아닙니다. 그래서 말하기를 몸이라고 합니다"로 되어 있다.

'몸'은 산스끄리뜨어로 ātma-bhāva이다. 정확히 말하면, '자기 몸', 즉 아신(我身) 혹은 자체(自體)라는 뜻이다. 이는 '존재(有)'라는 개념의 의미로도 사용된다.

구마라집, 보리류지, 의정은 '신(身)', 진제는 '체상(體相)', 급다는 '아신(我身)', 현장은 '자체(自體)'로 옮겼다.

즉 수미산왕만한 몸은 유위의 몸이 아니다. 그래서 몸이 아니라고 말한 것이다.

또한 형상을 지니고 있는 것은 결코 크지 않다. 형상이 없는 것만이 진실로 크다고 할 수 있다. 그래서 크다고 한 것이다.

이와 같이 보살이 공덕으로 얻은 몸은 시공을 초월한다. 보살의 길을 걸으며 얻는 보살의 공덕은 헤아릴 수가 없는 것이다.

그러나 그것이 화신으로 드러난 몸은 육체적이고 상을 지닌다. 그래서 몸이 아닌 것도 아니다.

다만 한 가지 꼭 주의해야 할 것은 중생 구제든, 불국토 장엄이든, 수미산왕만한 몸이든, 그것이 무엇이든, 공덕에 집착하지 않고 어디에도 머무는 바 없이 마음을 내야 한다.

[정리] 어디에도 머무는 바 없이 마음을 내야 한다

붓다께서 수보리에게 말씀하셨다.

"어떻게 생각하느냐? 여래가 옛적에 연등불(然燈佛) 처소에서 얻은 그 어떤 법이 있느냐?"

"세존이시여, 여래께서 연등불 처소에서 얻은 그 어떤 법도 참으로 없습니다."

"수보리야, 어떤 보살이 말하기를 '나는 불국토를 장엄하리라'라고 한다면, 그는 거짓을 말하는 것이다.

왜냐하면 수보리야, 불국토 장엄은 장엄이 아니라고 여래가 설했다. 그래서 불국토 장엄이라고 하기 때문이다.

그러므로 수보리야, 모든 보살마하살은 이렇게 청정한 마음을 내야 한다. 형상에 머무르지 않고 마음을 내야 하고, 소리·냄새·맛·감촉·마음의 대상에 머무르지 않고 마음을 내야 한다. 어디에도 머무는 바 없이 마음을 내야 한다.

수보리야, 어떤 사람이 몸이 수미산왕만 하다면, 어떻게 생각하느냐? 그 몸이 크다고 하겠느냐?"

수보리가 말했다.

"매우 큽니다, 세존이시여. 왜냐하면 붓다께서 말씀하신 몸은 몸이 아니기 때문입니다. 그래서 큰 몸이라 하셨습니다."

11 이 경의 공덕은 헤아릴 수 없다

無爲福勝分
무위복승분

須菩提 如恒河中所有沙數 如是沙等恒河 於意云何 是諸恒河沙 寧
수보리 여항하중소유사수 여시사등항하 어의운하 시제항하사 영
爲多不 須菩提言 甚多 世尊 但諸恒河 尙多無數 何況其沙 須菩提
위다부 수보리언 심다 세존 단제항하 상다무수 하황기사 수보리
我今實言告汝 若有善男子善女人 以七寶 滿爾所恒河沙數 三千大
아금실언고여 약유선남자선여인 이칠보 만이소항하사수 삼천대
千世界 以用布施 得福多不 須菩提言 甚多 世尊 佛告須菩提 若善
천세계 이용보시 득복다부 수보리언 심다 세존 불고수보리 약선
男子善女人 於此經中 乃至受持四句偈等 爲他人說 而此福德 勝前
남자선여인 어차경중 내지수지사구게등 위타인설 이차복덕 승전
福德
복덕

함이 없는 복이 수승하다

"수보리야, 갠지스 강에 있는 모래알만큼 많은 갠지스 강이 있다면, 어떻게 생각하느냐? 이 모든 갠지스 강의 모래알들이 많다고 하겠느냐?"[1]

수보리가 말했다.

"매우 많습니다, 세존이시여. 모래알만큼의 갠지스 강만 해도 무수히 많은데, 하물며 거기 있는 모래알들이겠습니까."

"수보리야, 내가 지금 사실대로 너에게 말하겠다.[2] 어떤 선남자 선여인이 그 갠지스 강의 모래알만큼 많은 삼천대천세계에 칠보를 가득 채워 보시를 한다면, 그들이 받을 복이 많겠느냐?"[3]

수보리가 말했다.

"매우 많습니다, 세존이시여."

붓다께서 수보리에게 말씀하셨다.

"그런데 선남자 선여인이 이 경에서 네 구절만이라도 받아 지니고 남에게 설해 준다면, 이 복덕이 앞의 복덕보다 나을 것이다."

[해설]

1) 산스끄리뜨어에는 "수보리야, 이것을 어떻게 생각하느냐? 가령

갠지스 강 큰 강의 모래알들과 같이 많은 갠지스 강들이 있다고 하자. 그러면 그 모래알 역시 참으로 많다고 하겠는가?"로 되어 있다.

'갠지스 강'은 산스끄리뜨어로 강가(Gaṅgā)이다. 긍가(殑伽)는 그 음역이다. 구마라집, 보리류지는 '항하(恒河)', 진제는 항가강(恒伽江), 급다는 '항가대하(恒伽大河)', 현장, 의정은 긍가하(殑伽河)로 옮겼다.

'갠지스 강의 모래알'의 비유는 '많다'는 것을 청중들에게 아주 쉽게 이해시키기 위한 메타포이다. 즉 소명태자가 제목에 붙인 무위(無爲)에 대비되는 유위(有爲)의 차원이라고 생각하면 된다.

2) 산스끄리뜨어에는 "수보리야, 나는 그대에게 말하리라. 나는 그대에게 분명히 알게 하리라"로 되어 있다.

이는 붓다가 가끔 강조하는 의미로 쓰는 문구이다. 즉 "붓다가 쓰는 정형화된 선언적인 문구이다(Conze, p.48)." '깨닫게 하리라'의 의미가 들어 있다.

구마라집, 보리류지, 의정은 '아금실언고여(我今實言告汝)'로 옮겼고, 진제는 '아금각여 아금시여(我今覺汝 我今示汝)', 현장은 '오금고여 개각어여(吾今告汝 開覺於汝)'로 옮겼다.

3) 산스끄리뜨어에는 "그들 갠지스 강들의 모래알들이 있는 만큼의 그와 같은 세계들을 어떤 여자나 남자가 칠보로 채우고서 여래 아라한 정등각들께 보시를 행한다고 하자. 수보리야, 이것을 어떻게 생각하느냐? 참으로 그 여자나 남자가 이로 인해서 아주 많은 공덕의 무더기를 쌓겠는가?"로 되어 있다.

이 구절부터는 8장의 반복이다. 다만 '선남자 선여인' 대신에 '여자(strī)나 남자(puruṣa)'로, 삼천대천세계는 '갠지스 강에 모래알만큼 많은 갠지스 강의 모래알만큼 많은 세계'라며 상상할 수 없을 정도로 어마어마한 삼천대천세계를 비유적으로 설명하는 것만이 다르다. 하지만 그 삼천대천세계에 칠보를 가득 채워 보시하더라도 이 경의 네 구절만 못하다는 것이다.

왜냐하면 모든 부처와 깨달음이 다 이 경에서 나오기 때문이다.

[정리] 이 경의 공덕은 헤아릴 수 없다

"수보리야, 갠지스 강에 있는 모래알만큼 많은 갠지스 강이 있다면, 어떻게 생각하느냐? 이 모든 갠지스 강의 모래알들이 많다고 하겠느냐?"

수보리가 말했다.

"매우 많습니다, 세존이시여. 모래알만큼의 갠지스 강만 해도 무수히 많은데, 하물며 거기 있는 모래알들이겠습니까."

"수보리야, 내가 지금 사실대로 너에게 말하리라. 어떤 선남자 선여인이 그 갠지스 강의 모래알만큼 많은 삼천대천세계에 칠보를 가득 채워 보시를 한다면, 그 선남자 선여인이 쌓은 공덕이 많겠느냐?"

수보리가 말했다.

"세존이시여, 이로 인해 측량할 수 없고 셀 수도 없는 공덕을 쌓을 것입니다."

붓다께서 수보리에게 말씀하셨다.

"그런데 선남자 선여인이 이 경에서 네 구절만이라도 받아 지니고 남에게 설해 준다면, 그 공덕이 저 공덕보다 측량할 수도 없고 셀 수도 없이 더 많을 것이다."

12 이 경이 있는 곳은 부처가 있는 곳과 같다

尊重正敎分
존중정교분

復次須菩提 隨說是經 乃至四句偈等 當知此處 一切世間天人阿修羅
부차수보리 수설시경 내지사구게등 당지차처 일체세간천인아수라
皆應供養 如佛塔廟 何況有人 盡能受持讀誦 須菩提 當知是人成就
개응공양 여불탑묘 하황유인 진능수지독송 수보리 당지시인성취
最上第一希有之法 若是經典所在之處 則爲有佛 若尊重弟子
최상제일희유지법 약시경전소재지처 즉위유불 약존중제자

바른 가르침을 존중하다

그리고 수보리야, 이 경의 네 구절만이라도 설하는 곳이 어느 곳이든, 모든 세계의 천신과 인간과 아수라가 다 부처의 탑묘(塔廟)에 하듯이 이곳에 공양하리라는 것을 알아야 한다.[1] 하물며 이 경을 모두 받

아 지녀서 읽고 외우는 사람이랴.

    수보리야, 이 사람은 가장 높고 제일 귀한 법을 성취하리라는 것을 알아야 한다.[2] 이 경전이 있는 곳은 바로 부처나 존중할 만한 제자가 있는 곳과 같다.[3]"

[해설]

    1) 산스끄리뜨어에는 "다시 수보리야, 어떤 지방에서 [여자나 남자가 이 법문을 듣고] 이 법문 가운데서 단지 네 구절로 된 게송이라도 뽑아내어 가르쳐주고 자세히 설명해준다면 천, 인, 아수라를 포함한 세계가 그 지방을 탑묘처럼 여길 것이다"로 되어 있다.

    '탑묘'는 산스끄리뜨어로 짜이땨(caitya, 빠알리어 쩨띠야cetiya)이다. 돌이나 흙, 벽돌 등을 쌓아서 만든 '기념물, 분묘'를 지칭한다. 우리가 말하는 스뚜빠(stūpa, 빠알리어 뚜빠thūpa), 즉 탑묘의 의미이다.

    구마라집, 보리류지는 '탑묘(塔廟)', 진제, 급다, 의정은 생략했고, 현장은 '영묘(靈廟)'로 옮겼다.

    2) 산스끄리뜨어에는 "하물며 이 법문을 완전히 갖추어 [마음에] 간직하고 독송하고 이해하고 남들에게 자세히 설명해준다면, 수보리야, 그들은 '최고의 경이로움을 갖춘 자들이 될 것이니' 다시 더 말해 무엇 하겠는가?"로 되어 있다.

'최고의 경이로움을 갖춘 자들이 될 것이니'는 구마라집, 보리류지는 '성취최상제일희유지법(成就最上第一希有之法)', 진제는 '즉여무상희유지법이공상응(則與無上稀有之法而共相應)', 급다는 '최승피희유구족당(最勝彼稀有具足當)', 현장은 '성취최승희유공덕(成就最勝稀有功德)', 의정은 '즉위최상제일희유(則爲最上第一稀有)'로 옮겼다.

3) 산스끄리뜨어에는 "수보리야, 그 지방에는 '스승'과 다른 여러 '지혜로운 구루'들이 머문다"로 되어 있다.

'스승'은 산스끄리뜨어로 śastā이다. 여래십호 가운데 '천인사(天人師)'의 뜻이다.

'구루'는 산스끄리뜨어로 guru이다. '스승'이라는 뜻이다.

'지혜로운 구루'는 산스끄리뜨어로 vijñaguru이다. '지자(知者)'라는 뜻이다.

'스승'과 '지혜로운 구루'를 각각 구마라집, 의정은 '불(佛)'과 '존중제자(尊重弟子)', 보리류지는 '불(佛)'과 '존중사불(尊重似佛)', 진제는 '대사(大師)'와 '존중인(尊重人)', 급다는 '교사(教師)'와 '상사공범행(相似共梵行)', 현장은 '대사(大師)'와 '지동범행자(智同梵行者)'로 옮겼다.

여기서 스승은 부처이고, 지혜로운 구루는 부처의 제자나 지자(知者)나 성자나 현자를 뜻한다.

이 경을 마음에 간직하고 독송하고 이해하고 남을 위해 설해주고, 더 나아가 공을 깨닫고 집착을 여의며 부처의 가르침을 실천한다면, 그곳이 어디든 도시든, 산골이든, 시장이든, 절이든 부처가 있는 것이다.

지금 만약 누구든 이 경을 읽고 있다면, 부처와 함께 하고 있는 것이며, 그 공덕으로 인해 가장 귀한 법을 성취할 것이다.

[정리] 이 경이 있는 곳은 부처가 있는 곳과 같다

그리고 수보리야, 이 경의 네 구절만이라도 설하는 곳이 어느 곳이든, 모든 세계의 천신과 인간과 아수라가 다 부처의 탑묘(塔廟)에 하듯이 이곳에 공양할 것이다. 하물며 이 경을 모두 받아 지녀서 읽고 외우고 남을 위해 설해주는 사람이야 다시 더 말해 무엇하겠느냐?

수보리야, 이 사람은 가장 높고 제일 귀한 법을 성취할 것이다. 이 경전이 있는 곳은 바로 부처나 존중할 만한 제자가 있는 곳과 같다."

13 이 경은 금강반야바라밀경이라 한다

如法受持分
여법수지분

爾時 須菩提白佛言 世尊 當何名此經 我等云何奉持 佛告須菩提
이시 수보리백불언 세존 당하명차경 아등운하봉지 불고수보리
是經名爲金剛般若波羅密 以是名字 汝當奉持 所以者何 須菩提 佛
시경명위금강반야바라밀 이시명자 여당봉지 소이자하 수보리 불
說般若波羅密 則非般若波羅密 須菩提 於意云何 如來有所說法不
설반야바라밀 즉비반야바라밀 수보리 어의운하 여래유소설법부
須菩提白佛言 世尊 如來無所說 須菩提 於意云何 三千大千世界所有
수보리백불언 세존 여래무소설 수보리 어의운하 삼천대천세계소유
微塵 是爲多不 須菩提言 甚多 世尊 須菩提 諸微塵 如來說非微塵
미진 시위다부 수보리언 심다 세존 수보리 제미진 여래설비미진
是名微塵 如來說世界 非世界 是名世界
시명미진 여래설세계 비세계 시명세계

여법하게 받아 지녀라

그때 수보리가 붓다에게 여쭈었다.

"세존이시여, 이 경의 이름을 무엇이라 해야 하고, 저희들이 어떻게 받들어 지녀야 합니까?"[1]

붓다께서 수보리에게 말씀하셨다.

"이 경의 이름은 금강반야바라밀이니, 너희들은 이 이름으로 받들어 지녀야 한다.[2] 왜냐하면 수보리야, 붓다가 말한 반야바라밀은 반야바라밀이 아니기 때문이다.[3]

수보리야, 어떻게 생각하느냐? 여래가 설한 법이 있느냐?"[4]

수보리가 붓다에게 말했다.

"세존이시여, 여래께서 설하신 법이 없습니다."

"수보리야, 어떻게 생각하느냐? 삼천대천세계에 있는 티끌이 많다고 하겠느냐?"[5]

수보리가 말했다.

"매우 많습니다, 세존이시여."

"수보리야, 모든 티끌은 티끌이 아니라고 여래가 설했기 때문에 티끌이라 하고, 여래가 말한 세계도 세계가 아니기 때문에 세계라고 한다.[6]

[해설]

1) 산스끄리뜨어에는 "세존이시여, 이 법문은 무엇이라 이름합니까? 어떻게 이것을 [마음에] 간직하면 되겠습니까?"로 되어 있다.

이것이 수보리의 세 번째 질문이다.

'간직하다'는 산스끄리뜨어로 dhāraya이다. 구마라집, 보리류지, 진제, 현장, 의정은 '봉지(奉持)', 즉 '받들어 지니다'의 의미로 옮겼고, 급다는 '지(持)'로 옮겼다.

영어로는 'bear it in mind'(Conze, 마음에 새기다), 'receive and retain it'(A. F. Price & Wong Mou-lam, 받들어 지니다), remember(Red Pine, 기억하다) 로 옮겼다.

2) 산스끄리뜨어에는 "수보리야, 여래가 설한 이 법문은 '지혜의 완성'이라 이름한다. 수보리야, 이와 같이 [마음에] 간직하라"로 되어 있다.

'지혜의 완성'은 산스끄리뜨어로 Prajñāpāramitā이다. 반야바라밀(般若波羅蜜)은 그 음역이다. 이처럼 현존하는 산스끄리뜨어본에는 vajracchedikā가 빠져 있다.

구마라집, 보리류지, 진제는 '금강반야바라밀(金剛般若波羅密)', 급다는 '지혜피안도(智慧彼岸到)', 현장은 '능단금강반야바라밀다(能斷金剛般若波羅密多)', 의정은 '반야바라밀다(般若波羅密多)'로 옮겼다.

산스끄리뜨어 'vajracchedikā-Prajñāpāramitā-sūtra'는 '금강반야바라밀경'이라는 뜻이다. vajra는 벼락, 번개, 금강석을 의미한다.

원래 vajra는 천둥신 인드라(indra)의 무기이다. 또 금강저(金剛杵)를 가리키기도 하는데, 이는 부처의 지혜를 상징한다.

cchedikā는 자르는 것, 부수는 것이라는 뜻이다. 즉 일체의 고착 관념을 벼락처럼 부순다, 금강석처럼 자른다는 의미이다.

prajñā는 '지혜'라는 뜻이고, '반야(般若)'는 그 음역이다.

pāramitā는 '건너다(度)', '피안에 도달하다(彼岸度)'라는 뜻이고, '바라밀다, 혹은 바라밀'은 그 음역이다.

그래서 반야바라밀(prajñāpāramitā)은 지혜를 통하여 피안에 도달한다는 것으로 '지혜의 완성'이라는 뜻이다.

sūtra는 경(經)이라는 뜻이다.

구마라집은 cchedikā를 생략하여 금강(金剛)이라 번역했고, 현장은 능단금강(能斷金剛)이라 번역했다.

우리에게 잘 알려진 콘체(Conze)는 이렇게 해서 일차적으로 법문이 끝난 것으로 보았다. 그래서 이 구절까지만 해설을 하고 끝마쳤다. 그가 더 이상 이 경을 해설하지 않은 것은 이하 나머지 부분(13장에서 29장)은 반복에 지나지 않다고 본 것이다. 그런 후 30장에서 32장까지는 다시 해설을 하고 있다.

그러나 그가 해설을 하지 않은 것은 꼭 그렇지만은 않은 것 같다. 자신이 고백한 대로 "지금부터는 정말 설명하기가 매우 어려운 부분이기도 하기 때문이다. 그는 어느 날 누군가가 만족스러운 해설을 해주리라 기대한다(Conze, p.49)"고 말한다.

사실 어떤 경의 이름이 이렇게 경이 끝나기도 전에 나오는 경우는 거의 없다. 콘체가 여기에서 해설을 멈췄듯이 이렇게 해서 일차적으로 법문이 끝났다고 보는 사람들도 있다. 심지어 몇몇 사람들은 이후의 경은 나중에 첨가된 것이라고 보는 사람들도 있다.

하지만 이것을 그렇게 단순하게 보아서는 안 된다. 사실 경의 이름이 왜 필요하겠는가? 수보리가 "이 경의 이름을 무엇이라 해야 하고, 또 어떻게 받들어 간직해야 합니까?"라고 이 대목에서 묻는 것은 단순히 이 경의 이름을 알고 싶어서가 아니라, 이 가르침을 요약해서 그 이름으로 기억하고 싶었기 때문이라고 보아야 한다.

"산스끄리뜨어 dhārava(간직한다)는 영어의 remember와 같이 '마음속에 간직하고 기억하는' 것뿐만 아니라 '행동으로 나타내려는' 것까지를 의미한다. 즉 마치 어떤 사람을 기억하고, 또 그 사람을 잊지 않고 기념하는 행사를 하는 것과 같다(Red Pine, p.206)."

수보리는 이 경의 이름으로 붓다의 가르침을 기억하고 떠올리려는 뜻으로 물었다고 보아야 한다.

"사실 법에는 이름이 없다. '반야바라밀'이라고 하지만, 하나의 방편일 뿐이다. 수행자들이 의지할 수 있도록 이름 붙인 것이다. 또한 이 경이 나타내고자 하는 바를 요약하고 있는 연상적인 기호로써 유용한 역할을 하는 것이다. 즉 누군가의 이름을 듣게 되면, 그 사람의 얼굴을 떠올리게 된다. 이름은 나무를 품고 있는 씨앗과 같다(Red Pine, p.205 참고)"는 것이다.

이외에도 이는 앞으로의 법문이 더 깊은 세계로 빠지게 됨을 암시하고 있다고 보아야 한다. 그래서 수보리가 이 경의 이름을 묻는 것을 단순하게 생각해서는 안 된다.

3) 산스끄리뜨어에는 "그것은 왜 그런가? 참으로 수보리야, '지혜의 완성'이라고 여래가 설한 것, 그것은 [지혜의] 완성이 아니라고 여래는 설했다. 그래서 말하기를 '지혜의 완성'이라 하기 때문이다"로 되어 있다.

여기서 '여래'를 구마라집, 보리류지, 의정은 '불(佛)', 진제, 급다, 현장은 '여래(如來)'로 옮겼다. 문맥상 여래라고 해석하는 것이 자연스러울 듯하다(구마라집은 14, 17장에서도 '여래'를 '佛'로 옮긴 게 있다).

또한 구마라집, 보리류지, 진제, 의정은 '시명반야바라밀(是名般若波羅密)'을 생략하였지만, 급다는 '피고설명지혜피안도자(彼故說名智慧彼岸到者)', 현장은 '시고여래설명반야바라밀다(是故如來說名般若波羅蜜多)'로 옮겨 넣었다.

이는 어떤 의미일까? 모든 것은 공하다. 지혜도 마찬가지다. 그래서 반야바라밀도 반야바라밀이 아니다. 따라서 이 경의 이름에 집착하게 되면, 이 역시 또 하나의 장애가 되고 만다.

다만 이 반야바라밀에 의지하여 깨달음에 이를 수 있기 때문에, 그래서 반야바라밀이라고 하는 것이다.

반야(prajñā)는 공을 깨닫는 것이지만, 조금 더 정확히 말하면 공의 논리를 깨닫는 것이다.

즉 "prajñā 는 보통 지혜라는 뜻이지만, 때때로 śunyatā, 즉 공(空)과 동의어로 사용되기도 한다. 그러나 prajñā 는 단순히 공의 의미라기보다는 '공의 논리(the logic of emptiness, 공의 로직)'를 말한다. 공이 '없음 혹은 부정'의 의미라면, 지혜의 완성은 '실재하는 것(what is real)'이 '없음'이나 '실재하는 것'을 '부정'하는 것을 의미하는 것이 아니라 '사실이 아닌 것, 즉 그릇됨, 거짓(what is false)'이 '없음'을 의미한다(Red Pine, p.207)."

따라서 반야는 단순히 공을 아는 것이 아니라 공의 논리를 적용하여 지혜의 완성에 이르는 것이다.

예컨대 모든 것이 공함을 알면, 그것이 자아든, 법이든, 깨달음이든, 반야바라밀이든 공한 줄을 알게 된다. 그리하여 그릇됨이 없는 경지에 이르는 것, 그것이 지혜의 완성에 이른 것이다.

반야바라밀(prajñāpāramitā)은 pāramitā 를 어떻게 분석하느냐에 따라 크게 두 가지 해석이 있다.

"하나는 pāram-itā, 즉 '피안으로 건너다(到彼岸)'로 해석하는 것이다. 또 하나는 pāramitā 를 parama(최고의, 최상의)에서 파생된 것으로 '완성'으로 해석하는 것이다.

전자는 나가르주나(龍樹)와 대부분의 중국의 주석가들이 해석하는 것이고, 후자는 아상가(無著)와 대부분의 인도의 주석가들이 해석하는 것이다.

14장에서 parama-pāramitā라는 말이 나오듯이 이 경에서는 '완성'이라는 후자의 의미를 지니고 있다고 하겠다(Red Pine, p. 207)."

4) 산스끄리뜨어에는 "수보리야, 이것을 어떻게 생각하느냐? 여래가 설한 그 어떤 법이 참으로 있는가?"로 되어 있다.

이는 7장을 참고하라.

7장에서는 "수보리야, 어떻게 생각하느냐? 여래가 아뇩다라삼먁삼보리를 얻었느냐? 여래가 설한 법이 있느냐?"라고 했다.

붓다가 열반에 들기 전, 문수보살(文殊菩薩, Mañjuśrī)이 붓다에게 열반에 들지 말고 계속해서 법의 수레바퀴를 굴려달라고 간곡히 말한다.

이에 붓다는 "나는 너희들과 45년간 함께 했지만, 단 한마디도 하지 않았다. 네가 나에게 계속해서 법의 수레바퀴를 굴려달라고 말하지만, 나는 일찍이 법의 수레바퀴를 굴린 적이 없다"라고 말한다.

모든 법은 공하다. 우리가 그 어떤 법에 대해서 말할 수 있겠는가? 또 어떻게 법을 주고받을 수 있겠는가?

21장에서 말하듯이 "어떤 사람이 '여래가 설한 그 어떤 법이 있다'고 한다면, 그는 부처를 비방하는 것이 된다."

또한 이것이 불법이라고 특별히 따로 정해져 있는 것이 아니다. 불법은 모든 사물과 현상의 공통적인 모습이고 보편적으로 적용되는 것이다.

그래서 17장에서 "그러므로 여래는 일체 법이 다 불법이라 설한다"라고 말한다.

따라서 불법은 부처에게만 특별히 적용되는 것이 아니다. 어떤 중생이든 모든 것이 공한 줄 알고 다른 중생을 구제하기 위해 불법을 방편으로 사용할 수 있는 것이다. 부처가 설법을 했기 때문에 이것이 불법이라고 정해지는 것이 아니라는 뜻이다.

즉 "붓다는 우리에게 단순하게 말한다. 사물을 있는 그대로 보고, 그러한 정견(正見)을 다른 사람과 나누기를 요구하고 있다. 그러면서 색에도 집착하지 말고, 공에도 집착하지 말라고 말하는 것이다. 즉 '~은 ~이 아니다'라는 것은 어떤 것이 실재한다는 미혹한 생각으로부터 벗어나게 하는 것이고, 또 '그래서 ~라 한다'는 것은 공에서도 벗어나게 하기 위함이다. 붓다는 공으로부터 나오는 것이 아니라 이 가르침으로부터 나온다(Red Pine, p.205)."

5) 산스끄리뜨어에는 "수보리야, 이것을 어떻게 생각하느냐? 삼천대천세계에 [있는] 대지의 티끌이 많다고 하겠는가?"로 되어 있다.

" '티끌'은 산스끄리뜨어로 rajas이다. '티끌, 먼지, 녹, 불순물' 등을 뜻한다(각묵 스님, 213쪽)."

'삼천대천세계에 [있는] 대지의 티끌'은 구마라집, 보리류지, 진제는 '삼천대천세계소유미진(三千大千世界所有微塵)', 급다는 '삼천대천세계지진(三千大千世界地塵)', 현장은 '삼천대천세계대지미진(三千大千世界大地微塵)', 의정은 '삼천대천세계소유지진(三千大千世界所有地塵)'으로 옮겼다.

우리가 티끌이 많다고 말하는 것은 육안으로 보는 것이다.

6) 산스끄리뜨어에는 "세존이시여, 그것은 왜 그런가 하면, '대지의 티끌'이라고 여래께서 설하신 것, 그것은 [대지의] 티끌이 아니라고 여래께서는 설하셨습니다. 세존이시여, 그래서 말하기를 대지의 티끌이라고 하는 것이기 때문입니다. 나아가서 이 세계라고 여래께서 설하신 것, 그것은 [세계가 아니라고 여래께서는 설하셨습니다. 그래서 말하기를 세계라고 하는 것이기 때문입니다"라며 수보리가 대답하는 것으로 되어 있다.

구마라집, 보리류지, 현장은 붓다가 수보리에게 말하는 것으로 옮겼지만, 진제, 급다, 의정은 원문에 따라 수보리가 대답하는 것으로 옮겼다.

붓다는 이제 "우리가 인식할 수 있는 가장 큰 세계와 이를 구성하고 있는 가장 극미한 요소, 즉 우리가 인식할 수 있는 가장 작은 티끌로 화제를 돌린 것이다(Red Pine, p.211 참고)."

그러나 가장 작은 티끌도 공한 것이고, 가장 큰 세계도 공한 것이다. 이 세상에 가장 큰 것이든, 가장 작은 것이든, 모든 존재는 다른 무언가가 합쳐져 생겨난 것이다. 따라서 티끌도 실재가 아니고, 세계도 실재가 아니다. 그것이 실재한다고 보는 것은 잘못된 견해이다. 그래서 티끌도 티끌이 아니고, 세계도 세계가 아니라는 것이다.

그러나 이는 임시로 존재하기 때문에 그래서 티끌이라 하고, 그래서 세계라고 한 것이다.

한 가지 덧붙인다면, 여기에는 또 하나의 숨은 뜻이 있다.

예컨대 "깨달은 사람도 이 세계에서 살고, 미혹한 중생도 이 세계에서 산다. 그러나 깨달은 사람은 이 세계를 청정하게(불국토를 상징함) 만들지만, 미혹한 중생은 이 세계를 티끌(때를 상징함)로 덮고 만다. ㅡ 진웅(陳雄 : 1109년경에 활동)(Red Pine, p.212 참고)"

[정리] 이 경은 금강반야바라밀경이라 한다

그때 수보리가 붓다에게 여쭈었다.

"세존이시여, 이 경의 이름을 무엇이라 해야 하고, 저희들이 어떻게 마음에 간직해야 합니까?"

붓다께서 수보리에게 말씀하셨다.

"이 경의 이름은 금강반야바라밀이니, 너희들은 이 이름으로 마음에 간직해야 한다. 왜냐하면 수보리야, 여래가 말한 반야바라밀은 반야바라밀이 아니기 때문이다. 그래서 반야바라밀이라 한다.

수보리야, 어떻게 생각하느냐? 여래가 설한 그 어떤 법이 있느냐?"

수보리가 붓다에게 말했다.

"세존이시여, 여래께서 설하신 그 어떤 법도 없습니다."

"수보리야, 어떻게 생각하느냐? 삼천대천세계에 있는 티끌이 많다고 하겠느냐?"

수보리가 말했다.

"매우 많습니다, 세존이시여.

왜냐하면 모든 티끌도 티끌이 아니라고 여래께서 설하셨기 때문에 티끌이라 하고, 여래께서 말씀한 세계도 세계가 아니기 때문에 세계라고 합니다."

須菩提 於意云何 可以三十二相 見如來不 不也 世尊 不可以三十
수보리 어의운하 가이삼십이상 견여래부 불야 세존 불가이삼십
二相 得見如來 何以故 如來說三十二相 卽是非相 是名三十二相
이상 득견여래 하이고 여래설삼십이상 즉시비상 시명삼십이상
須菩提 若有善男子善女人 以恒河沙等身命布施 若復有人 於此經
수보리 약유선남자선여인 이항하사등신명보시 약부유인 어차경
中 乃至受持四句偈等 爲他人說 其福甚多
중 내지수지사구게등 위타인설 기복심다

"수보리야, 어떻게 생각하느냐? 32상(三十二相)으로 여래를 볼 수 있느냐?"[7]

"아닙니다, 세존이시여. 32상으로 여래를 볼 수 없습니다. 왜냐하면 여래께서 말씀하신 32상은 상이 아니기 때문입니다. 그래서 32상이라 하셨습니다."[8]

"수보리야, 어떤 선남자 선여인이 갠지스 강의 모래알만큼 많은 목숨(身命)을 바쳐 보시하더라도, 다른 어떤 사람이 이 경에서 네 구절만

이라도 받아 지니고 남에게 설해 준다면, 그 복이 훨씬 많을 것이다."[9]

[해설]

7) 산스끄리뜨어에는 "수보리야, 이것을 어떻게 생각하느냐? 32가지 대인상들 때문에 여래 아라한 정등각이라고 봐야 하는가?"로 되어 있다.

'대인상'은 산스끄리뜨어로 mahāpuruṣa-lakṣaṇa 이다. 구마라집은 '상(相)', 보리류지, 진제는 '대인상(大人相)', 급다는 '대장부상(大丈夫相)', 현장, 의정은 '대사부상(大士夫相)'으로 옮겼다.

빠알리경에 나타나는 32가지 대인상은 다음과 같은 순서로 되어 있다.

1. 발바닥이 평평하다(足下安平相).
2. 발바닥에 수레바퀴 무늬가 있다. 그 바퀴에는 천 개의 바퀴살과 테가 있어 일체를 두루 갖추었다(手足指頭千輻輪相).
3. 속눈썹이 길다(빠알리경에는 나오지만 한역에는 없다. 한역은 서른 번째 '안첩여우왕상眼睫如牛王相'을 참조하라).
4. 손가락이 길다(手指長纖相).
5. 손과 발이 부드럽고 섬세하다(手足柔軟相).
6. 손가락과 발가락 사이마다 얇은 막이 있다(手足縵網相).
7. 발꿈치가 넓고 원만하다(足踵滿足相).
8. 장딴지가 마치 사슴 장딴지와 같다(䏿如鹿王相).

9. 꼿꼿이 서서 굽히지 않고도 두 손바닥으로 두 무릎을 만지고 문지를 수 있다(垂手過膝相).
10. 음경이 감추어진 것이 마치 말의 그것과 같다(馬陰藏相).
11. 몸이 황금색으로서 자마금과 같다(身金色相).
12. 살과 피부가 부드러워서 더러운 것이 몸에 붙지 않는다(細薄皮相).
13. 각각의 털구멍마다 하나의 털만 나 있다(毛孔生靑色相).
14. 몸의 털이 위로 향해 있고, 푸르고 검은 색이며 [소라처럼] 오른쪽으로 돌아 있다(身毛上摩相).
15. 몸이 넓고 곧다(身端直相).
16. 몸의 7처―두 손바닥, 두 발바닥, 두 어깨, 목 혹은 정수리―가 풍만하다(七處平滿相).
17. 윗몸이 커서 마치 사자와 같다(身如師子相).
18. 어깨가 둥글며 풍만하다(肩圓滿相).
19. 니그로다(nigrodha) 나무처럼 몸 모양이 둥글게 균형이 잡혔나니, 신장(身長)과 두 팔을 벌린 길이가 같다(身縱廣相).
20. 등이 편편하고 곧다(兩腋滿相).
21. 섬세한 미각을 가졌다(咽中津液得上味相).
22. 턱이 사자와 같다(頰車如師子相).
23. 이가 40개이다(具四十齒相).
24. 이가 가지런하다(齒白齊密相).
25. 이가 성글지 않다(齒白齊密相).

26. 이가 아주 희다(四牙白淨相).
27. 혀가 아주 길다(廣長舌相).
28. 범천의 목소리를 가져서 가릉빈가(karavika) 새 소리와 같다(梵音深遠相).
29. 눈동자가 검푸르다(眼色如紺靑相).
30. 속눈썹이 소와 같다(眼睫如牛王相).
31. 두 눈썹 사이에서 털이 나고, 희고 섬세한 솜을 닮았다(眉間白毫相).
32. 머리에 육계가 솟았다(頂上肉髻相).

이상에서 보듯이 빠알리경에 나타나는 32상과 괄호 안의 한역 경전들에 나타나는 32상은 비슷하거나 차이가 있다. 또한 한역 경전에는 '상광일장상(常光一丈相: 항상 몸에서 나오는 빛이 한 길이 된다)'이 나타나는데, 빠알리경에는 나타나지 않는다(이상은 각묵 스님, 《금강경 역해》, 216~217쪽 참고).

이 외에도 한역 경전에는 "뼈마디가 서로 물려 마치 쇠사슬처럼 이어져 있다", "가슴에 만(卍) 자의 형상이 있다"가 32가지 상에 들어 있기도 하다(김월운, 《장아함경》, 〈대본경(大本經)〉, 29~32쪽 참고).

8) 산스끄리뜨어에는 "참으로 그렇지 않습니다, 세존이시여. 32가지 대인상들 때문에 여래 아라한 정등각이라고 봐서는 안 됩니다. 세존이시여, 그것은 왜 그런가 하면, 32가지 대인상들을 여래께서 설하신 것, 그것들은 [32가지 대인]상들이 아니라고 여래는 설하셨습니다. 세존이시여, 그래서 말하기를 32가지 대인상이라고 말하기 때문입니

다"로 되어 있다.

"32상은 업의 결과다. 그것은 열반에 들 때 사라져버리고 만다. 그래서 32상으로 여래의 모습을 볼 수 없다. 티끌만큼 작은 것이든, 세계만큼 큰 것이든, 붓다의 육체만큼 탁월한 것이든, 그 모든 것은 공하다. 그러나 32상으로 여래를 보려한다면, 그것은 색에 집착하는 것이다. ―왕일휴(王日休, ?-1173)(Red Pine, p.216참고)"

비록 32가지 상은 수행의 공덕으로 인한 것이라고 하더라도, 보살의 길을 걷기 위해서는 공덕에 집착하지 않고 머무는 바 없이 마음을 내어야 한다.

또 32상은 부처의 불가사의한 몸을 표현하기 위한 것이지, 32라는 것도 상징적인 숫자로 이해하면 될 듯싶다.

이 32라는 숫자는 "수미산의 하늘의 숫자와도 관련이 있다. 32개의 천상은 인간들 사이에서 보살이 신으로 태어나는 곳이다(Red Pine, p.214)."

예컨대 수미산 가운데 도리천(忉利天)은 산스끄리뜨어 Trāyastriṃśa의 음역이고, 33천(三十三天)이라는 뜻이다. 도리천은 수미산 정상에 위치하고 있으며, 그 중앙에 제석천(帝釋天)이 사는 선견성(善見城)이 있다.

그런데 수미산 정상에는 동서남북 4방으로 각각 8개씩 천인(天人)들이 사는 32개의 천성(天城)이 있는데, 제석천이 사방 32성의 신(神)들을 지배한다. 즉 32개의 천상은 인간들 사이에서 보살이 신으로 태어나는 곳이다.

그렇듯이 32라는 숫자는 상징성을 띠고 있는 숫자이다. 따라서 32상에 대하여, 이것이 옳고 저것이 그르다고 집착하는 것보다 상징적인 숫자로 이해하면 될 듯싶다.

9) 산스끄리뜨어에는 "그리고 참으로 다시 수보리야, 여자나 남자나 매일 매일 갠지스 강의 모래알들과 같이 [많은] 몸들을 바친다 하자. 이와 같이 갠지스 강의 모래알들과 같은 겁(劫)들 동안 몸들을 바친다 하더라도 이 법문에서 단지 네 구절로 된 게송이라도 뽑아내어 남들에게 상세히 가르쳐주고 자세히 설명해준다면 이것이 이로 인해서 측량할 수도 없고 셀 수도 없이 더 많은 공덕의 무더기를 쌓는 것이다"로 되어 있다.

이는 11장의 반복이다. 다만 '칠보를 가득 채워 보시를 하더라도' 대신에 '목숨을 바쳐 보시를 하더라도'로 바뀐 것인데, 표현이 더욱 더 강렬해진 것이다.

'몸'은 산스끄리뜨어로 ātma-bhāva이다. 구마라집, 보리류지, 진제, 의정은 '신명(身命)', 급다는 '아신(我身)', 현장은 '자체(自體)'로 옮겼다.

'겁'은 산스끄리뜨어로 kalpa이다. 원문에 따라 급다, 현장은 겁(劫)을 넣어 옮겼다.

"1겁(劫, kalpa)은 깨어지지도 않고 무너지지지도 않는 큰 돌산을 가시(迦尸)국에서 생산되는 겁패(劫貝), 즉 무명으로 백 년에 한 번씩 스쳐 마침내 다 닳아 없어지는 시간보다도 더 길다고 한다(《잡아함경》〈무유일처경無有一處經)."

이 경은 이처럼 자주 보시의 공덕과 비교를 하고 있다. 앞에서는 물질 세계에서 가장 귀중한 칠보로 하는 보시의 공덕을 비교하였고, 이번에는 칠보보다 더욱더 귀중한 목숨으로 하는 보시의 공덕과 비교하고 있다.

그러나 붓다는 우리에게 자아라는 생각에 집착하지 말라고 가르친다. 따라서 갠지스 강의 모래알만큼 많은 겁들 동안 목숨을 바쳐 보시하더라도 사실은 보시하는 자아가 없다.

또한 우리가 칠보로 보시를 하든 아니면 목숨을 바쳐 보시를 하든 혹은 그 어떤 고행으로 공덕은 쌓일지 모르지만, 궁극적인 깨달음에 이를 수는 없다. 깨달음은 반야지혜로부터 나오기 때문이다. 이 경의 네 구절만도 못한 것이다.

[정리] 32상으로 여래를 볼 수 있느냐?

"수보리야, 어떻게 생각하느냐? 32상(三十二相)으로 여래를 볼 수 있느냐?"

"아닙니다, 세존이시여. 32상으로 여래를 볼 수 없습니다. 왜냐하면 여래께서 말씀하신 32상은 상이 아니기 때문입니다. 그래서 32상이라 하셨습니다."

"수보리야, 어떤 선남자 선여인이 갠지스 강의 모래알만큼 많은 겁(劫)들 동안 갠지스 강의 모래알만큼 많은 목숨(身命)을 바쳐 보시하더라도, 다른 어떤 사람이 이 경에서 네 구절만이라도 받아 지니고 남에게 설해 준다면, 이것이 이로 인해 측량할 수도 없고 셀 수도 없이 더 많은 공덕을 쌓을 것이다."

14 지혜의 눈이 생기다

離相寂滅分
이상적멸분

爾時 須菩提 聞說是經 深解義趣 涕淚悲泣 而白佛言 希有 世尊 佛
이시 수보리 문설시경 심해의취 체루비읍 이백불언 희유 세존 불
說如是甚深經典 我從昔來所得慧眼 未曾得聞如是之經 世尊 若復
설여시심심경전 아종석래소득혜안 미증득문여시지경 세존 약부
有人 得聞是經 信心淸淨 則生實相 當知是人成就第一希有功德 世尊
유인 득문시경 신심청정 즉생실상 당지시인성취제일희유공덕 세존
是實相者 則是非相 是故如來說名實相
시실상자 즉시비상 시고여래설명실상

상을 떠나서 적멸함

그때 수보리가 이 경을 듣고 그 뜻을 깊이 이해하고는 눈물을 흘리

면서 붓다에게 말했다.[1]

"경이롭습니다, 세존이시여. 붓다께서는 이렇게 깊고 깊은 경전을 설하셨습니다.[2] 제가 예전에 지혜의 눈이 생긴 이래 이런 경은 이제껏 들어본 적이 없습니다.[3]

세존이시여, 어떤 사람이 이 경을 듣고 신뢰하고 마음이 청정해지면 참되다는 생각이 생길 것이니, 이 사람은 제일 귀한 공덕을 성취할 것임을 알겠습니다.[4]

그러나 세존이시여, 이 참되다는 생각은 생각이 아닙니다. 그래서 여래께서 참되다는 생각이라 하셨습니다.[5]"

[해설]

1) 산스끄리뜨어에는 "그때 참으로 수보리 존자는 법력에 [감응되어] 눈물을 흘렸다"로 되어 있다.

'법력'은 산스끄리뜨어로 dharmavega이다.

"산스끄리뜨어 vega는 '속도, 자극'을 뜻한다. 속도는 자연스럽게 힘을 수반하고, 후대로 가면서 '힘(力)'이라는 의미가 강해진다. 그래서 dharmavega는 법력(法力), karmavega는 업력(業力)으로 번역된다 (각묵 스님, 224~225쪽)."

'법력에 [감응되어]'는 구마라집, 보리류지, 의정은 '심해의취(深解

義趣)', 진제는 '유법이질(由法利疾 : 이 법문의 이익으로 말미암아)'로 의역했고, 급다는 '법질전력(法疾轉力)', 현장은 '문법위력(聞法威力)'으로 옮겼다.

"수보리는 욕망을 여읜 아라한이었다. 그러나 성문의 길과 보살의 길은 다르다. 수보리는 아라한으로 삶을 살면서 해공(解空) 제일이고 무쟁 제일이었지만, 여전히 더 배울 것이 있으며, 자아에 집착하지 않고 이욕을 떠나 아란나(阿蘭那) 행을 즐기는 것이 역설적으로 이기적이라는 사실을 깨달은 것이다. 참으로 자아에 집착하지 않는 것은 다른 중생들을 고통으로부터 구제하는 것이라는 사실을 깨달은 것이다. 수보리는 아라한에서 보살의 길로 들어서고 있는 것이다(Red Pine, pp. 224~225)."

이 14장은 《금강경》 전체에서 가장 긴 장이지만, 우리에게 깊은 감명을 안겨주고 있다.

수보리가 그랬듯이 이 경을 읽고 눈물을 흘린다면, 지혜의 눈이 생긴 것이다.

2) 산스끄리뜨어에는 "경이롭습니다, 세존이시여. 최고로 경이롭습니다, 세존이시여. 최상승(最上乘)에 굳게 나아가는 중생들의 이익을 위하고, 최고로 수승한 승(最殊勝乘)에 굳게 나아가는 자들의 이익을 위해서 여래께서는 이런 법문을 설해주셨습니다"로 되어 있다.

모든 한역에서는 '이렇게 깊고 깊은 경전을 설하셨다'의 의미로 옮겼고, 현장만 '발취최상승자(發趣最上乘者)', '발취최승승자(發趣最勝乘

著)'로 옮겨 넣었다.

즉 2장에서 말하는 '아뇩다라삼먁삼보리를 구하려는 마음을 낸 선남자 선여인을 위해서 설하셨다'의 의미이다.

3) 산스끄리뜨어에는 "세존이시여, 이로부터 저에게는 지혜가 생겨났습니다. 세존이시여, 저는 이런 형태의 법문은 전에는 결코 들은 적이 없습니다"로 되어 있다.

'지혜'는 산스끄리뜨어로 jnañā이다. 구마라집, 보리류지는 '혜안(慧眼)', 진제는 '성혜(聖慧)', 급다, 현장, 의정은 '지(智)'로 옮겼다.

모든 한역에서는 "제가 예전에 지혜의 눈이 생긴 이래(我從昔來所慧眼, 我從昔來至得聖慧, 我昔生智以來, 我從生智以來 등), 이런 경은 이제껏 들어본 적이 없습니다"의 의미로 옮겼다.

"수보리는 아라한이었고, 오백 명의 주요 제자들 가운데 공을 가장 잘 이해하는 첫 번째 제자였다. 그런 수보리가 어떻게 이런 가르침을 들어본 적이 없겠는가?

수보리가 과거에 얻은 것은 성문으로서 지혜의 눈이었다. 그는 연민을 가지고 있었지만, 과거에 지닌 연민으로는 [보살의 길을 걷거나] 깨달음에는 이르지 못했다. 따라서 그는 이 경의 가르침을 듣고 눈물을 흘렸던 것이다. ─혜능(Red Pine, p.226)"

4) 산스끄리뜨어에는 "세존이시여, 여기 [이 세상에서] [이런] 경이 설해질 때 듣고서 참되다는 생각을 일으키는 그들은 최고로 경이로움을 가진 보살들입니다"로 되어 있다.

구마라집, 보리류지는 '신심청정(信心淸淨)', 즉 '신뢰하고 마음이 청정해지면'을 넣어 의역했다.

6장에서는 "세존이시여, 이 경전의 말씀을 듣고서 참되다는 믿음을 낼 중생이 혹 있겠습니까?"라고 물었지만, 이제 수보리는 확신을 가지고 있음을 보여준다.

5) 산스끄리뜨어에는 "세존이시여, 그것은 왜 그런가 하면, 참되다는 생각, 그것은 참으로 참되다는 생각이 아닙니다. 그래서 여래께서는 말씀하시기를 '참되다는 생각, 참되다는 생각'이라고 하기 때문입니다"로 되어 있다.

6장에서 말했듯이 중생들이 마음에 생각을 갖게 되면, 자아와 인간과 중생과 목숨에 집착하는 것이 되고 만다. 그래서 콘체는 "이 문장은 그 자체가 모순이다"라고 지적한 바 있다.

수보리는 이제 이 경전의 말씀을 듣고서 참되다는 생각을 낼 중생이 있다고 말한다. 그러면서 지혜의 눈이 생긴 수보리가 공의 논리를 적용하여 "참되다는 생각은 생각이 아닙니다. 그래서 여래께서 참되다는 생각이라 하셨습니다"라고 말하는 것이다.

즉 '참되다는 생각은 생각이 아니다'라는 것은 참되다는 생각도 공하기 때문이다. '그래서 참되다는 생각이라 한다'는 이 경이 중생이 깨달음을 얻는 데 쓰임이 있기 때문이다. 그래서 참되다는 생각이 아닌 것도 아닌 것이다.

[정리] 지혜의 눈이 생기다

그때 수보리가 이 경을 듣고 그 뜻을 깊이 이해하고는 눈물을 흘리면서 붓다에게 말했다.

"경이롭습니다, 세존이시여. 붓다께서는 이렇게 깊고 깊은 경전을 설하셨습니다. 이로부터 저에게는 지혜의 눈이 생겨났습니다. 세존이시여, 이런 경은 전에는 듣지 못한 것입니다.

세존이시여, 어떤 사람이 이 경을 듣고 신뢰하고 마음이 청정해지면 참되다는 생각이 생길 것이니, 이 사람은 제일 귀한 공덕을 성취할 것임을 알겠습니다.

그러나 세존이시여, 이 참되다는 생각은 생각이 아닙니다. 그래서 여래께서 참되다는 생각이라 하셨습니다.

世尊 我今得聞如是經典 信解受持 不足爲難 若當來世 後五百歲
세존 아금득문여시경전 신해수지 부족위난 약당내세 후오백세
其有衆生 得聞是經 信解受持 是人則爲第一希有 何以故 此人無我
기유중생 득문시경 신해수지 시인즉위제일희유 하이고 차인무아
相人相衆生相壽者相 所以者何 我相 卽是非相 人相衆生相壽者相
상인상중생상수자상 소이자하 아상 즉시비상 인상중생상수자상
卽是非相 何以故 離一切諸相 則名諸佛 佛告須菩提 如是如是 若
즉시비상 하이고 이일체제상 즉명제불 불고수보리 여시여시 약

復有人 得聞是經 不驚不怖不畏 當知是人 甚爲希有 何以故 須菩提
부유인 득문시경 불경불포불외 당지시인 심위희유 하이고 수보리
如來說第一波羅密 非第一波羅密 是名第一波羅密
여래설제일바라밀 비제일바라밀 시명제일바라밀

세존이시여, 제가 지금 이런 경전을 듣고서 신뢰하고 이해하고 마음에 새기는 것은 그다지 어렵지 않습니다.[6] 그러나 미래의 500년 뒤에도 어떤 중생이 이 경을 듣고서 신뢰하고 이해하고 받아 지닌다면, 그 사람은 제일 귀할 것입니다.[7] 왜 그런가? 그 사람에게는 자아라는 생각이 없고, 인간이라는 생각이 없고, 중생이라는 생각이 없고, 목숨이라는 생각이 없기 때문입니다.[8] 왜냐하면 자아라는 생각은 생각이 아니고, 인간이라는 생각과 중생이라는 생각과 목숨이라는 생각도 생각이 아니기 때문입니다. 왜냐하면 모든 생각을 여읜 자를 부처라고 하기 때문입니다."[9]

붓다께서 수보리에게 말씀하셨다.

"그렇다, 그렇다. 또 어떤 사람이 이 경을 듣고서 놀라지 않고 두려워하지 않고 무서워하지 않는다면, 그 사람은 아주 귀한 줄 알아야 한다.[10] 왜 그런가? 수보리야, 여래가 설한 제일바라밀은 제일바라밀이 아니기 때문이다. 그래서 제일바라밀이라 한다.[11]

[해설]

  6) 산스끄리뜨어에는 "세존이시여, 제가 이 법문이 설해질 때 이해하고 확신을 가지는 것은 어려운 것이 아닙니다"로 되어 있다.
  6장에서 말했듯이 구마라집이 번역한 '신(信)'은 '신뢰', '명료함', '확신', '마음'으로 사용하고 있다고 보아야 한다.
  7) 산스끄리뜨어에는 "세존이시여, 그러나 어떤 중생들이 있어서 미래세의 후오백세에 정법이 쇠퇴할 시기가 되었을 때 이 법문을 완전히 갖추어 [마음에] 간직하고 독송하고 이해하고 남들에게 자세히 설명해준다면, 그들은 최고의 경이로움을 갖춘 자들이 될 것입니다"로 되어 있다.
  이제 수보리는 계속해서 확신을 갖고 "이 경을 듣고서 신뢰하고 이해하고 받아 지닌다면, 그 사람은 제일 귀할 것입니다"라고 말하고 있다.
  8) 산스끄리뜨어에는 "그러나 참으로 다시 세존이시여, 이들에게는 자아라는 생각이 생겨나지 않을 것이며, 중생이라는 생각도, 영혼이라는 생각도, 개아라는 생각도 생겨나지 않을 것입니다"로 되어 있다.
  이 문장 다음에 산스끄리뜨어에는 "그들에게는 어떠한 생각도 생각 아님도 생겨나지 않을 것입니다"가 들어 있다.
  그러나 이는 모든 한역에서는 생략하고, '자아, 인간, 중생, 목숨이라는 생각이 없기 때문입니다'의 의미로 옮겼다.
  즉 그들은 "'자아'라는 생각이 없기 때문에 생(生)과 사(死)에 지배

받지 않는다. 무수히 많은 욕망과 고난에 지배받는 '중생'이라는 생각도 없다. 길고 짧은 '목숨'이라는 생각도 없다. '인간'은 4대 요소로 구성되어 있을 뿐 또 다른 인간으로 다시 태어난다는 생각도 없다. ─ 성일(聖一, 1922-, 중국의 승려)(Red Pine, p.231)."

9) 산스끄리뜨어에는 "세존이시여, 그것은 왜 그런가 하면, 자아라는 생각 그것은 참으로 생각이 아니요, 중생이라는 생각, 영혼이라는 생각, 개아라는 생각 그것도 참으로 생각이 아니기 때문입니다.

그것은 왜 그런가 하면, 불세존들께서는 일체의 생각을 여읜 자들이기 때문입니다"로 되어 있다.

3장에서 자아, 인간, 중생, 목숨이라는 것이 있기 때문에 버려야 한다는 것인가? 이런 의문이 생길 수 있을지 모르겠다고 말한 바 있다.

그러나 자아라는 생각도 생각이 아니고, 인간, 중생, 목숨이라는 생각도 생각이 아니다. 왜냐하면 생각도 공하기 때문이다. 그런데 중생들은 자아, 인간, 중생, 목숨이라는 생각에 집착하고 있는 것이다.

모든 생각을 여읜 자를 부처라고 하는 것은, "맨 먼저 모든 것이 공(空)하다는 것을 아는 것이고, 다음에는 법(法)도 공함을 아는 것이고, 마지막으로 공도 공하다는 것을 아는 것이다. 과거, 미래, 현재의 모든 여래는 이러한 진리를 깨달았기 때문에 부처라고 불리는 것이다. ─이문회(李文會, ?-1158)(Red Pine, p.231)."

그러나 모든 생각을 여의였다는 것은 아무것도 생각하지 않고 아무 생각도 없고 모든 생각을 아주 없애버렸다는 것이 아니라 생각도 공한 줄 알고, 생각에 얽매이지 않는 것이다.

예컨대 유념(有念 : 생각)이 없다면 무념(無念)도 역시 있을 수 없다. 아무 생각도 없는 것이 깨달음이라면, 바위도 깨달은 자일 것이다.

그렇다면 생각이 없다고 하는 것은 무엇이 없다는 것일까? 생각이 없다고 하는 것은 자아라는 생각, 인간이라는 생각, 중생이라는 생각, 목숨이라는 생각이 없는 것이며, 이분법적 사고에서 벗어나 이원적 대립의 각종 번뇌로부터 벗어난 것이다.

또한 생각이 없다고 하는 것, 즉 무념이란 생각에 있으면서도 생각에 얽매이지 않는 것이고, 외부의 현상에서 벗어나 어떤 법에도 얽매이지 않는 것이고, 모든 대상에 머무르지 않고 마음을 내는 것이다.

그러나 중생들은 자아에 집착하고 경계에 집착함으로써 미혹한 생각에 빠지고 망념이 일어나 허망한 것을 쫓으며 온갖 번뇌로부터 벗어나지 못하는 것이다.

10) 산스끄리뜨어에는 "참으로 그러하다, 수보리야. 참으로 그러하다, 수보리야. 여기 [이 세상에서] [이런] 경이 설해질 때 놀라지 않고 두려워하지 않고 공포를 가지지 않는 그러한 중생들은 최고의 경이로움을 구족한 자들이 될 것이다"로 되어 있다.

'놀라지 않고 두려워하지 않고 공포를 가지지 않는'은 구마라집, 보리류지, 진제, 의정은 불경불포불외(不驚不怖不畏), 급다는 '불경당불포당불외당(不驚當不怖當不畏當)', 현장은 '불경불구무유포외(不驚不懼無有怖畏)'로 옮겼다.

그런데 왜 이 경을 듣고 놀라지 않고 두려워하지 않고 공포를 가지지 않는 중생들이 최고의 경이로움을 구족한 자들이라고 하는 걸까? 그것은 마음에 장애가 사라졌기 때문이다. 중생들은 늘 마음속에 놀라고, 두렵고, 무서워하는 마음이 자리하고 있다. 자아라는 생각이 있기 때문이다. 그러나 이 경을 듣고 마음속에 놀라고 두렵고 무서워하는 마음이 사라졌다면, 그는 자아라는 생각에서 벗어난 것이다. 즉 무아법을 통달한 것이고 반야바라밀을 얻은 것이다.

《반야심경》에 나오는 "보살은 반야바라밀다를 의지하므로 마음에 걸림이 없고 걸림이 없으므로 두려움이 없다(보리살타 의반야바라밀다고 심무괘애 무괘애고 무유공포 菩提薩埵 依般若波羅蜜多故 心無罣碍 無罣碍故 無有恐怖)"고 말하는 것도 이와 같은 것이다.

그들은 생사에 대한 두려움이 없으므로 자연히 그 어떠한 두려움도 있을 수 없다. 왜 그런가? 그 사람에게는 자아라는 생각, 인간이라는 생각, 중생이라는 생각, 목숨이라는 생각이 없기 때문이다. 아무런 근심도 장애도 없으니 두려움이 있을 수 없는 것이다.

11) 산스끄리뜨어에는 "그것은 왜 그런가? 수보리야, 여래가 설한 이 최고의 바라밀 그것은 참으로 [최고의] 바라밀이 아니기 때문이다. 다시 수보리야, 여래가 최고의 바라밀을 설한 것, 그것은 헤아릴 수 없이 [많은] 불세존들 역시 설한다. 그래서 말하기를 최고의 바라밀이라 하기 때문이다"로 되어 있다.

'최고의 바라밀'은 산스끄리뜨어로 parama-pāramitā 이다.

구마라집, 보리류지, 진제는 '제일바라밀(第一波羅密)', 급다는 '최승피안도(最勝彼岸到)', 현장은 '최승바라밀다(最勝波羅密多)'로 옮기면서 '위반야바라밀다(謂般若波羅密多)'를 덧붙여 넣었다. 즉 이것은 다름 아닌 '반야바라밀'이라고 부연 설명하고 있다. 의정은 '최승바라밀다(最勝波羅密多)'로 옮기면서 '시여래소설제바라밀다(是如來所說諸波羅蜜多)'를 덧붙여 넣었다.

이는 13장을 참고하라.

13장에서는 "여래가 말한 반야바라밀은 반야바라밀이 아니기 때문이다. 그래서 반야바라밀이라 한다."라고 했다.

모든 것은 공하다. 최고의 바라밀도 마찬가지다. 그래서 최고의 바라밀이 아니다. 그러나 이 바라밀에 의지하여 깨달음에 이를 수 있기 때문에, 그래서 최고의 바라밀이라고 하는 것이다.

'다시 수보리야, 여래가 최고의 바라밀을 설한 것, 그것은 헤아릴 수 없이 [많은] 불세존들 역시 설한다'는 구마라집은 생략했고, 다른 한역에서는 모두 옮겨 넣었다.

[정리] 모든 생각을 여읜 자를 부처라고 한다

세존이시여, 제가 지금 이런 경전을 듣고서 신뢰하고 이해하고 마음에 새기는 것은 그다지 어렵지 않습니다. 그러나 미래의 500년 뒤에도 어떤 중생이 이 경을 듣고서 신뢰하고 이해하고 받아 지닌다면, 그 사람은 제일 귀할 것입니다. 왜 그런가? 그 사람에게는 자아라는 생각이 없고, 인간이라는 생각이 없고, 중생이라는 생각이 없고, 목숨이라는 생각이 없기 때문입니다. 왜냐하면 자아라는 생각은 생각이 아니고, 인간이라는 생각과 중생이라는 생각과 목숨이라는 생각도 생각이 아니기 때문입니다. 왜냐하면 모든 생각을 여읜 자를 부처라고 하기 때문입니다."

붓다께서 수보리에게 말씀하셨다.

"그렇다, 그렇다. 또 어떤 사람이 이 경을 듣고서 놀라지 않고 두려워하지 않고 무서워하지 않는다면, 그 사람은 아주 귀한 제일바라밀을 성취한 줄 알아야 한다. 왜 그런가? 수보리야, 여래가 설한 제일바라밀은 제일바라밀이 아니기 때문이다. 그래서 제일바라밀이라 한다.

須菩提 忍辱波羅密 如來說非忍辱波羅密 何以故 須菩提 如我昔爲
수보리 인욕바라밀 여래설비인욕바라밀 하이고 수보리 여아석위
歌利王 割截身體 我於爾時 無我相 無人相 無衆生相 無壽者相
가리왕 할절신체 아어이시 무아상 무인상 무중생상 무수자상
何以故 我於往昔 節節支解時 若有我相人相衆生相壽者相 應生瞋恨
하이고 아어왕석 절절지해시 약유아상인상중생상수자상 응생진한
須菩提 又念過去於五百世 作忍辱仙人 於爾所世 無我相 無人相
수보리 우념과거어오백세 작인욕선인 어이소세 무아상 무인상

無衆生相 無壽者相
무중생상 무수자상

    수보리야, 인욕바라밀은 인욕바라밀이 아니라고 여래가 설했다.[12] 왜냐하면 수보리야, 내가 옛날 가리왕(歌利王)에게 몸을 갈기갈기 잘릴 때 나에게 자아라는 생각이 없었고, 인간이라는 생각이 없었고, 중생이라는 생각이 없었고, 목숨이라는 생각이 없었기 때문이다.[13] 왜냐하면 내가 옛날 사지가 마디마디 잘릴 때 나에게 자아라는 생각과 인간이라는 생각과 중생이라는 생각과 목숨이라는 생각이 있었다면, 성내고 원망했을 것이기 때문이다.[14]
    수보리야, 또 500생애 동안 인욕을 설하는 성자로 있었던 과거를 생각해 보면, 그때에도 자아라는 생각이 없었고, 인간이라는 생각이 없었고, 중생이라는 생각이 없었고, 목숨이라는 생각이 없었다.[15]

[해설]

    12) 산스끄리뜨어에는 "여래의 인욕바라밀 그것은 참으로 [인욕]바라밀이 아니다"로 되어 있다.
    '인욕바라밀'은 산스끄리뜨어로 kṣānti-pāramitā 이다.
    여기서 붓다가 갑자기 인욕바라밀을 설하는 것은 어떤 의미일까?

"붓다는 수보리가 반야를 중심으로 이 경의 가르침을 이해하고 있음을 알고 있다. 즉 수보리가 이해하는 것은 반야로 시작해서 반야로 끝나고 있는 것이다.

그러나 반야는 뚝 떨어져 있는 것도 아니고, 또 다른 바라밀을 수행하지 않고 성취할 수 있는 것도 아니다.

따라서 붓다는 반야바라밀, 보시바라밀, 인욕바라밀을 설하고 있는 것이다.

물론《금강경》에서는 육바라밀(sāt-pāramitā : 보시布施, 지계持戒, 인욕忍辱, 정진精進, 선정禪定, 반야般若 혹은 지혜智慧) 가운데 세 개의 바라밀을 말하고 있다. 그리고 이 세 개의 바라밀은 삼독(三毒 : 탐욕, 성냄, 어리석음)과 대응한다. 보시바라밀은 탐욕(貪慾)의 독을 제거하고, 인욕바라밀은 성냄(瞋恚)의 독을 제거하고, 지혜바라밀은 어리석음(愚癡)의 독을 제거한다. 그러나 이 세 개의 바라밀만 언급하고 있지만, 이 세 개의 바라밀은 다른 바라밀과 서로 밀접한 관계를 맺고 있다. 즉 보시바라밀은 지계, 인욕바라밀은 정진, 지혜바라밀은 선정과 떼려야 뗄 수 없는 관계이다. 비록 언급하지 않지만, 육바라밀을 포괄하고 있다고 보면 될 듯싶다(Red Pine, p.235 참고)."

13) 산스끄리뜨어에는 "깔링가 왕이 내 온 몸의 살점을 도려내었을 때 나에게 자아라는 생각이나 중생이라는 생각이나 영혼이라는 생각이나 개아라는 생각이나 그 어떠한 생각이나 생각 아님도 없었기 때문이다"로 되어 있다.

'깔링가 왕'은 산스끄리뜨어로 Kalinga rāja이다.

"학자들은 산스끄리뜨어 Kalinga rāja(깔링가 왕)가 Kali-rāja(깔리 왕)의 오기라고 보기도 한다(각묵 스님, 242쪽 참고)."

구마라집, 보리류지는 '가리왕(歌利王)', 진제는 '가릉가왕(迦陵伽王)', 급다는 '악왕(惡王)', 현장은 '갈리왕(羯利王)', 의정은 '갈릉가왕(羯陵伽王)'으로 옮겼다.

'그 어떠한 생각이나 생각 아님도'는 구마라집은 생략했고, 보리류지는 '무상 역비무상(無相 亦非無相)', 진제는 '무상 비무상(無相 非無相)', 급다는 '불아유상비상유(不我有想非想有)', 현장은 '아어이시도무유상 역비무상(我於爾時都無有想 亦非無想)', 의정은 '아무시상 역비무상(我無是想 亦非無想)'으로 옮겨 넣었다.

웬만한 사람들은 지나가는 사람과 부딪치거나, 가벼운 욕만 들어도 참지 못하고 화를 내기 일쑤인데, 하물며 온몸의 살점을 도려내고 갈기갈기 찢어 죽인다면 말해 무엇하랴? 그래도 성내고 원망하는 마음이 없는 것, 이는 자아라는 생각, 인간이라는 생각, 중생이라는 생각, 목숨이라는 생각이 없기 때문이다. 이 몸은 나가 아니고, 내 것도 아니다. 또한 멸도 아니고 죽음도 아니다.

이를 참으로 깨닫게 되면 누구나 할 수 있다는 것이다.

14) 산스끄리뜨어에는 "그것은 왜 그런가? 수보리야, 그때에 나에게 자아라는 생각이 생겼다면 그때에 악의의 생각 역시 생겼을 것이기 때문이다. 만일 중생이라는 생각, 영혼이라는 생각, 개아라는 생각

이 생겼더라도 그때에 악의의 생각 역시 생겼을 것이기 때문이다"로 되어 있다.

'악의의 생각'은 산스끄리뜨어로 vyapada-saṃjñā 이다. 즉 악한 생각이다. 구마라집, 보리류지, 의정은 '진한(嗔恨)', 진제, 급다는 '진한상(嗔恨想)', 현장은 '에상(恚想)'으로 옮겼다.

사실은 이런 아상, 인상, 중생상, 수자상이라는 미혹한 생각들이 탐욕과 성냄과 어리석음을 낳게 되고, 우리가 붓다의 길을 걷는데 장애가 되는 것이다. 이러한 미혹한 생각과 악의의 생각을 여의지 못하면, 결코 부처가 될 수 없다.

15) 산스끄리뜨어에는 "그것은 왜 그런가? 수보리야, 나는 분명히 안다. 과거세에 오백 생 동안 나는 인욕을 설하는 성선(聖仙)이었다. 그때에도 역시 나에게는 자아라는 생각이 생기지 않았고 중생이라는 생각, 영혼이라는 생각, 개아라는 생각도 생기지 않았기 때문이다"로 되어 있다.

'분명히 안다'는 산스끄리뜨어로 abhijānāmi 이다.

"초기경에서 abhijānāti 나 이것의 명사형인 abhiññā는 그냥 아는 것이 아니라 신통지(神通知)를 의미한다. 즉 과거 전생을 기억한다든지 하는 것을 아빈냐라 불렀다(각묵 스님, 244쪽 참고)."

구마라집, 보리류지, 의정은 '념(念)', 급다는 '념지(念知)', 진제, 현장은 '억(憶)'으로 옮겼다.

'성선'은 산스끄리뜨어로 ṛṣi 이다. '성인, 성자, 대가' 등의 의미이다.

'인욕을 설하는 성선'은 구마라집, 보리류지, 현장, 의정은 '인욕선인(忍辱仙人)', 진제는 '대선인(大仙人)', 급다는 '인어선인(忍語仙人)'으로 옮겼다.

이는 석가모니가 끄샨띠(Kṣānti) 수도승으로 지내던 시절을 말한다. 《열반경》에 나오는 이야기를 요약하면 이렇다.

"어느 옛날 깔리 왕이 후궁들을 데리고 사냥을 나갔다. 점심을 먹고, 휴식을 취하며 낮잠을 즐겼다. 그 사이 후궁들은 꽃을 따기 위해 숲속을 거닐었다. 그러다가 금욕의 고행을 하던 수도승 끄샨띠가 선정을 닦는 곳에 이르렀다. 그들은 곧 그의 평온함에 감화되었고, 그 앞에 꽃을 놓으며 공양을 드렸다. 그는 그들에게 전에 들어 본 적이 없는 법을 설해주었는데, 더 많은 법을 듣고자 했다.

잠에서 깨어난 깔리 왕이 후궁들이 그 수도승 앞에 앉아 있는 모습을 보자, 화가 치밀었다. 끄샨띠가 계속해서 법을 설하고, 인욕에 대해서 가르침을 펴는 때였다. 왕은 끄샨띠를 시험하기로 결심하고, 그의 손을 잘라버렸다. 그런 다음에 발을 자르고, 마침내 그의 귀와 코를 잘라버렸다. 왕이 끄샨띠가 몸을 움직이지 못하는 모습을 보자, 자신이 저지른 잔인한 행동을 깨닫고 끄샨띠에게 용서를 구했다. 끄샨띠는 화를 내지도 않았고, 자신에게 용서를 구하지 않아도 된다고 말했다.

왕이 끄샨띠에게 화가 나지 않았음을 증명해보라고 하였다. 끄샨띠가 '만약 내 마음속에 화가 없다면, 내 몸이 본래 상태로 돌아올 것입니다'라고 말했다. 끄샨띠는 수많은 생애 동안 그러한 공덕을 쌓았기 때문에 그의 몸은 곧바로 본래 상태로 되돌아 왔다.

그러자 그가 왕에게 말했다. '그대는 내 몸을 자르기 위해 미혹의 칼을 사용했습니다. 제가 부처가 되면, 나는 그대의 욕망을 자르기 위해 지혜의 칼을 사용할 것입니다.'

끄샨띠는 석가모니의 전생의 화신이고, 깔리 왕은 까운디냐(Kaundinya : 교진여憍陣如)로 태어났다. 그리고 붓다의 첫 번째 제자가 되었다(Red Pine pp. 236~237)."

산스끄리뜨어 끄샨띠(Kṣānti)는 '인내, 인욕, 참음'을 뜻하고, 깔리(Kali)는 '갈등, 불화, 다툼'을 뜻한다. 깔리의 아버지 끄로다(Krodha)는 '화, 성냄, 분노'를 뜻한다.

붓다는 자신의 과거의 예를 들면서까지, 왜 아상, 인상, 중생상, 수자상이라는 생각을 갖지 말아야하는지를 설명하고 있는 것이다. 생각은 윤회의 수레바퀴를 굴리게 된다.

3장에서 말했듯이 이 경 전체에 걸쳐서 '아상 인상 중생상 수자상'을 버리도록 끊임없이 반복하고 있는 것은, 이것이 이《금강경》의 핵심이고 정수이기 때문이다.

[정리] 인욕바라밀은 인욕바라밀이 아니다

수보리야, 인욕바라밀은 인욕바라밀이 아니라고 여래가 설했다. 그래서 인욕바라밀이라 한다. 왜냐하면 수보리야, 내가 옛날 가리왕(歌利王)에게 몸을 갈기갈기 잘릴 때 나에게 자아라는 생각이 없었고, 인간이라는 생각이 없었고, 중생이라는 생각이 없었고, 목숨이라는 생각이 없었기 때문이다. 왜냐하면 내가 옛날 사지가 마디마디 잘릴 때 나에게 자아라는 생각과 인간이라는 생각과 중생이라는 생각과 목숨이라는 생각이 있었다면, 성내고 원망했을 것이기 때문이다.

수보리야, 또 500생애 동안 인욕을 설하는 성자로 있었던 과거를 기억해 보니, 그때에도 자아라는 생각이 없었고, 인간이라는 생각이 없었고, 중생이라는 생각이 없었고, 목숨이라는 생각이 없었다.

是故須菩提 菩薩應離一切相 發阿耨多羅三藐三菩提心 不應住色
시고수보리 보살응리일체상 발아뇩다라삼먁삼보리심 불응주색
生心 不應住聲香味觸法生心 應生無所住心 若心有住 則爲非住 是
생심 불응주성향미촉법생심 응생무소주심 약심유주 즉위비주 시
故佛說菩薩心不應住色布施 須菩提 菩薩爲利益一切衆生 應如是布施
고불설보살 심불응주색보시 수보리 보살위이익일체중생 응여시보시
如來說一切諸相 卽是非相 又說一切衆生 則非衆生 須菩提 如來是
여래설일체제상 즉시비상 우설일체중생 즉비중생 수보리 여래시

眞語者 實語者 如語者 不誑語者 不異語者 須菩提 如來所得法
진어자 실어자 여어자 불광어자 불이어자 수보리 여래소득법
此法無實無虛
차법무실무허

그러므로 수보리야, 보살은 모든 생각을 떠나서 아뇩다라삼먁삼보리를 구하려는 마음을 내야 한다. 형상에 머무르지 않고 마음을 내야 하고, 소리·향기·맛·감촉·마음의 대상에 머무르지 않고 마음을 내야 한다.[16] 어디에도 머무르지 않고 마음을 내야 한다.[17] 마음에 머무름이 있어도 그것은 머무름이 아닌 것으로 된다.[18] 그래서 붓다는 보살은 형상에 머무르지 않고 보시해야 한다고 설했다.[19]

수보리야, 보살은 모든 중생을 이롭게 하기 위해 이렇게 보시해야 한다.[20] 여래가 말한 모든 생각은 생각이 아니고, 모든 중생도 중생이 아니다.[21]

수보리야, 여래는 참되게 말하는 자이며, 사실대로 말하는 자이며, 있는 그대로 말하는 자이며, 거짓말하지 않는 자이며, 다르게 말하지 않는 자이다.[22]

그러나 수보리야, 여래가 깨달은 법에는 참도 없고 거짓도 없다.[23]

[해설]

16) 산스끄리뜨어에는 "그러므로 이제 수보리야, 보살마하살은 일체 생각을 버리고서 무상정등각에 마음을 내어야 한다. 형상에 머무르는 마음을 내지 않아야 하며, 소리, 냄새, 맛, 감촉, 마음의 대상에 머무르는 마음을 내지 않아야 한다"로 되어 있다.

이와 유사한 구절은 10장을 참고하라.

10장에서는 "모든 보살마하살은 이렇게 머무르지 않고 마음을 내야 한다. 형상에 머무르지 않고 마음을 내야 하고, 소리·향기·맛·감촉·마음의 대상에 머무르지 않고 마음을 내야 한다. 어디에도 머무는 바 없이 마음을 내야 한다."라고 했다.

10장처럼 현장은 여기서도 '색성향미촉법'뿐만 아니라 '비색성향미촉법'도 넣어 옮겼다.

그렇다면 "보살마하살은 일체 생각을 버리고서 무상정등각에 마음을 내어야 한다"는 어떤 의미일까?

"여기서 붓다가 수보리에게 생각을 갖지 말아야 한다는 것은 하나의 방편이지 목표가 아니라는 것을 상시시켜 주고 있는 것이다. 깨달음의 목표는 모든 중생들을 구제하는 것이다. 모든 중생을 구제시킴으로써만 사실은 보살이 중생이라는 생각에서 벗어나는 것이다. 또 반대로 중생이라는 생각을 갖지 말아야 보살이 중생을 구제할 수 있는 것이다(Red Pine, pp. 239~240)."

즉 이 경에서 말하고 있듯이 여래가 말한 모든 생각은 생각이 아니고, 모든 중생도 중생이 아니다.

무상정등각, 즉 아뇩다라삼먁삼보리도 마찬가지이다. 아뇩다라삼먁삼보리라고 할 만한 일정한 법도 없다. 하지만 아뇩다라삼먁삼보리를 구하려는 마음을 내어야 한다고 말하는 것은 중생을 구제하기 위한 하나의 방편으로써 쓰임이 있기 때문이다.

17) 산스끄리뜨어에는 "법에 머무는 마음을 내지 않아야 하며 비법에 머무는 마음도 내지 않아야 하며, 어떤 것에도 머무르는 마음을 내지 않아야 한다"로 되어 있다.

구마라집, 보리류지, 현장은 앞 구절을 생략했고, 진제는 '불응생주법심 불응생주비법심(不應生住法心 不應生住非法心)', 급다는 '불주법 비무법주심발생응(不住法 非無法住心發生應)', 의정은 '불응주법 불응주비법 응생기심(不應住法 不應住非法 應生基心)'으로 옮겨 넣었다.

이는 아뇩다라삼먁삼보리를 구하려는 마음을 내되, 다만 자아, 인간, 중생, 목숨이라는 생각이나, 색성향미촉법 그 어떤 것에도 머무르는 마음을 내지 않아야 한다는 것이다.

18) 산스끄리뜨어에는 "그것은 왜 그런가? 머무름이라는 것 그것은 참으로 머무르지 않음이기 때문이다"로 되어 있다.

구마라집, 보리류지는 '약심유주 즉위비주(若心有住 卽爲非住)', 즉 '心'을 넣어 옮겼고, 급다는 '약무소주피 여시주피고(若無所住彼 如是住彼故)', 현장은 '제유소주 즉위비주(諸有所住 卽爲非住)', 의정은 '약유소주 즉위비주(若有所住 卽爲非住)'로 옮겼다.

즉 색성향미촉법에 머무는 바 없이 머무는 것, 그것은 머무르지 않음이기 때문이다.

9장에서 말했듯이 "어떤 것에도 머물지 않는다. 그래서 다툼이 없이 머무는 자다"라는 말과 같은 맥락이다.

그 어떤 것에도 머무르지 않는다면, 그는 머무름으로부터 벗어남에 머무는 자다. 이 머무름은 머무름이 아닌 것이다.

그러나 색성향미촉법에 머무는 것도 사실은 불가능하다. 그래서 색성향미촉법에 머무는 것도 실은 머무름이 아니다. 왜냐하면 색성향미촉법은 실재가 아니라 공하기 때문이다. 즉 색성향미촉법을 실상으로 여기고 이 경계에 아무리 머무르려고 하더라도, 사실은 그 머무름도 공할 수밖에 없다. 그래서 색성향미촉법에 머무르려 하는 것도 사실은 불가능하다.

그럼에도 불구하고 중생은 색성향미촉법이 '실재'로 존재한다고 생각하고, 중생이 색성향미촉법에 끝없이 집착할 뿐이다. 그 집착도 실은 허망한 줄 모르고 말이다.

그러나 "머무름이 없는 생각이란 마치 태양이나 달과 같다. 태양과 달은 허공에 집착함이 없이 허공 속을 움직이고, 산과 강과 대지에 집착함이 없이 산과 강과 대지를 비춘다. 마음이 이와 같이 육근에 집착하지 않고 공에도 집착하지 않다면, 이것이 어떤 것에도 집착하지 않는 마음이다. 범부들은 존재에 집착하고, 성문과 연각은 비존재에 집착한다. 만약 범부들이 세속(saṃsāra)에 집착하지 않고, 성문과 연각이 열반(nirvāṇa)에 집착하지 않는다면, 이것이 무상정등각에 머무는 것이다. —성일(聖一)(Red Pine, p.241)"

19) 산스끄리뜨어에는 "그래서 여래는 보살은 '머무름 없이 보시를 행해야 한다. 형상, 소리, 냄새, 맛, 감촉, 마음의 대상에 머무름 없이 보시를 행해야 한다'고 설했다"로 되어 있다.

여기서도 '여래'를 진제, 급다, 현장은 '여래(如來)'로 옮겼지만, 구마라집, 보리류지, 의정은 '불(佛)'로 옮겼다.

이는 4장을 참고하라.

4장에서는 "보살은 대상에 머무르지 않고 보시해야 한다. 형상에 머무르지 않고 보시해야 하고, 소리·향기·맛·촉감·마음의 대상에 머무르지 않고 보시해야 한다."라고 했다.

보시는 이 경 전체에 걸쳐 끊임없이 나오는데, 이는 4장에서 설한 내용을 다시 실천하도록 말하고 있다.

이와 같이 붓다의 가르침은 계속해서 반복, 예시, 비유, 변주가 끝없이 이어진다. 그러면서 점진적으로 수보리에게 자아에 집착하지 않아야 하고, 법이나 법이 아닌 것에도 집착하지 않아야 하고, 생각이나 생각 아닌 것에도 집착하지 않아야 하고, 공에도 집착하지 않아야 하고, 보시바라밀을 수행하고, 인욕바라밀을 수행하고, 반야바라밀을 수행하도록 가르치고 있다.

20) 산스끄리뜨어에는 "그런데 참으로 다시 수보리야, 보살은 모든

중생들의 이익을 위해서 이런 형태의 철저한 보시를 행해야 한다"로 되어 있다.

보살은 "위로는 깨달음을 구하고, 아래로는 중생을 구제하는 것이다(上求菩提 下度衆生 혹은 下化衆生)."

보살의 길을 걷는 자들은 모든 중생의 이익을 위해서 보시를 해야 한다. 보살은 자신의 행복을 위해서 보시를 행하는 것이 아니다. 그래서 아뇩다라삼먁삼보리를 구하려는 마음을 낸 선남자 선여인이 보살의 길을 걷기 위해서는 자아라는 생각, 인간, 중생, 목숨이라는 생각이 없어야 하고, 색성향미촉법에도 머무는 바 없이 마음을 내어야 한다.

21) 산스끄리뜨어에는 "그것은 왜 그런가? 수보리야, 이 중생이라는 생각, 그것은 참으로 [중생이라는] 생각이 아니기 때문이다. 이와 같이 여래가 설한 그들 일체 중생들은 참으로 중생이 아니기 때문이다"로 되어 있다.

이를 구마라집은 여래가 말한 "모든 생각은 생각이 아니고, 모든 중생도 중생이 아니다" 즉, '일체제상 즉시비상 일체중생 즉비중생'으로 의역해서 옮겼다.

다른 한역에서는 원문에 따라 옮겼다.

이는 실은 중생이라고 할 게 없다. 중생도 공한 것이다. 그래서 중생도 중생이 아니다. 하지만 업에 따라 연기적 존재로서 살아가기 때문에 중생이 아닌 것도 아니다. 그래서 중생이라 한다.

22) 산스끄리뜨어에는 "그것은 왜 그런가? 수보리야, 여래는 참됨

을 말하는 자이기 때문이다. 여래는 진실을 말하는 자요, 그대로를 말하는 자요, 다르지 않게 말하는 자이기 때문이다. 여래는 거짓말을 하는 자가 아니기 때문이다"로 되어 있다.

보리류지는 '진어자 실어자 여어자 불어어자(眞語者 實語者 如語者 不異語者)', 진제는 '설실 설제 설여 설비허망(說實 說諦 說如 說非虛妄)', 현장은 '실어자 제어자 여어자 불이어자(實語者 諦語者 如語者 不異語者)', 의정은 '실어자 여어자 불광어자 불이어자(實語者 如語者 不誑語者 不異語者)'로 4가지만 옮겼다.

구마라집은 '진어자 실어자 여어자 불광어자 불이어자(眞語者 實語者 如語者 不誑語者 不異語者)', 급다는 '진어 실어 불이어 여어 비불여어(眞語 實語 不異語 如語 非不如語)'로 옮겼다.

부처는 모든 현상을 있는 그대로 보기 때문이다. 모든 사물과 현상은 공한 것이다. 중생도 공한 것이다. 부처는 자아, 인간, 중생, 목숨이나 어떤 법에도 생각을 여의였기 때문이다.

23) 산스끄리뜨어에는 "그런데 참으로 수보리야, 여래가 철저히 깨달았고 설하고 깊이 사유한 법에는 진실도 없고 거짓도 없다"로 되어 있다.

법은 있는 그대로이니, 참도 아니고 거짓도 아니다.

그래서 17장에서 "수보리야, 여래가 얻은 아뇩다라삼먁삼보리에는 참도 없고 거짓도 없다. 그러므로 여래는 일체 법이 다 불법(佛法)이라 설한다."라고 말한다.

"하지만 우리가 말하는 모든 진리나 참은 조건에 의존한다. 그리고 시간이 지나거나 조건이 바뀌면 거짓이 되기도 한다(또한 참이 되기 위해서는 그것이 참이라고 판단할 어떤 기준이 있어야 한다).

그러나 지혜의 완성에는 참과 거짓을 판단할 어떤 기준이 존재하지 않는다(Red Pine, p.245)."

그래서 23장에서 "그리고 수보리야, 이 법은 평등하여 높고 낮음이 없으므로 아뇩다라삼먁삼보리라고 한다."라고 말한다.

즉 "지혜의 완성은 유위의 차원을 초월한 것이고, 참과 거짓을 초월한 궁극에 다다른 것을 의미한다. 여래의 가르침은 법이나 법이 아닌 것, 생각이나 생각 아닌 것, 참이나 거짓에 대한 집착에서 벗어났기 때문이다(Red Pine, p.245)."

그래서 이와 같은 지혜의 완성은 거짓도 없고 참도 없다.

구마라집은 이 구절을 '여래소득법 차법무실무허(如來所得法 此法無實無虛)'로 옮겼다. 여기서 '득(得)'을 단순하게 '얻은'으로 이해하면 안 된다. 여기서 '득(得)'은 우리말로 '증득', '깨달은'의 의미로 이해해야 할 것이다. 왜냐하면 법도 공한 것이다. 일정한 법도 없다. 그래서 법은 얻을 수도 없고, 전해줄 수도 없다.

보리류지는 '득(得)', 진제는 '각(覺)', 급다는 '증각(證覺)', 현장, 의정은 '증(證)'으로 옮겼다.

[정리] 법에는 참도 없고 거짓도 없다

 그러므로 수보리야, 보살은 모든 생각을 떠나서 아뇩다라삼먁삼보리를 구하려는 마음을 내야 한다. 형상에 머무르지 않고 마음을 내야 하고, 소리·냄새·맛·감촉·마음의 대상에 머무르지 않고 마음을 내야 한다. 법에 머무는 마음도 내지 않아야 하며, 법 아닌 것에 머무는 마음도 내지 않아야 하며, 어디에도 머무르지 않고 마음을 내야 한다. 마음에 머무름이 있어도 그것은 머무름이 아닌 것으로 된다. 그래서 여래는 보살은 형상, 소리, 냄새, 맛, 감촉, 마음의 대상에 머무르지 않고 보시해야 한다고 설했다.

 수보리야, 보살은 모든 중생을 이롭게 하기 위해 이렇게 보시해야 한다. 여래가 말한 모든 생각은 생각이 아니고, 모든 중생도 중생이 아니다.

 수보리야, 여래는 참되게 말하는 자이며, 사실대로 말하는 자이며, 있는 그대로 말하는 자이며, 거짓말하지 않는 자이며, 다르게 말하지 않는 자이다.

 그러나 수보리야, 여래가 깨달은 법에는 참도 없고 거짓도 없다.

須菩提 若菩薩心住於法 而行布施 如人入闇 則無所見 若菩薩心不
수보리 약보살심주어법 이행보시 여인입암 즉무소견 약보살심부
住法 而行布施 如人有目 日光明照 見種種色 須菩提 當來之世 若

주법 이행보시 여인유목 일광명조 견종종색 수보리 당래지세 약
有善男子善女人 能於此經 受持讀誦 則爲如來 以佛智慧 悉知是人
유선남자선여인 능어차경 수지독송 즉위여래 이불지혜 실지시인
悉見是人 皆得成就無量無邊功德
실견시인 개득성취무량무변공덕

  수보리야, 보살이 마음을 대상에 머무르고 보시하면, 어두운 곳에 들어간 사람이 아무 것도 보지 못하는 것과 같고,[24] 보살이 마음을 대상에 머무르지 않고 보시하면, 눈 있는 사람이 밝은 햇빛에서 갖가지 색깔을 보는 것과 같다.[25]
  수보리야, 미래에 선남자 선여인이 이 경을 받아 지녀서 읽고 외운다면, 여래가 부처의 지혜로 이들을 다 알고 다 보나니, 이들은 한량없고 끝없는 공덕을 성취할 것이다.[26]

[해설]

  24) 산스끄리뜨어에는 "수보리야, 그것은 마치 사람이 어둠에 들어가면 어떤 것도 보지 못하는 것과 같이 경계에 떨어진 보살은 '경계에 떨어져서 보시를 행하는 자'라고 간주되어야 한다"로 되어 있다.
  '경계'는 산스끄리뜨어로 와스뚜(vastu)이다. 구마라집은 '법(法)',

보리류지, 급다, 현장, 의정은 '사(事)', 진제는 '상(相)'으로 옮겼다. 경계는 색성향미촉법의 육경을 뜻한다고 보면 되겠다.

색성향미촉법은 사실은 공한 것이다. 하지만 색성향미촉법에 머무르며 보시하는 자는 마치 어둠속에서 아무 것도 보지 못하는 사람과 같이 색성향미촉법의 실상을 전혀 보지 못하는 것이다.

색성향미촉법은 실재가 아니고, 실재가 아닌 것도 아니다.

즉 "이것은 참도 아니고 거짓도 아니라고 볼 때 비로소 실상을 보는 것이다. 그리고 경계로부터 자유로워진다. 그것을 참이라고 생각하면 허상의 본질을 보지 못하고, 그것을 거짓이라고 생각하면 그 쓰임을 가로막게 된다.

그러나 보살은 그것이 허상임을 알기 때문에 대상에 집착하지 않게 되고, 그것의 쓰임을 알기 때문에 모든 중생들에게 이익이 되도록 대상을 보시의 방편으로 사용하는 것이다(Red Pine, p.246)."

색성향미촉법은 실재가 아니라 공함을 보는 것은 혜안(慧眼)이고, 그것의 쓰임을 알고 실재가 아닌 것도 아니라고 보는 것은 법안(法眼)이다. 그리고 실재도 아니고, 실재가 아닌 것도 아니라고 보는 것은 불안(佛眼)이다(이는 18장을 참고하라).

25) 산스끄리뜨어에는 "다시 마치 수보리야, 눈을 가진 사람이 밤이 새고 태양이 떠올랐을 때 여러 종류의 색깔들을 볼 수 있는 것처럼 경계에 떨어지지 않은 보살은 '경계에 떨어지지 않고 보시를 행하는 자'라고 간주되어야 한다"로 되어 있다.

즉 아상가(Asanga, 阿僧伽)의 말처럼 "미혹은 어둠과 같고, 지혜는 빛과 같다(Red Pine, p.247)."

26) 산스끄리뜨어에는 "그런데 참으로 다시 수보리야, 선남자들이나 선여인들이 이 법문을 배우고 [마음에] 간직하고 독송하고 이해하고 남들에게 자세히 설명해 준다면, 수보리야, 여래는 부처의 지혜로써 그들을 안다. 수보리야, 여래는 부처의 눈으로써 그들을 본다. 수보리야 여래는 그들을 깨달아 [안다]. 수보리야, 그들 모두는 측량할 수 없고 헤아릴 수 없는 공덕의 무더기를 쌓고 얻게 될 것이다"로 되어 있다.

'부처의 눈'은 구마라집은 생략했고, 급다, 현장은 '불안(佛眼)', 의정은 '지안(智眼)'으로 옮겨 넣었다.

또한 '깨달아 안다'는 보리류지, 현장은 '각(覺)'으로 옮겨 넣었다 (이는 6장을 참고하라).

[정리] 미혹은 어둠과 같고, 지혜는 빛과 같다

수보리야, 보살이 마음을 대상에 머무르고 보시하면, 어두운 곳에 들어간 사람이 아무 것도 보지 못하는 것과 같고, 보살이 마음을 대상에 머무르지 않고 보시하면, 눈이 온전한 사람이 밝은 햇빛에서 갖가지 빛깔을 보는 것과 같다.

수보리야, 미래에 선남자 선여인이 이 경을 받아 지녀서 읽고 외운다면, 여래가 부처의 지혜로 이들을 다 알고 다 보나니, 이들은 한량없고 끝없는 공덕을 성취할 것이다.

15 이 경은 불가사의하고 비교할 수가 없다

持經功德分
지경공덕분

須菩提 若有善男子善女人 初日分 以恒河沙等身布施 中日分 復以
수보리 약유선남자선여인 초일분 이항하사등신보시 중일분 부이
恒河沙等身布施 後日分 亦以恒河沙等身布施 如是無量百千萬億
항하사등신보시 후일분 역이항하사등신보시 여시무량백천만억
劫 以身布施 若復有人 聞此經典 信心不逆 其福勝彼 何況書寫受持
겁 이신보시 약부유인 문차경전 신심불역 기복승피 하황서사수지
讀誦 爲人解說 須菩提 以要言之 是經有不可思議不可稱量無邊功
독송 위인해설 수보리 이요언지 시경유불가사의불가칭량무변공
德 如來爲發大乘者說 爲發最上乘者說
덕 여래위발대승자설 위발최상승자설

경을 받아 지니는 공덕

　수보리야, 선남자 선여인이 아침에 갠지스 강의 모래알만큼 많은 몸을 보시하고, 낮에 또 갠지스 강의 모래알만큼 많은 몸을 보시하고, 저녁에도 갠지스 강의 모래알만큼 많은 몸을 보시하여, 이런 식으로 한량없는 백천만억 겁 동안 몸을 보시하더라도, 다른 어떤 사람이 이 경전을 듣고 신뢰하는 마음을 거스르지 않는다면, 이 복이 저 복보다 나을 것이다. 하물며 이 경을 받아 지녀서 베껴 쓰고 읽고 외우고 남에게 해설해 준다면 어떻겠느냐.[1]

　수보리야, 요컨대 이 경에는 불가사의하고 헤아릴 수도 없는 끝없는 공덕이 있나니, 여래는 대승에 나아가는 자를 위해 설했고, 최상승에 나아가는 자를 위해 설했다.[2]

[해설]

　1) 산스끄리뜨어에는 "참으로 다시 수보리야, 여자나 남자나 오전 중에 갠지스 강의 모래알들처럼 [많은] 몸들을 바치고 그와 같이 낮에도 갠지스 강의 모래알들처럼 [많은] 몸들을 바치고 저녁에도 갠지스 강의 모래알들처럼 [많은] 몸들을 바치며 이런 방법으로 수많은 백천만억 겁 동안 몸을 바친다 하더라도 이 법문을 듣고서 비방하지 않으

면, 이것이 참으로 이로 인해서 측량할 수 없고 헤아릴 수 없는 더 많은 공덕의 무더기를 쌓은 것이다. 하물며 [이 법문을] 베껴 쓰고 배우고 [마음에] 간직하고 독송하고 이해하고 남들에게 자세히 설명해 준다면 누가 다시 더 말을 하겠는가?"로 되어 있다.

이는 13장에 나오는 구절보다 더욱더 생생하고 구구절절하게 비유하고 있다.

13장에는 "수보리야, 어떤 선남자 선여인이 갠지스 강의 모래알만큼 많은 목숨(身命)을 바쳐 보시하더라도, 다른 어떤 사람이 이 경에서 네 구절만이라도 마음에 새기고 남에게 설해 준다면, 그 복이 훨씬 많을 것이다."라고 했다.

'비방하지 않으면'은 구마라집은 '신심불역(信心不逆)', 보리류지는 '신심불방(信心不謗)', 진제는 '불기비방(不起誹謗)', 급다는 '문이불방(聞已不謗)', 현장은 '불생비방(不生誹謗)', 의정은 '불생훼방(不生毁謗)'으로 옮겼다.

2) 산스끄리뜨어에는 "참으로 다시 수보리야, 이 법문은 참으로 불가사의하고 비교할 수가 없다. 최상승에 굳게 나아가는 중생들의 이익을 위하고, 최고로 수승한 승(最殊勝乘)에 굳게 나아가는 자들의 이익을 위해서 여래는 이런 법문을 설했다"로 되어 있다.

'최상승'은 산스끄리뜨어로 agra-yāna이고, '최수승승'은 śreṣṭha-yāna이다.

'최상승'과 '최수승승'을 구마라집, 보리류지, 의정은 각각 '대승

(大乘), 최상승(最上乘)'으로 옮겼다. 그러나 원문에서 보듯이 여기서 구마라집이 대승(大乘)으로 옮긴 것은 mahā-yāna가 아니라 '수승하다'의 의미이지 소승(小乘)에 대비시켜 말하는 것은 아니다. 진제는 '무상승(無上乘), 무등승(無等乘)', 급다는 '승승(勝乘), 최승승(最勝乘)', 현장은 '최상승(最上乘), 최승승(最勝乘)'으로 옮겼다.

이는 14장에서도 언급하고 있다.

14장 산스끄리뜨어에서는 "경이롭습니다, 세존이시여. 최고로 경이롭습니다, 세존이시여. 최상승(最上乘)에 굳게 나아가는 중생들의 이익을 위하고, 최고로 수승한 승(最殊勝乘)에 굳게 나아가는 자들의 이익을 위해서 여래께서는 이런 법문을 설해주셨습니다."라고 했다.

이 역시 2장에서 말하는 '아뇩다라삼먁삼보리를 구하려는 마음을 낸 선남자 선여인을 위해서 설했다'는 의미이다.

[정리] 이 경은 불가사의하고 비교할 수가 없다

수보리야, 선남자 선여인이 아침에 갠지스 강의 모래알만큼 많은 몸을 보시하고, 낮에 또 갠지스 강의 모래알만큼 많은 몸을 보시하고, 저녁에도 갠지스 강의 모래알만큼 많은 몸을 보시하여, 이런 식으로 한량없는 백천만억 겁 동안 몸을 보시하더라도, 다른 어떤 사람이 이 경전을 듣고 신뢰하는 마음을 거스르지 않는다면, 이 복이 저 복보다 나을 것이다. 하물며 이 경을 받아 지녀서 베껴 쓰고 읽고 외우고 남에게 해설해 준다면 어떻겠느냐.

    수보리야, 요컨대 이 경에는 불가사의하고 헤아릴 수도 없는 끝없는 공덕이 있나니, 여래는 큰 가르침을 구하려는 자를 위해 설했고, 가장 뛰어난 가르침을 구하려는 자를 위해 설했다.

若有人能受持讀誦 廣爲人說 如來悉知是人 悉見是人 皆得成就不
약유인능수지독송 광위인설 여래실지시인 실견시인 개득성취불
可量 不可稱 無有邊 不可思議功德 如是人等 則爲荷擔如來阿耨多
가량 불가칭 무유변 불가사의공덕 여시인등 즉위하담여래아뇩다
羅三藐三菩提 何以故 須菩提 若樂小法者 著我見人見衆生見壽者見
라삼먁삼보리 하이고 수보리 약요소법자 착아견인견중생견수자견
則於此經 不能聽受讀誦 爲人解說 須菩提 在在處處 若有此經 一
즉어차경 불능청수독송 위인해설 수보리 재재처처 약유차경 일
切世間天人阿修羅 所應供養 當知此處 則爲是塔 皆應恭敬 作禮圍
체세간천인아수라 소응공양 당지차처 즉위시탑 개응공경 작례위
繞 以諸華香 而散其處
요 이제화향 이산기처

    어떤 사람들이 이 경을 받아 지녀서 읽고 외우고 널리 남에게 설해 준다면, 여래가 이들을 다 알고 다 보나니,[3] 모두 헤아릴 수 없고 가늠

할 수 없고 끝없고 불가사의한 공덕을 성취할 것이고,[4] 이런 사람들은 여래의 아뇩다라삼먁삼보리를 짊어질 것이다.[5] 왜 그런가? 수보리야, 작은 법을 좋아하는 사람들은 자아라는 견해, 인간이라는 견해, 중생이라는 견해, 목숨이라는 견해에 집착하여, 이 경을 듣고 받아 지니고 읽고 외워 남에게 해설해 주지 못하기 때문이다.[6]

수보리야, 어느 곳이든 이 경이 있는 곳곳마다 모든 세계의 천신과 인간과 아수라에게 공양 받을 것이다. 이곳이 탑이 되어 모두 공경하며 예배하고 주위를 돌면서 갖가지 꽃과 향을 그곳에 뿌릴 것임을 알아야 한다.[7]

[해설]

3) 산스끄리뜨어에는 "이 법문을 배우고 [마음에] 간직하고 독송하고 이해하고 남들에게 자세히 설명해주는 자들을 수보리야, 여래는 부처의 지혜로써 안다. 수보리야, 여래는 부처의 눈으로써 그들을 본다. 수보리야, 여래는 그들을 깨달아 [안다]"로 되어 있다.

이는 14장에서도 언급하고 있다.

14장 산스끄리뜨어에서는 "그런데 참으로 다시 수보리야, 선남자들이나 선여인들이 이 법문을 배우고 [마음에] 간직하고 독송하고 이해하고 남들에게 자세히 설명해 준다면, 수보리야, 여래는 부처의 지혜로써 그들을 안다. 수보리야, 여래는 부처의 눈으로써 그들을 본다. 수보리야 여래는 그들을 깨달아 [안다]."라고 했다.

4) 산스끄리뜨어에는 "그들 모든 중생들은 수보리야, 측량할 수 없고 한량없는 공덕의 무더기를 쌓고 얻게 될 것이다. 그들은 불가사의하고 비교할 수 없고 측량할 수 없고 한량없는 공덕의 무더기를 구족한 자들이 될 것이다"로 되어 있다.

구마라집, 보리류지, 진제, 의정은 앞의 구절은 생략했고, 급다는 '중생무량복취구족유당(衆生無量福聚具足有當)', 현장은 '여시유정일체당생무량복취(如是有情一切當生無量福聚)'로 옮겨 넣었다.

이 역시 14장에서 언급하고 있다.

14장 산스끄리뜨어에서는 "수보리야, 그들 모두는 측량할 수 없고 헤아릴 수 없는 공덕의 무더기를 쌓고 얻게 될 것이다."라고 했다.

5) 산스끄리뜨어에는 "수보리야, 이런 모든 중생들은 육신과 더불어 깨달음을 이룰 것이다"로 되어 있다.

즉 이는 "이 육신을 가지고 깨달음을 증득한다는 말이다. 초기경에 '열반을 [지금 여기에서] 현전(現前)시키는 것'이 부처가 설하시는 바라고 강조하고 있다. 이는 곧 바로 지금 여기서 실현하는 것을 말한다. 열반을 죽고 나서 얻어지는 그 무엇으로 잘못 이해해서는 곤란하다(각묵 스님, 275쪽 참고)."

그러나 구마라집, 보리류지는 '여시인등 즉위하담여래 아뇩다라삼먁삼보리(如是人等 卽爲荷擔如來 阿耨多羅三藐三菩提)', 급다는 '일체피

중생아견보리지당유(一切彼 衆生我肩菩提持當有)', 현장은 '여시일체유정 기견하담여래무상정등보리(如是一切有情 其肩荷擔如來無上正等菩提)', 의정은 '당지시인 즉위이견하부여래무상보리(當知是人 則爲以肩荷負如來無上菩提)'로 옮겼다.

모두 '여래의 아뇩다라삼먁삼보리를 어깨에 짊어진다'의 의미로 옮겼다.

특히 진제는 '여시등인 유아신분 즉능하부무상보리(如是等人 有我身分 則能荷負無上菩提)', 즉 "이 사람들은 자신의 몸을 나누는 일이 있다 해도 위없는 보리를 능히 짊어질 수 있을 것이다"로 다소 비장하게 옮겼다.

영어에서도 '아뇩다라삼먁삼보리를 어깨에 짊어진다(wear enlightenment upon their shoulders)'로 옮기고 있듯이 전체적인 문맥에 비춰보면 이렇게 해설하는 게 자연스러울 듯싶다.

즉 "여래의 아뇩다라삼먁삼보리를 어깨에 짊어진다"는 것은 '육신과 더불어 깨달음을 이룰' 뿐만 아니라 이 법을 다른 사람들에게 전하는 일을 능히 감당할 수 있으며 또한 법의 수레바퀴가 계속해서 굴러갈 수 있게 하여 이 법이 지속되게 한다는 뜻이라고 하겠다.

"《묘법연화경》에도 이와 비슷한 말이 있다. 붓다가 Bhaiṣhagya-rājā, 즉 약왕보살(藥王菩薩)에게 이렇게 말한다. '누군가 법화경을 독송하면, 그 사람은 붓다를 장엄하는 것이다. 그리고 그로 인해 그도 장엄이 된다는 것을 알아야 한다. 여래가 어깨에 짊어지고 있는 것을 그 사람이 짊어지고 있음을 알아야 한다. 그가 가는 곳마다 여래가 그렇듯이 칭송받게 되는 줄을 알아야 한다.' (Red Pine, p. 261)"

6) 산스끄리뜨어에는 "그것은 왜 그런가? 수보리야, 참으로 확신이 낮은 중생들은 이 법문을 들을 수가 없기 때문이다. 자아라는 견해를 가진 자들도 중생이라는 견해를 가진 자들도 영혼이라는 견해를 가진 자들도 개아라는 견해를 가진 자들도 [들을 수가 없기 때문이다]. 보살의 서원을 가지지 않은 중생들은 이 법문을 듣거나 배우거나 [마음에] 간직하거나 독송하거나 이해할 수가 없기 때문이다. 이런 경우란 있지 않기 때문이다"로 되어 있다.

'확신이 낮은 중생들은 이 법문을 들을 수가 없다'는 구마라집, 보리류지, 의정은 '약요소법자(若樂小法者)', 진제는 '여시경전 약하원요인(如是經典 若下願樂人 : 이 경전을 원하지 않고 좋아하지 않는 사람은)'으로 옮겨 '법문을 들을 수가 없다'는 생략하였고, 급다는 '불능 차법본소신해자중생문(不能 此法本小信解者衆生聞)', 현장은 '여시법문 비제하열신해유정소능청문(如是法門 非諸下劣信解有情所能聽聞)'으로 옮겼다.

이것이 바로 붓다가 깨달음을 얻은 후 오랫동안 법륜을 굴렸음에도 불구하고 중생들이 깨닫지 못하는 이유이다.

왜냐하면 이들은 자아라는 견해, 인간이라는 견해, 중생이라는 견해, 목숨이라는 견해에 집착하고 있기 때문에 이 법문을 들어도 이해할 수 없기 때문이다('견해'에 대한 해설은 31장을 참고하라).

'보살의 서원을 가지지 않은 중생들도'는 모든 한역에서는 생략했다.

'이런 경우란 있지 않기 때문이다'는 구마라집은 생략했고, 보리류지, 진제, 현장, 의정은 '무유시처(無有是處)', 급다는 '무시처유(無是處有)'로 옮겨 넣었다.

7) 산스끄리뜨어에는 "그러나 참으로 다시 수보리야, 어떠한 지방에서건 이 경이 설해진다면 그 지방은 천, 인, 아수라를 포함한 [모든] 세계의 공양을 받아 마땅하고, 예배 받아 마땅할 것이다. 그 지방은 오른쪽에 모시고 도는 [예경]을 받아 마땅한 곳이 될 것이다. 그 지방은 탑묘처럼 여겨질 것이다"로 되어 있다.

'공양'은 산스끄리뜨어로 뿌자(pūjā, 빠알리어 pūjyā)이다. 원뜻은 '공경하다, 존경하다, 예배하다'의 의미이다.

이는 12장을 참고하라.

12장에서는 "이 경의 네 구절만이라도 설하는 곳이 어느 곳이든, 모든 세계의 천신과 인간과 아수라가 다 부처의 탑묘(塔廟)에 하듯이 이곳에 공양할 것이다."라고 했다.

[정리] 여래의 아뇩다라삼먁삼보리를 짊어질 것이다

어떤 사람들이 이 경을 받아 지녀서 읽고 외우고 널리 남에게 설해 준다면, 여래가 이들을 다 알고 다 보나니, 모두 헤아릴 수 없고 가늠할 수 없고 끝없고 불가사의한 공덕을 성취할 것이다. 이런 사람들은 여래의 아뇩다라삼먁삼보리를 짊어질 것이다. 왜 그런가? 수보리야,

작은 법을 좋아하는 사람들은 자아라는 견해, 인간이라는 견해, 중생이라는 견해, 목숨이라는 견해에 집착하여, 이 경을 듣고 받아 지니고 읽고 외워 남에게 해설해 주지 못하기 때문이다.

 수보리야, 어느 곳이든 이 경이 있는 곳곳마다 모든 세계의 천신과 인간과 아수라에게 공양 받을 것이다. 이곳이 탑이 되어 모두 공경하며 예배하고 주위를 돌면서 갖가지 꽃과 향을 그곳에 뿌릴 것임을 알아야 한다.

16 이 경은 뜻도, 과보도 헤아릴 수 없다

能淨業障分
능정업장분

復次須菩提 善男子善女人 受持讀誦此經 若爲人輕賤 是人先世罪
부차수보리 선남자선여인 수지독송차경 약위인경천 시인선세죄
業 應墮惡道 以今世人輕賤故 先世罪業 則爲消滅 當得阿耨多羅三
업 응타악도 이금세인경천고 선세죄업 즉위소멸 당득아뇩다라삼
藐三菩提 須菩提 我念過去無量阿僧祇劫 於然燈佛前 得值八百四
먁삼보리 수보리 아념과거무량아승기겁 어연등불전 득치팔백사
千萬億那由他諸佛 悉皆供養承事 無空過者 若復有人 於後末世 能
천만억나유타제불 실개공양승사 무공과자 약부유인 어후말세 능
受持讀誦此經 所得功德 於我所供養諸佛功德 百分不及一 千萬億分
수지독송차경 소득공덕 어아소공양제불공덕 백분불급일 천만억분
乃至算數譬喩 所不能及 須菩提 若善男子善女人 於後末世 有受持
내지산수비유 소불능급 수보리 약선남자선여인 어후말세 유수지
讀誦此經 所得功德 我若具說者 或有人聞 心則狂亂 狐疑不信 須
독송차경 소득공덕 아약구설자 혹유인문 심즉광란 호의불신 수

독송차경 소득공덕 아약구설자 혹유인문 심즉광란 호의불신 수
菩提 當知是經 義不可思議 果報亦不可思議
보리 당지시경 의불가사의 과보역불가사의

능히 업장을 깨끗하게 하다

그런데 수보리야, 선남자 선여인이 이 경을 받아 지녀서 읽고 외우는데도 남에게 경멸과 천대를 받는다면, 이 사람은 전생의 죄업으로 악도(惡道)에 떨어져야겠지만 금생에 남에게 경멸과 천대를 받는 것으로 전생의 죄업이 바로 소멸되어 아뇩다라삼먁삼보리를 얻을 것이다.[1]

수보리야, 내가 한량없는 아승기겁(阿僧祇劫)의 과거를 생각해 보면, 연등불을 뵙기 전에도 8백4천만억 나유타(那由他)의 많은 부처를 만났는데, 그냥 지나친 적 없이 모두에게 공양하고 받들어 섬겼다.[2]

그런데 훗날 말세에 어떤 사람이 이 경을 받아 지니고 읽고 외워서 얻을 공덕은, 내가 그 많은 부처에게 공양한 공덕으로는 백 분의 일에도 미치지 못하고 천만억 분의 일에도 미치지 못하며, 어떤 계산이나 비유로도 미칠 수 없다.[3]

수보리야, 훗날 말세에 선남자 선여인이 이 경을 받아 지니고 읽고 외워서 얻을 공덕을 내가 일일이 다 말한다면, 혹 어떤 사람은 그 말을

듣고서 마음이 몹시 혼란스러워 의심하고 신뢰하지 않을 것이다.[4]

수보리야, 이 경은 뜻도 불가사의하고, 과보 또한 불가사의하다는 것을 알아야 한다."[5]

[해설]

1) 산스끄리뜨어에는 "그런데 수보리야, 그들 선여인이나 선남자들이 이런 형태의 경전들을 배우고 [마음에] 간직하고 독송하고 이해하고 근원적으로 마음에 새겨 깊이 사유하고 남들에게 자세하게 설명하여 주더라도, [오히려] 그들은 수모를 당하게 되고 아주 심한 모욕을 받게 될지도 모른다.

그것은 왜 그런가? 수보리야, 그들 중생들은 전생에서 지은 나쁜 업들로 악도에 떨어져야 하겠지만, 현금(現今)에서 그런 모욕을 받음으로 해서 전생에 지은 나쁜 업들이 소멸되고 부처님의 깨달음을 증득하게 될 것이기 때문이다"로 되어 있다.

'업(業)'은 산스끄리뜨어로 까르마(karma, 빨리어 kamma)이다. 이는 kṛ('하다, 만들다, 창조하다'의 뜻)에서 파생된 명사로 '행위'를 뜻한다.

"한 가지 중요한 사실은 업에 대한 과보는 물론 의지적 행위, 즉 의도가 있어야 한다. 고의성이 없는 행위까지 과보로 이어지고 있다고 말하는 것은 아니다(《중아함경》, 〈사경思經〉)."

그래서 업은 '의도적인 행위'를 뜻한다. 그리고 이와 같은 업은 우리의 '생각과 말과 행동'으로부터 비롯된다. 즉 이것이 신구의(身口意) 3업(三業)이다. 우리가 죽으면 우리가 지은 업만 따라갈 뿐이다.

"올 때 한 물건도 가져오지 않았고 갈 때 또한 빈손으로 간다. 아무리 많아도 아무것도 가져가지 못하고 오직 지은 업만 따라갈 뿐이다. ―자경문(自警文)"

인생은 운이 좋아서 좋은 일이 있고, 운이 나빠서 나쁜 일이 일어나는 것이 아니다. 그 운이라는 것이 사실은 우리가 지은 업으로 인해 생긴 것이다. 우리가 운이라고 여기는 좋은 일은 선업을 많이 지었기 때문이고, 나쁜 일은 악업을 많이 지었기 때문이다.

그러나 꼭 명심해야 할 것이 있다. 미래는 정해져 있는 것이 아니다. 미래는 결정되어 있는 것이 아니라 또한 지금 계속해서 만들어 가고 있는 중이다. 선업을 지으면 선과(善果)를 거두고, 악업을 지으면 악과(惡果)를 거두기 때문이다. 우리는 살면서 언제든, 지금 이 순간에도 선업을 지으면, '나쁜 업(惡業)'을 '좋은 업(善業)'으로 지워버릴 수 있다. 그러나 지금 이 순간 악업을 짓고 있다면, 앞으로 그 과보를 받게 된다.

따라서 지금 행복하다고 내일 행복하리라는 보장이 없고, 지금은 불행하지만 내일은 행복할 수 있는 것이다.

지혜의 완성이라는 것도 탐, 진, 치, 즉 탐욕과 성냄과 어리석음에서 벗어나 궁극적으로 업을 소멸하는 것이다. 우리는 업을 소멸시키고, 깨달음에 이르는 여정에 있다.

'악도(惡道)'는 산스끄리뜨어 apāya이다. 특히 지옥, 아귀, 축생을 삼악도(三惡道)라고 한다.

지독히 괴로워 견딜 수 없는 곳을 알고자 한다면, 그것이 지옥이다. 아귀들의 가장 큰 고통은 배고픔이다. 아귀는 배와 위는 아주 크지만 목구멍은 대단히 가늘고 작다고 한다. 축생은 먹이사슬의 큰 고통을 받으며 여타 다른 중생의 쓰임에 이용된다.

'보리'는 산스끄리뜨어 bodhi이다. 보리는 그 음역이고, '깨달음'의 뜻이다. 구마라집, 보리류지, 진제는 '아뇩다라삼먁삼보리(阿耨多羅三藐三菩提)', 급다, 의정은 '보리(菩提)', 현장은 '무상정등보리(無上正等菩提)'로 옮겼다.

이것이 붓다의 가르침, 즉 불법의 힘이다.

"업이라는 장애나 구속을 초월하여 업마저도 깨달음의 방편으로 바꿔버릴 수 있기 때문이다. 업으로 인해 받아야 할 경멸과 천대를 참아내는 것은 인욕을 실천한다는 의미이고, 이 경을 수지독송하며 남을 위해 설해준다면 석가모니가 아승기겁(阿僧祇劫) 동안 수많은 부처에게 공양을 드렸던 삶을 생략하고도 깨달음을 얻을 수 있다는 것이다. 우리가 수박의 씨앗을 뿌리면, 수박의 열매를 얻게 된다. 만약 우리가 이 상상할 수도 없는 가르침을 경작한다면, 그 수확을 상상할 수 있겠는가?(Red Pine, pp.268~269 참고)"

2) 산스끄리뜨어에는 "그것은 왜 그런가? 수보리야, 나는 분명하게

아나니, 과거세에 셀 수 없고 [도저히] 더 셀 수 없는 그런 겁들 이전에, 연등 여래 아라한 정등각의 이전 더욱 더 이전에 팔만사천 백천만억 나유타의 부처님들이 계셨나니, 나는 그 불세존들을 편히 모셨고 편히 모셨기에 그분들도 불편함이 없으셨다"로 되어 있다.

'분명히 아나니'는 산스끄리뜨어로 abhijānāmi 이다. 여기서도 구마라집, 보리류지는 '념(念)', 급다는 '념지(念知)', 진제, 현장, 의정은 '억(憶)'으로 옮겼다(이는 14장을 참고하라).

'셀 수 없고 [도저히] 더 셀 수 없는'는 산스끄리뜨어로 asaṃkhya이다. 아승기(阿僧祇)는 그 음역이고, 헤아릴 수 없이 많은 수를 나타낸다.

'겁(劫)'은 산스끄리뜨어로 kalpa이다. 겁은 그 음역이고, 지극히 긴 시간을 뜻한다.

'연등(然燈)'은 산스끄리뜨어로 Dīpaṅkara이다. dīpa는 '등불'이고, Dīpaṅkara는 '등불을 켠다'는 뜻이다. 연등불은 과거불의 한 분으로 석가모니(《본생경jātaka》에 의하면 그때의 이름은 '수메다Sumedha'이다)에게 수기를 내린 부처로 알려져 있다.

즉 "어느 날 연등불이 오신다는 소식을 듣고는 길가에서 기다리다가 7송이의 연꽃을 부처에게 공양하였고, 연등불은 미소로써 이를 받으시고는 '너는 미래세에 부처가 되어 석가모니라 불릴 것이다'라는 수기를 주셨다고 한다. 혹은 연등불이 오신다는 말을 듣고는 공양물을 준비하지 못해 발에 진흙이 묻지 않도록 스스로 진흙길에 몸을 엎드려 밟고 지나가시게 하여 수기를 받았다고도 한다."

이 경의 16장에서도 연등불의 수기가 나온다.

'나유타(那由他)'는 산스끄리뜨어로 니유따(niyuta 혹은 nayuta)이다. 나유타는 그 음역이고, 큰 수를 나타내는 말이다. 《구사론(俱舍論)》 권12에 의하면 10^{11}이라고 한다.

'편히 모셨고 편히 모셨기에 그분들도 불편함이 없으셨다'는 보리류지는 '아개친승공양 무공과자(我皆親承供養 無空過者)', 진제는 '아개승사공양공경 무공과자(我皆承事供養恭敬 無空過者)', 급다는 '약아친승공양 친승공양이불원리(若我親承供養 親承供養已不遠離)', 현장은 '아개승사 개승사이 개무위범(我皆承事 旣承事已 皆無違犯)', 의정은 '실개공양승사 무위배자(悉皆供養承事 無違背者)'로 모두 의역했다.

이를 구마라집은 '실개공양승사 무공과자(悉皆供養承事 無空過者)'로 의역했다. 여기서 '공(空)'은 śūnyatā(emptiness)가 아니라 '헛되이'의 의미로, '무공과(無空過)'는 '헛되이 보내지 안했다'의 의미가 담겨있다.

이 문장 다음에 또 반복해서 산스끄리뜨어에는 "수보리야, 다시 나는 그 불세존들을 편히 모셨고 편히 모셨기에 그분들도 불편함이 없으셨다"가 들어 있다.

구마라집, 진제, 의정은 생략했고, 보리류지, 급다, 현장은 이를 옮겨 넣었다.

이는 자신의 경험담을 이야기하면서까지 보시를 하더라도 이보다 "이 경은 뜻도 불가사의하고, 과보도 불가사의하다"는 것을 강렬하게 선남자 선여인에게 일깨워 주고 있는 것이다.

3) 산스끄리뜨어에는 "그리고 다음 시기 다음 시간의 다음 오백세에 정법이 쇠퇴할 시기가 되었을 때 이런 경전의 말씀들을 배우고 [마음에] 간직하고 독송하고 이해하고 남들에게 자세히 설명해준다면, 참으로 다시 수보리야, 이 공덕의 무더기에 비하면 저 앞의 공덕의 무더기는 백분의 일에도 미치지 못하고 천분의 일에도 미치지 못하고 십만분의 일에도 미치지 못하고 억분의 일에도 백억분의 일에도 십조분의 일에도 백천억조분의 일에도 숫자나 계산이나 산수로도 비유로도 유비(類比 : 비교)로도 나아가서는 상사(相似 : 비슷함)로도 미치지 못한다"로 되어 있다.

이와 유사한 구절은 6장과 14장을 참고하라.

6장에서는 "그런 말 하지 마라. 여래가 입멸한 후 500년 뒤에도 계(戒)를 지키고 복을 짓는 자가 있어, 이 말에 신뢰하는 마음을 내고 이것을 참되다고 여길 것이다.…수보리야, 여래는 이 중생들이 한량없는 복덕을 받을 줄 다 알고 다 본다."라고 했다.

14장에서는 "그러나 미래의 500년 뒤에도 어떤 중생이 이 경을 듣고서 신뢰하고 이해하고 마음에 새긴다면, 그 사람은 제일 귀할 것입니다."라고 했다.

이처럼 붓다가 자신의 경험담을 이야기하는 것에는 또 하나의 숨은 뜻이 있다.

"이는 우리에게 엄청난 용기를 주고 있는 것이다. 이 가르침을 듣고 있는 제자들과 선남자 선여인 역시 앞으로 붓다처럼 다른 사람들에게 이 법을 가르쳐야 할 책임이 있으며, 그로 인해 고통을 받을 수도 있다. 또한 수메다의 경우보다도 말세에는 더 어려운 조건 속에서도 보시나 법을 설해주는 일을 실천해야 하는 경우도 생길 수 있다. 그러나 이것이 수메다 자신의 경우보다 공덕이 더 크다고 말해주고 있는 것이다(Red Pine, p.277 참고).”

4) 산스끄리뜨어에는 "만일 다시 수보리야, 내가 그 선남자나 선여인들이 그때에 쌓고 얻게 될 그들의 공덕의 무더기를 모두 말한다면 중생들은 미치거나 마음이 광란하게 될 것이다"로 되어 있다.

석가모니가 붓다가 되기 전에 한량없는 부처들을 공양하고 받들어 섬긴 공덕으로도 백분의 일에도 미치지 못하고 천만억분의 일에도 미치지 못하며, 어떤 계산이나 비유로도 미칠 수 없을 정도이니, 그 공덕을 일일이 설명한다면 '어떤 중생들'은 이 말을 듣고서 놀라 미치거나 마음이 광란하게 될 것이다.

'어떤 중생들'을 '약요소법자(若樂小法者)', 즉 '작은 법을 쫓거나 확신이 낮은 중생들'이라고 가정한다면, 그들은 그 공덕에 놀라 미친 듯이 어지럽게 날뛸 수 있을 것이다. 또 마음이 혼란스러워 의심하고 신뢰하지 않을 수 있을 것이다.

마치 우물 안의 개구리에게 광대무변한 우주를 이야기하는 것과 같기 때문이다.

"붓다가 우리에게 말한 것 가운데 우리가 상상할 수 없고 묘사할 수 없는 네 가지가 있다. 즉 선정의 상태, 업의 인과, 우주의 기원, 부처가 공덕으로 얻은 몸(法身)이 바로 그것이다. ―《증일아함경(Ekottarika agama)》(Red Pine, p.278)."

구마라집은 '심즉광란 호의불신(心則狂亂 狐疑不信)', 보리류지, 의정은 '심즉광란 의혹불신(心則狂亂 疑惑不信)', 진제는 '혹심미란 급이전광(或心迷亂 及以顚狂)', 급다는 '광중생순도 심란도(狂衆生順到 心亂到)', 현장은 '즉변미민 심혹광란(則便迷悶 心或狂亂)'으로 옮겼다.

5) 산스끄리뜨어에는 "수보리야, 참으로 이 법문은 불가사의하다고 여래는 설하였지만 이 과보도 또한 불가사의하다고 기대해도 좋다"로 되어 있다.

'법문도 불가사의하지만, 이 법문의 과보 또한 불가사의'하기 때문에 '어떤 중생들'은 이 말을 듣고서는 마음이 미치고 돌아버릴 것이다. 또 '어떤 중생들'은 의심하고 '옳다 그르다' 하며 논쟁을 불러일으킬 수 있을 것이다. 그래서 그 공덕을 완전히 설명하지 않지만, 기대해도 좋을 것이라고 말하고 있는 것이다.

현장은 '기대하다'의 의미를 살려 '응당희기(應當希冀)', 의정은 '응당희망(應當希望)'으로 원문 대로 옮겨 넣었다.

[정리] 이 경은 뜻도, 과보도 헤아릴 수 없다

그런데 수보리야, 선남자 선여인이 이 경을 받아 지녀서 읽고 외우는데도 남에게 경멸과 천대를 받는다면, 이 사람은 전생의 죄업으로 악도(惡道)에 떨어져야겠지만 금생에 남에게 경멸과 천대를 받는 것으로 전생의 죄업이 바로 소멸되어 아뇩다라삼먁삼보리를 얻을 것이다.

수보리야, 내가 한량없는 아승기겁(阿僧祇劫)의 과거를 기억해 보니, 연등불을 뵙기 전에도 8백4천만억 나유타(那由他)의 많은 부처를 만났는데, 그냥 지나친 적 없이 모두에게 공양하고 받들어 섬겼다.

그런데 훗날 말세에 어떤 사람이 이 경을 받아 지니고 읽고 외우고 남들에게 자세히 설명해준다면, 이 공덕은 내가 그 많은 부처에게 공양한 공덕으로는 백 분의 일에도 미치지 못하고 천만억 분의 일에도 미치지 못하며, 어떤 계산이나 비유로도 미칠 수 없다.

수보리야, 훗날 말세에 선남자 선여인이 이 경을 받아 지니고 읽고 외워서 얻을 공덕을 내가 일일이 다 말한다면, 혹 어떤 사람은 그 말을 듣고서 마음이 몹시 혼란스러워 의심하고 신뢰하지 않을 것이다.

수보리야, 이 경은 뜻도 헤아릴 수 없고, 과보 또한 헤아릴 수 없다는 것을 알아야 한다."

17 무아법을 통달하면 참된 보살이라 한다

究境無我分
구경무아분

爾時 須菩提白佛言 世尊 善男子善女人 發阿耨多羅三藐三菩提心
이시 수보리백불언 세존 선남자선여인 발아뇩다라삼먁삼보리심
云何應住 云何降伏其心 佛告須菩提 善男子善女人 發阿耨多羅
운하응주 운하항복기심 불고수보리 선남자선여인 발아뇩다라
三藐三菩提者 當生如是心 我應滅度一切衆生 滅度一切衆生已 而
삼먁삼보리자 당생여시심 아응멸도일체중생 멸도일체중생이 이
無有一衆生 實滅度者 何而故 須菩提 若菩薩 有我相人相衆生相壽
무유일중생 실멸도자 하이고 수보리 약보살 유아상인상중생상수
者相 則非菩薩 所以者何 須菩提 實無有法 發阿耨多羅三藐三菩提者
자상 즉비보살 소이자하 수보리 실무유법 발아뇩다라삼먁삼보리자

궁극의 경지에는 나가 없다

그때 수보리가 붓다에게 여쭈었다.

"세존이시여, 아뇩다라삼먁삼보리를 구하려는 마음을 낸 선남자 선여인은 어떻게 살아야 하고 어떻게 그 마음을 다스려야 합니까?" [1]

붓다께서 수보리에게 말씀하셨다.

"아뇩다라삼먁삼보리를 구하려는 선남자 선여인은 이런 마음을 내야 한다.

'나는 모든 중생을 멸도(滅度)에 이르게 하겠다. 그러나 모든 중생을 멸도에 이르게 했어도 실은 멸도에 이른 중생은 하나도 없다.' [2]

왜 그런가? 수보리야, 보살에게 자아라는 생각, 인간이라는 생각, 중생이라는 생각, 목숨이라는 생각이 있으면 보살이 아니기 때문이다. [3]

왜냐하면 수보리야, 아뇩다라삼먁삼보리를 구하려고 할 그 어떤 법도 실은 없기 때문이다. [4]

[해설]

1) 산스끄리뜨어에는 "세존이시여, 보살승에 굳게 나아가는 자는 어떻게 머물러야 하고, 어떻게 수행해야 하고, 어떻게 마음을 항복받

아야 합니까?"로 되어 있다.

    이 17장은 이 경에서 두 번째로 긴 장이다. 그리고 이것이 수보리가 네 번째로 질문한 것이다. 이는 2장에서 했던 첫 번째 질문을 똑같이 다시 하고 있다.

    구마라집은 '응운하주(應云何住)' 대신에 여기서는 '운하응주(云何應住)'로 옮겼다.

    그러나 이는 단순한 반복이 아니다. 왜냐하면 이는 수보리가 보살에 대한 붓다의 가르침을 이제 이해하고 다시 묻고 있기 때문이다.

    즉 2장에서는 수보리가 보살의 길을 떠날 준비가 되지 않은 상태에서 물었다면, 이는 보살의 길을 떠날 준비가 된 상태에서 묻고 있는 것이다.

    그래서 2장에서의 붓다의 가르침은 수보리에게 길을 떠나기 전에 목적지까지 잘 갈 수 있도록 지도를 보여주는 것과 같았다.

    예컨대 "우리가 여행을 할 때 지도를 보고 길을 완전히 파악하고 나서 출발하면, 도중에 길을 잃거나 포기하지 않고 목적지에 이를 때까지 갈 수 있다. 그러나 이를 완전히 이해하고 나서야 길을 나서게 된다. 즉 여행의 출발은 이해에 달려 있다. 그래서 2장에서의 수보리의 질문에 대한 붓다의 가르침은 수보리가 길을 떠나기 전에 목적지까지 잘 갈 수 있도록 지도를 보여주는 것과 같았다. 그러나 이 장에서는 이제 여행을 떠나기로 할 때 어떤 마음가짐을 해야 하는 지를 묻고 있다. 묻는 말은 똑 같지만, 그 의미는 사뭇 다르다. ─도원(道源, 1900-

1988, 대만의 승려)(Red Pine, p.287)"

그 결과 붓다의 한층 더 깊은 법문이 설해지고, 한편 연등불 처소에서 수기를 받은 자신의 경험담을 이야기하게 된다.

2) 산스끄리뜨어에는 "수보리야, 여기 [이 세상에서] 보살승에 굳게 나아가는 자는 이렇게 마음을 내어야 한다. '나는 일체 중생들을 무여열반의 경지로 완전히 열반에 들게 하리라. [그러나] 이렇게 셀 수 없이 많은 중생들을 완전히 열반에 들게 했다 하더라도 어떤 중생도 열반에 든 자는 없다'"로 되어 있다.

이는 3장에서 언급한 구절과 비슷하다.

3장에서는 "온갖 부류의 일체 중생을 내가 다 무여열반에 들게 해서 멸도에 이르게 하겠다. 그러나 이렇게 한량없고 셀 수 없고 끝없는 중생을 멸도에 이르게 했다 하더라도 실은 멸도에 이른 중생은 없다."라고 했다.

3) 산스끄리뜨어에는 "그것은 왜 그런가? 만일 수보리야, 보살에게 중생이라는 생각이 생긴다면 그는 보살이라고 말할 수 없기 때문이다. 영혼이라는 생각이나 나아가서 개아라는 생각이 생긴다면 보살이라고 말할 수 없기 때문이다"로 되어 있다.

이는 3장에서 언급한 구절과 같다.

4) 산스끄리뜨어에는 "그것은 왜 그런가? 수보리야, 보살승에 굳게 나아가는 자라 이름할 그 어떤 법도 없기 때문이다"로 되어 있다.

보리류지는 '실무유법 명위보살발아뇩다라삼먁삼보리심자(實無

有法 名爲菩薩發阿耨多羅三藐三菩提心者)', 진제는 '실무유법 명위능행보살상승(實無有法 名爲能行菩薩上乘)', 급다는 '무유일법 보살승발행명(無有一法 菩薩乘發行名)', 현장은 '무유소법 명위발취보살승자(無有小法 名爲發趣菩薩乘者)', 의정은 '실무유법 가명발취보살승자(實無有法 可名發趣菩薩乘者)'로 옮겼다.

   이를 구마라집은 '실무유법 발아뇩다라삼먁삼보리자(實無有法 發阿耨多羅三藐三菩提者)'로 옮겼다.

   이는 3장에는 나오지 않는 구절이다. 자아라는 생각, 인간이라는 생각, 중생이라는 생각, 목숨이라는 생각뿐만 아니라, 법이라는 생각도 내지 말아야 한다는 것이다.

   즉 "3장에서는 구제할 중생도 없다고 했지만, 여기서는 이와 더불어 중생을 구제할 법도 없다는 것이다. 왜냐하면 깨달음은 모든 것이 공하다는 의미이다. 그런데 어떻게 깨달음을 얻게 할 어떤 법이 따로 있을 수 있겠는가? 이와 같이 모든 생각이 공할 때, 깨달음이 나타난다. 깨달음을 얻게 할 그 어떤 법이 바깥에 따로 있는 것이 아니다(Red Pine, pp. 290~291)"라는 뜻이다.

[정리] 아뇩다라삼먁삼보리라 할 그 어떤 법도 없다

   그때 수보리가 붓다에게 여쭈었다.

"세존이시여, 아뇩다라삼먁삼보리를 구하려는 마음을 낸 선남자 선여인은 어떻게 살아야 하고 어떻게 마음을 다스려야 합니까?"

붓다께서 수보리에게 말씀하셨다.

"아뇩다라삼먁삼보리를 구하려는 선남자 선여인은 이런 마음을 내야 한다.

'나는 모든 중생을 멸도(滅度)에 이르게 하겠다. 그러나 모든 중생을 멸도에 이르게 했어도 실은 멸도에 이른 중생은 하나도 없다.'

왜 그런가? 수보리야, 보살에게 자아라는 생각, 인간이라는 생각, 중생이라는 생각, 목숨이라는 생각이 있으면 보살이 아니기 때문이다.

왜냐하면 수보리야, 아뇩다라삼먁삼보리를 구하려고 할 그 어떤 법도 실은 없기 때문이다.

須菩提 於意云何 如來於然燈佛所 有法得阿耨多羅三藐三菩提不
수보리 어의운하 여래어연등불소 유법득아뇩다라삼먁삼보리부
不也 世尊 如我解佛所說義 佛於然燈佛所 無有法 得阿耨多羅三藐
불야 세존 여아해불소설의 불어연등불소 무유법 득아뇩다라삼먁
三菩提 佛言 如是如是 須菩提 實無有法 如來得我耨多羅三藐三菩提
삼보리 불언 여시여시 수보리 실무유법 여래득아뇩다라삼먁삼보리
須菩提 若有法 如來得阿耨多羅三藐三菩提者 然燈佛 則不與我受
수보리 약유법 여래득아뇩다라삼먁삼보리자 연등불 즉불여아수
記 汝於來世 當得作佛 號釋迦牟尼 以實無有法 得阿耨多羅三藐三

기 여어내세 당득작불 호석가모니 이실무유법 득아뇩다라삼먁삼
菩提 是故然燈佛 與我受記 作是言 汝於來世 當得作佛 號釋迦牟
보리 시고연등불 여아수기 작시언 여어내세 당득작불 호석가모
尼 何以故 如來者 卽諸法如義
니 하이고 여래자 즉제법여의

수보리야, 어떻게 생각하느냐? 여래가 연등불(然燈佛) 처소에서 아뇩다라삼먁삼보리를 얻은 그 어떤 법이 있느냐?"[5]

"아닙니다, 세존이시여. 제가 붓다께서 설하신 뜻을 이해하기로는 붓다께서 연등불 처소에서 아뇩다라삼먁삼보리를 얻은 그 어떤 법도 없습니다."[6]

붓다께서 말씀하셨다.

"그렇다, 그렇다. 수보리야, 여래가 아뇩다라삼먁삼보리를 얻은 그 어떤 법도 실은 없다.[7]

수보리야, 만약 여래가 아뇩다라삼먁삼보리를 얻은 그 어떤 법이 있었다면, 연등불께서 나에게 '너는 내세에 부처가 되어 석가모니라고 불릴 것이다'라고 수기하시지 않았을 것이다. 실은 아뇩다라삼먁삼보리를 얻은 그 어떤 법이 없기 때문에 연등불께서 나에게 수기하시면서 '너는 내세에 부처가 되어 석가모니라고 불릴 것이다'라고 하셨다.[8] 왜냐하면 여래란 있는 그대로의 참모습을 뜻하기 때문이다.[9]

[해설]

5) 산스끄리뜨어에는 "수보리야, 이것을 어떻게 생각하느냐? 여래가 연등 여래의 곁에서 무상정등각을 철저히 깨달았다 할 그 어떤 법이 있는가?"로 되어 있다.

이는 10장을 참고하라.

10장에서는 "어떻게 생각하느냐? 여래가 옛적에 연등불(然燈佛) 처소에서 얻은 그 어떤 법이 있느냐?"라고 했다.

수메다는 연등불 처소에서 '태어남이 없는' 법을 알았다. 그리하여 마지막 보살의 길에 다다랐다. 훗날 그로 인해 석가모니는 보리수 아래에서 깨달음을 이루었다. 그러나 무엇을 깨달았다고 할 게 없다는 것이다.

온갖 사물이나 현상뿐만 아니라, 감각, 감수, 마음, 다양한 심리적 기능과 상태, 공간, 열반 등 시공간과 개념의 차원을 포함하여 공 아닌 것이 없기 때문이다.

6) 산스끄리뜨어에는 "세존이시여, 제가 세존께서 말씀하신 것을 깊이 아는 바로는 여래께서 연등 여래 아라한 정등각의 곁에서 무상정등각을 철저히 깨달았다 할 그 어떤 법도 없습니다"로 되어 있다.

이 역시 10장을 참고하라.

10장에서는 "세존이시여, 여래께서 연등불 곁에서 얻은 그 어떤 법도 실은 없습니다."라고 했다.

7) 산스끄리뜨어에는 "참으로 그러하다, 수보리야. 참으로 그러하다. 여래가 연등 아라한 정등각의 곁에서 무상정등각을 철저히 깨달았다 할 그 어떤 법이란 없다"로 되어 있다.

그러나 아뇩다라삼먁삼보리를 깨달았다 할 그 어떤 법이 있다고 생각한다면, 그 순간 아상, 인상, 중생상, 수자상에 빠지는 것이다.

8) 산스끄리뜨어에는 "만일 여래가 철저히 깨달았다 할 그 어떤 법이 있었다면 연등 여래가 나를 '젊은이여, 그대는 미래세에 석가모니라 이름하는 여래 아라한 정등각이 될 것이다'라고 인정하지 않았을 것이다. 참으로 수보리야, 여래가 연등 여래 아라한 정등각의 곁에서 무상정등각을 철저히 깨달았다 할 그 어떤 법이란 없기 때문에 연등 여래가 나를 인정하기를 '젊은이여, 그대는 미래세에 석가모니라 이름하는 여래 아라한 정등각이 될 것이다'라고 한 것이다"로 되어 있다.

'젊은이여'는 산스끄리뜨어로 māṇava 이다. 바라문 계급의 '젊은 사람'을 뜻한다. 구마라집은 '여(汝)', 보리류지는 '마나바(摩那婆)'로 음역했고, 진제는 '바라문(婆羅門)', 현장, 의정은 '마납바(摩納婆)'로 음역했다.

'석가모니'는 산스끄리뜨어로 Śākyamuni 이다. '샤카족의 성자'라는 뜻이다.

이는 석가모니가 깨달았다 할 그 어떤 법이 있고, 그 법에 집착했다면 연등불이 수기를 내리지 않았을 것이라는 의미이다.

석가모니가 자아라는 생각, 인간이라는 생각, 중생이라는 생각, 목숨이라는 생각, 법이라는 생각, 법이 아니라는 생각을 여의였기 때문에 수기를 내린 것이다.

연등불이 수메다를 만났을 때 "연등불은 보지 않고도 보았던 것이고, 수메다는 깨닫지 않고도 깨달았던 것이다(Red Pine, p.297)"

9) 산스끄리뜨어에는 "그것은 왜 그런가? 수보리야, 여래라 하는 것은 '참되고 그러함'의 다른 이름이기 때문이다"로 되어 있다.

'참되고 그러함'은 산스끄리뜨어로 bhūta-tathatā 이다. '진여(眞如)'의 뜻이다.

"bhūta는 기본적으로는 '존재하는 것, 생긴 것'의 의미인데, '존재하는 것, 생긴 것' 그대로의 모습이 '진실이고, 사실이다'의 의미이다(각묵 스님, 118쪽 참고)."

여래라고 일컫는 tathāgata를 thāta(thus, 如)+āgata(come, 來)로 보면 여래(如來)라는 뜻이 되고, thāta+gata(go, 去)로 보면 여거(如去)의 뜻이 된다. 그 의미는 상황에 달려 있다. 즉 윤회에서 벗어나 열반에 듦으로 보면 여거이고, 중생을 가르치기 위해 세상에 옴으로 보면 여래이다.

그러나 여래는 어디로 간 것도 아니고 어디로 온 것도 아니다. 여래는 참되고 그러함에 머물러 있다(A tathagata remains bhūta-tathatā).

이를 문자적으로 해석하면, tathāgata라는 문자는 '來'와 '去'를 동시에 함께 지니고 있다. 즉 '오고 감'을 떠나 항상 여여(如如, tathāta, suchness)하다는 의미를 내포하고 있는 것이다.

이 경 29장에서 말하듯이 "수보리야, 어떤 사람이 '여래는 오기도 하고 가기도 하고 앉기도 하고 눕기도 한다'고 한다면, 이 사람은 내가 말한 뜻을 이해하지 못한 것이다. 왜냐하면 여래란 온 일도 없고 간 일도 없기 때문이다. 그래서 여래라고 한다."

모든 것은 자아가 없고 생겨남이 없고 멸함이 없다. 그런데 어떻게 오고 감이 있겠는가?

보리류지는 '언여래자 즉실진여(言如來者 即實眞如)', 진제는 '여래자 진여별명(如來者 眞如別名)', 급다는 '여래자 진여(如來者 眞如)', 현장은 '언여래자 즉시진실진여증어(言如來者 即是眞實眞如增語)', 의정은 '언여래자 즉시실성진여지리명야(言如來者 即是實性眞如之異名也)'로 옮겼다.

즉 모두 "여래란 진여의 다른 이름이기 때문이다"의 의미로 옮겼다.

이를 구마라집은 '여래자 즉제법여의(如來者 即諸法如義)'로 조금 난해하게 옮겼다.

이를 직역하면, '여래란 곧 모든 법이 진여(眞如)라는 뜻이다.' 이를 의역하면, '여래란 있는 그대로의 참모습의 다른 이름이다(Tathagata is another name for what is truly real)'의 뜻으로 볼 수 있겠다.

이어서 산스끄리뜨어에는 "수보리야, 여래라 하는 것은 '생겨남이 없음'의 다른 이름이기 때문이다. 수보리야, 여래라 하는 것은 '법이 완전히 끊어짐'의 다른 이름이기 때문이다. 수보리야, 여래라 하는 것은 '완전히 생겨나지 않음'의 다른 이름이기 때문이다. 왜냐하면 수보리야, 생겨남이 없음, 그것이 곧 최상의 이치이기 때문이다"가 들어 있다.

이 구절을 구마라집, 보리류지, 진제, 의정은 생략했다.

'생겨남이 없음'은 급다는 '불생법(不生法)', 현장은 '무생법성(無生法性)', '법이 완전히 끊어짐'은 급다는 '도단(道斷)', 현장은 '영단도로(永斷道路)', '완전히 생겨나지 않음'은 급다는 '필경불생(畢竟不生)', 현장 역시 '필경불생(畢竟不生)', '생겨남이 없음, 그것이 곧 최상의 이치이기 때문이다'는 급다는 '여시피실불생약최승의(如是彼實不生若最勝義)', 현장은 '약실무생 최승의(若實無生 卽最勝義)'로 옮겨 넣었다.

이는 여래니, 부처니, 깨달음이니는 어떤 법을 얻어서 되는 것이 아니라, 원래 있는 그대로의 참모습이다.

붓다가 질문에 대답하지 않은 14가지 주제 가운데, 8개는 우주에 관한 것이고(우주는 영원한가, 우주는 끝이 있는가? 등), 2개는 목숨에 관한 것이고(목숨이 곧 몸인가, 목숨과 몸은 다른가?), 4개가 여래에 관한 것이다. 즉 여래는 죽고 난 후 존재하는가, 죽고 난 후 존재하지 않는가, 죽고 난 후 존재하기도 하고 존재하지 않기도 하는가, 죽고 난 후 존재하는 것도 아니고 존재하지 않는 것도 아닌가?

여래는 '오고 감'이라는 우리의 관념으로부터 벗어난 것이다. 여래는 과거, 미래, 현재의 '생겨남이 없음'이다. '생겨남이 없음'이기 때문에 볼 수도 없고, 그 존재를 알 수도 없다. 아라한은 생사의 윤회를 끊는 것이지만, 깨달음은 '생겨남이 없음'을 깨닫는 것이다. 여래는 참되고 그러함에 머물러 있다. 우리가 이해할 수 없고 말로 설명할 수 없지만 이것이 모든 부처의 있는 그대로의 모습이다.

[정리] 여래는 있는 그대로의 참모습이다

수보리야, 어떻게 생각하느냐? 여래가 연등불(然燈佛) 처소에서 아뇩다라삼먁삼보리를 얻은 그 어떤 법이 있느냐?"

"아닙니다, 세존이시여. 제가 붓다께서 설하신 뜻을 이해하기로는 붓다께서 연등불 처소에서 아뇩다라삼먁삼보리를 얻은 그 어떤 법도 없습니다."

붓다께서 말씀하셨다.

"그렇다, 그렇다. 수보리야, 여래가 아뇩다라삼먁삼보리를 얻은 그 어떤 법도 실은 없다.

수보리야, 만약 여래가 아뇩다라삼먁삼보리를 얻은 그 어떤 법이 있었다면, 연등불께서 나에게 '너는 내세에 부처가 되어 석가모니라고 불릴 것이다'라고 수기하시지 않았을 것이다. 실은 아뇩다라삼먁삼보리를 얻은 그 어떤 법이 없기 때문에 연등불께서 나에게 수기하시면서 '너는 내세에 부처가 되어 석가모니라고 불릴 것이다'라고 하셨다. 왜냐하면 여래란 있는 그대로의 참모습을 뜻하기 때문이다.

若有人言 如來得阿耨多羅三藐三菩提 須菩提 實無有法 佛得阿耨
약유인언 여래득아뇩다라삼먁삼보리 수보리 실무유법 불득아뇩
多羅三藐三菩提 須菩提 如來所得阿耨多羅三藐三菩提 於是中無
다라삼먁삼보리 수보리 여래소득아뇩다라삼먁삼보리 어시중무

實無虛 是故如來說 一切法 皆是佛法 須菩提 所言一切法者 卽非
실무허 시고여래설 일체법 개시불법 수보리 소언일체법자 즉비
一切法 是故名一切法 須菩提 譬如人身長大 須菩提言 世尊 如來
일체법 시고명일체법 수보리 비여인신장대 수보리언 세존 여래
說人身長大 則爲非大身 是名大身 須菩提 菩薩亦如是 若作是言
설인신장대 즉위비대신 시명대신 수보리 보살역여시 약작시언
我當滅度無量衆生 則不名菩薩 何以故 須菩提 實無有法 名爲菩薩
아당멸도무량중생 즉불명보살 하이고 수보리 실무유법 명위보살
是故佛說一切法 無我無人無衆生無壽者
시고불설일체법 무아무인무중생무수자

어떤 사람이 여래가 아뇩다라삼먁삼보리를 얻었다고 말하더라도 수보리야, 붓다가 아뇩다라삼먁삼보리를 얻은 법이 실은 없다.[10]

수보리야, 여래가 얻은 아뇩다라삼먁삼보리에는 참도 없고 거짓도 없다.[11] 그러므로 여래는 일체 법이 다 불법(佛法)이라 설한다.[12]

수보리야, 일체 법란 일체 법이 아니다. 그래서 일체 법이라 한다.[13]

수보리야, 마치 사람의 몸이 크다는 것과 같다."[14]

수보리가 말했다.

"세존이시여, 여래께서 말씀하신 사람의 몸이 크다는 것은 큰 몸이 아닙니다. 그래서 큰 몸이라 하셨습니다."[15]

"수보리야, 보살도 그러하여 '내가 한량없는 중생을 멸도(滅度)에 이르게 하겠다'고 한다면 보살이라 할 수 없다.[16] 왜냐하면 수보리야, 보살이라 할 그 어떤 법이 실은 없기 때문이다.[17] 그러므로 붓다는 일체 법에는 자아도 없고, 인간도 없고, 중생도 없고, 목숨도 없다고 설했다.[18]

[해설]

10) 산스끄리뜨어에는 "수보리야, 어떤 자가 말하기를 '여래 아라한 정등각은 무상정등각을 철저히 깨달았다'라고 한다면, 그는 거짓을 말하며 사실에 아닌 것에 집착하여 나를 비방하는 것이다.

그것은 왜 그런가? 수보리야, 여래가 무상정등각을 철저히 깨달았다 할 그 어떤 법이 없기 때문이다"로 되어 있다.

'그는 거짓을 말하며 사실에 아닌 것에 집착하여 나를 비방하는 것이다'는 구마라집은 생략했고, 보리류지, 진제는 '시인불실어(是人不實語)', 급다는 '피불여어 비방아 피 선실 불실취(彼不如語 誹謗我 彼 善實不實取)', 현장은 '당지차언 위불진실 소이자하 선현 유피방아기불실집(當知此言 爲不眞實 所以者何 善現 由彼謗我起不實執)', 의정은 '당지차언위불진실(當知此言爲不眞實)'로 옮겨 넣었다.

11) 산스끄리뜨어에는 "그리고 수보리야, 여래가 철저히 깨달았거

나 설한 법에는 진실도 없고 거짓도 없기 때문이다"로 되어 있다.

'여래가 철저히 깨달았거나 설한 법에는'은 레드 파인(Red Pine)이 영어로 옮긴 "Furthermore, Subhuti, in the dharma realized or thaught by the Tathagata there is nothing true and nothing false."라는 문장도 'in the dharma realized or taught by the Tathagata(여래가 깨달았거나 설한 법에는)'에서 알 수 있듯이 원문과 다르지 않다.

그러나 구마라집은 "수보리야, 여래가 얻은 아뇩다라삼먁삼보리에는 참도 없고 거짓도 없다(須菩提 如來所得阿耨多羅三藐三菩提 於是中無實無虛)"라며 '득(得)'으로 옮긴 것이다.

보리류지, 진제 역시 '득(得)', 즉 단순하게 '얻은'으로 옮겼다. 하지만 여기서 '득(得)'은 우리말로 '증득', '깨달은'의 의미로 이해해야 할 것이다(이는 14장에서 언급한 바 있다).

왜냐하면 앞에서는 "붓다가 아뇩다라삼먁삼보리를 얻은 그 어떤 법이 없기 때문이다"라고 해놓고, 여기서 "여래가 얻은 아뇩다라삼먁삼보리에는 참도 없고 거짓도 없다"라고 한다면, 모순이 되기 때문이다.

따라서 이는 "여래가 깨달은 아뇩다라삼먁삼보리에는 참도 없고 거짓도 없다"라고 해석해야 한다.

이는 앞 구절에서 붓다가 아뇩다라삼먁삼보리를 얻은 것이 없다고 말했다면, 여기서는 여래가 깨달은 아뇩다라삼먁삼보리에는 참도 없고 거짓도 없다고 말하는 것이다.

그러나 우리는 어떤 것은 참이고, 어떤 것은 거짓이라고 본다. 부처는 모든 법이 공함을 보는 것이다. 다만 모든 부처는 법을 중생을 구제하기 위한 방편으로 사용하는 것이다.

우리가 아뇩다라삼먁삼보리를 구하려는 마음을 낸다면, 어디에도 머무르지 않고 마음을 내야 한다. 그리하여 아뇩다라삼먁삼보리를 깨닫게 되면, 일체 법에는 참도 없고 거짓도 없으며, 일체 법이 다 불법이라는 것을 알게 된다.

이는 14장을 참고하라.

14장에서는 "그러므로 수보리야, 보살은 모든 생각을 떠나서 아뇩다라삼먁삼보리를 구하려는 마음을 내야 한다. 어디에도 머무르지 않고 마음을 내야 한다. 마음에 머무름이 있어도 그것은 머무름이 아니다. 여래가 말한 모든 생각은 생각이 아니고, 모든 중생도 중생이 아니다.

그러나 수보리야, 여래가 깨달은 법에는 참도 없고 거짓도 없다."라고 했다.

12) 산스끄리뜨어에는 "그러므로 여래는 설하기를 '일체 법이 불법'이라고 한 것이다"로 되어 있다.

원래 산스끄리뜨어 dharma는 dhṛ 에서 파생된 말이다. dhṛ 은 '잡다, 유지하다'의 뜻으로 dharma는 '실재라고 붙잡고 있다'('형성된 것, 고착화 된 것')의 의미를 갖고 있다.

하지만 '법(dharma)'을 이해하기 어려운 것은 여러 가지 뜻이 있기 때문이다. 즉 '진리'나 '가르침'을 뜻하기도 하고, '존재', '사물', 현상'이나 '마음의 대상' 등 실체적 대상뿐만 아니라 인식의 대상까지 그 쓰임이 다양하기 때문에 문맥에 따라 해석해야 하는 어려움이 있다.

여기서 말하는 '일체 법(一切法)이 불법이다'는 '모든 현상이 다 불법(佛法)이다'로 해석할 수 있다.

하지만 그 일체 법이 무엇이든 사실은 공한 것이다. 그래서 일체 법이 불법이라고 말한다. 불법은 모든 사물과 현상의 공통적인 모습이고 보편적으로 적용되는 것이다.

앞에서 말했듯이 이것이 불법이라고 특별히 따로 정해져 있는 것이 아니다. 어떤 중생이든 모든 것이 공한 줄 알고 다른 중생을 구제하기 위해 불법을 방편으로 사용할 수 있는 것이다. 부처가 설법을 했기 때문에 이것이 불법이라고 정해지는 것이 아니라는 뜻이다.

13) 산스끄리뜨어에는 "그것은 왜 그런가? 일체 법이라 한 것은 수보리야, [일체] 법이 아니라고 여래는 설하였기 때문이다. 그래서 말하기를 일체 법이 불법이라고 한 것이다"로 되어 있다.

일체 법이 모두 자아도 없고, 인간도 없고, 중생도 없고, 목숨도 없기 때문이다. 그래서 여래는 모든 것이 다 불법(佛法)이라고 한 것이다.

즉 모든 법이 진여, 즉 있는 그대로의 참모습이기 때문이다(如來者卽諸法如義).

14) 산스끄리뜨어에는 "예를 들면 수보리야, 사람이 있어 구족한 몸과 큰 몸을 가진 것과 같다"로 되어 있다.

이는 10장을 참고하라.

10장에서는 "수보리야, 어떤 사람이 몸이 수미산왕만 하다면, 어떻게 생각하느냐? 그 몸이 크다고 하겠느냐?

수보리가 말했다.

매우 큽니다, 세존이시여. 왜냐하면 붓다께서 말씀하신 몸은 몸이 아니기 때문입니다. 그래서 큰 몸이라 하셨습니다."라고 했다.

'구족한 몸과 큰 몸'을 구마라집은 '인신장대(人身長大)', 보리류지는 '기신묘대(其身妙大)', 진제는 '변신대신(遍身大身)', 급다는 '구족신대신(具足身大身)', 현장은 '구신대신(具身大身)', 의정은 '기신장대(其身長大)'로 옮겼다.

여기서 말하는 몸은 몸이 아니다. 그래서 큰 몸이라 한 것이다. 공덕은 측량할 수 없고 헤아릴 수 없기 때문에 그로 인해 얻은 몸도 측량할 수 없고 헤아릴 수 없이 크다.

붓다는 이 가르침의 공덕으로 얻게 될 보살의 큰 몸을 이해시키기 위해서 수미산왕만 한 크기 혹은 신화에 나오는 거인인 푸루샤를 연상시키는 비유를 다시 한 번 하고 있다.

법신은 한 공간이나 장소에 있는 것이 아니라 허공과 같이 경계가 없어 거대한 몸이고, 시공을 초월한다. 법신은 법계를 꽉 채우고 있는 몸이다. 법신은 우리의 지식을 초월한다. 그래서 법신은 말로 설명할 수 없고 헤아릴 수 없고, 들어도 이해할 수 없고, 상상할 수 없다.

15) 산스끄리뜨어에는 "세존이시여, 여래께서 사람에 대해서 설하시기를 구족한 몸, 큰 몸이라 하신 것, 그것은 [구족하고 큰] 몸이 아니

라고 여래께서는 설하셨습니다. 그래서 말하기를 구족한 몸, 큰 몸이라 하신 것입니다"로 되어 있다.

이 구절은 10장의 해설을 참고하되, 이 구절을 아주 독특하게 해석한 게 있어 소개하면 이렇다.

"몸이 구족한 몸, 큰 몸이 아니라고 한 것은 사실은 모든 중생이 법신과 다르지 않다는 것을 보여주기 위함이다. 그리고 구족한 몸, 큰 몸이라고 하는 것은 [법신은] 경계가 없기 때문이다. —혜능(慧能)(Red Pine, p.302)"

16) 산스끄리뜨어에는 "참으로 그와 같다. 수보리야, 보살이 말하기를 '나는 중생들을 완전히 열반에 들게 하리라'라고 한다면, '그는 보살이 아니다'라고 말해야 할 것이다"로 되어 있다.

이는 3장을 참고하라.

3장에서는 "온갖 부류의 일체 중생을 내가 다 무여열반에 들게 해서 멸도에 이르게 하겠다. 그러나 이렇게 헤아릴 수 없고 셀 수도 없고 끝없는 중생을 멸도에 이르게 했다 하더라도 실은 멸도에 이른 중생은 없다.'

왜 그런가? 수보리야, 보살에게 자아라는 생각, 인간이라는 생각, 중생이라는 생각, 목숨이라는 생각이 있으면 보살이 아니기 때문이다."라고 했다.

17) 산스끄리뜨어에는 "그것은 왜 그런가? 수보리야, 보살이라고 이름할 만한 그 어떤 법이 있는가?"라고 묻자, 수보리가 대답했다.

"참으로 그렇지 않습니다. 보살이라고 이름할 만한 그 어떤 법이 없습니다"로 되어 있다.

산스끄리뜨어 원문에서는 이렇게 묻고 대답한 것으로 되어 있다. 구마라집을 제외한 모든 한역에서 이와 같이 문답형식으로 옮겼다.

18) 산스끄리뜨어에는 "'중생들, 중생들'이라는 것은, 수보리야, 그들은 중생들이 아니라고 여래는 설했다. 그래서 말하기를 중생들이라 한다. 그러므로 여래는 설하기를 '일체 법은 자아가 없고 일체 법은 중생이 없고 영혼이 없고 개아가 없다'고 한 것이다"로 되어 있다.

"'중생들, 중생들'이라는 것은, 수보리야, 그들은 중생들이 아니라고 여래는 설했다. 그래서 말하기를 중생들이라 한다"는 구마라집, 보리류지, 진제, 의정은 생략했다.

급다는 '중생중생자 선실 비중생피여래설 피고설명중생자(衆生衆生者 善實 非衆生彼如來說 彼故說名衆生者)', 현장은 '유정유정자 여래설비유정 고명유정(有情有情者 如來說非有情 故名有情)'으로 옮겨 넣었다(21장에서는 모든 한역에서 이 구절이 나타난다).

[정리] 모든 현상이 다 불법이다

수보리야, 어떤 사람이 여래가 아뇩다라삼먁삼보리를 얻었다고 말한다면, 그는 거짓을 말하며 사실이 아닌 것에 집착하여 나를 비방하는 것이다. 왜냐하면 여래가 아뇩다라삼먁삼보리를 얻은 그 어떤 법이 실은 없기 때문이다.

수보리야, 여래가 깨달은 아뇩다라삼먁삼보리에는 참도 없고 거짓도 없다. 그러므로 여래는 모든 현상이 다 불법(佛法)이라 설한다.

수보리야, 모든 현상이란 모든 현상이 아니다. 그래서 모든 현상이라 한다.

수보리야, 마치 사람의 몸이 크다는 것과 같다."

수보리가 말했다.

"세존이시여, 여래께서 말씀하신 사람의 몸이 크다는 것은 큰 몸이 아닙니다. 그래서 큰 몸이라 하셨습니다."

"수보리야, 보살도 그러하여 '내가 한량없는 중생을 멸도(滅度)에 이르게 하겠다'고 한다면 보살이라 할 수 없다. 왜냐하면 수보리야, 보살이라 할 그 어떤 법이 실은 없기 때문이다. 중생이라는 것도 중생이 아니라고 여래가 설했다. 그래서 중생이라 한다. 그러므로 여래는 모든 현상에는 자아도 없고, 인간도 없고, 중생도 없고, 목숨도 없다고 설했다.

須菩提 若菩薩作是言 我當莊嚴佛土 是不名菩薩 何以故 如來說莊
수보리 약보살작시언 아당장엄불토 시불명보살 하이고 여래설장
嚴佛土者 卽非莊嚴 是名莊嚴 須菩提 若菩薩通達無我法者 如來說
엄불토자 즉비장엄 시명장엄 수보리 약보살통달무아법자 여래설

名眞是菩薩
명진시보살

수보리야, 보살이 '내가 불국토를 장엄하겠다'고 한다면 보살이라 할 수 없다. 왜냐하면 여래가 말한 불국토를 장엄한다는 것은 장엄이 아니기 때문이다. 그래서 장엄이라 한다.[19]

수보리야, 보살이 무아법(無我法)을 통달한다면 여래는 그를 참된 보살이라 한다."[20]

[해설]

19) 산스끄리뜨어에는 "수보리야, 보살이 이와 같이 '나는 [불]국토를 건설하리라'라고 한다면 그도 역시 그와 같이 [보살이 아니라고] 해야 할 것이다.

그것은 왜 그런가? '[불]국토 건설, [불]국토 건설'이라는 것, 그것은 수보리야, [불국토] 건설이 아니라고 여래는 설했나니 그래서 말하기를 [불]국토 건설이라고 한 것이기 때문이다"로 되어 있다.

급다는 '피역여시불명설응(彼亦如是不名說應)', 현장은 '역여시설(亦如是說)'로 '그도 역시'를 옮겨 넣었다.

이는 10장을 참고하라.

10장에서는 "수보리야, 어떻게 생각하느냐? 보살이 불국토를 장엄하느냐?

아닙니다, 세존이시여. 왜냐하면 불국토를 장엄한다는 것은 장엄이 아니기 때문입니다. 그래서 장엄이라 하셨습니다."라고 했다.

장엄도 장엄이 아니고, 국토도 국토가 아니다. 때문에 실은 장엄할 국토도 없다. 그래서 불국토를 장엄한다는 것은 장엄이 아니라고 말하는 것이다.

따라서 이 구절의 의미는 10장에서 말했듯이 "중생을 구제하는 것이 불국토를 건설하는 것이다. 마찬가지로 불국토를 건설하는 것이 중생을 구제하는 것이다(Red Pine, p.304)."

다만 보살은 중생을 구제하면서도 자아, 중생이라는 생각이 없는 것이고, 불국토를 건설하면서도 불국토 건설이라는 생각이 없는 것이다.

20) 산스끄리뜨어에는 "수보리야, 보살이 '자아가 없는 법들, 자아가 없는 법들'이라고 확신할 때 여래 아라한 정등각은 그를 보살마하살이라고 부른다"로 되어 있다.

즉 일체 법에는 '자아가 없다'는 것을 확신하는 것이다.

'자아가 없는 법들'은 산스끄리뜨어로 nirātmāno dharmā이다. 즉 '무아법'을 의미한다.

'자아가 없는 법들, 자아가 없는 법들이라고 확신할 때'는 구마라집은 '약보살통달무아법자(若菩薩通達無我法者)', 보리류지는 '약보살

통달무아 무아법자(若菩薩通達無我 無我法者)', 진제는 '약보살신견제법무아 제법무아(若菩薩信見諸法無我 諸法無我)', 급다는 '약보살마하살무아법 무아법자신해(若菩薩摩訶薩無我法 無我法者信解)', 현장은 '약제보살 어무아법무아법 심신해자(若諸菩薩 於無我法無我法 深信解者)', 의정은 '약유신해일체법무성 일체법무성자(若有信解一切法無性 一切法無性者)'로 옮겼다.

"이 경은 맨 처음 보살은 자아라는 생각에 집착해서는 안 되고, 자아라는 생각에 집착하지 않는 보살을 참된 보살이라고 말한다. 그리고 여기서는 더 나아가 자아뿐만 아니라 모든 법이 무아다(Red Pine, pp.305~306 참고)"라고 말하고 있는 것이다.

즉 이는 '제법무아(諸法無我)'를 설하고 있는 것이다.

그러나 '일체 법이 무아다'라는 것과 '일체 법이 없다'는 것은 그 뜻이 전혀 다르다. 이 세상 모든 존재와 현상은 공하기 때문에 '이것'이라고 규정할 수 없지만, 동시에 놓인 상황과 인연에 따라서 '이것'이라고 설명할 수 있다. '그래서 이것이라고 한다'는 것이다.

그러나 무아법을 설하는 것은 중생을 구제하기 위함이다. 자아에서 벗어나게 할 뿐만 아니라 중생들이 집착하고 있는 모든 법들이 무아라는 것을 일깨워주는 것이다. 무아법을 방편으로 사용함으로써 나와 너, 주체와 객체(대상)가 모두 공하다는 것을 일깨워주고, 그 어떤 것에도 집착해서는 안 된다고 말하고 있는 것이다. 이는 모든 집착에서 벗어나 진정한 자유를 얻게 하려는 것이다.

"모든 것은 무아이고, 무상하다. 그러나 만약 그렇지 않다면 우리에게 해탈의 희망이 없다. 그 무엇도 독립적이고, 영원히 변하지 않는 실재로 존재하는 것이 없기 때문에 깨달음에 이르는 길에 장애가 없는 것이다. 어리석은 범부는 이 길을 거부하지만, 실은 아무 것도 보지 못하고 장애만 볼 뿐이다. 부처는 고통을 보고, 이 고통이 법으로 바뀌는 것을 본 것이다(Red Pine, p.410)."

나가르주나는 "모든 사물은 그것을 그것이게 하는 고유한 자성이나 실체성이 없다. 일찍이 한 가지도 인연을 좇아 일어나지 않은 것이 없다. 그러므로 어떠한 존재도 공 아닌 것이 없다. 즉 '연기는 공인 것이다'라고 말한다. 그러나 그것은 부정적인 것이나 허무를 의미하는 것이 아니다. 중심의 부정은 다원(多元)을 낳고, 실체의 부정은 상호 연관성을 낳는다. 무아이기 때문에 진정한 자유를 얻을 수 있다(틱낫한,《중도란 무엇인가》, 109쪽)."

그러나 중생들은 '무아'라고 말하면, 우선 먼저 '나'라는 주체를 떠올리게 된다. 그래서 '무아'란 '나가 없다'라고 인식하려 한다. 그러나 이는 인간과 사물을 다르게 보는 것이다. '무아'라는 것은 '나와 너'를 떠나, '주체와 객체'를 떠나, 일체 법에는 '고정불변, 즉 변하지 않는 실체가 없다'는 것이다. 그럼에도 불구하고 '나가 있다' 혹은 '나가 없다'는 것은, 이는 여전히 자아라는 생각에 집착하는 것이다.

"끝이 시작이고, 시작이 끝이다. 보살은 자아라는 생각에 집착하지 않음으로써 시작하여, 자아라는 생각에 집착하지 않음으로써 끝난다. 그 차이는 이런 것이다. 우리는 자아가 있다고 생각하기 때문에 다른 모든 것도 자아가 있다고 생각하게 된다. 그 반대로 우리는 자아가 있고, 다른 것은 자아가 없다고 생각한다. 그러나 조금 더 주의 깊게 관찰하면, 우리의 자아도 자아가 아니고, 다른 그 어떤 것의 자아도 공함을 알 수 있다. 그렇게 자아가 없는 것이 법이다. 즉 모든 것은 무아로 구성되어 있는 것이다. 무아를 아는 사람만이 참된 보살이다. 따라서 끝이 시작이 아니고, 시작이 끝이 아니다(Red Pine, pp.305~306)."

미래의 어떤 중생이 깨달음을 얻는다면, 그것은 자아, 인간, 중생, 목숨이라는 생각이 없기 때문이다. 깨달음은 자아, 인간, 중생, 목숨이라는 생각을 버리지 않고서는 결코 불가능하다.

그래서 "무아법(無我法)을 통달한다면 여래는 그를 참된 보살이라 한다"고 한 것이다.

내용상으로 보면, 이렇게 해서 《금강경》의 전반(前半)이 끝났다고 볼 수 있다. 전반의 내용은 공(空)이다.

이는 일체가 공함을 알게 하는 무아법(無我法), 즉 혜안(慧眼)을 갖게 한 것이다. 아상, 인상, 중생상, 수자상에 집착해서도 안 되고, 법이 아닌 것에 집착해서도 안 되고, 법에 집착해서도 안 된다. 수보리는 혜안이 생긴 것이다. 그리고 보살의 길에 들어선 것이다.

후반의 내용은 공(空)도 공함을 알게 하는 것이다. 즉 공에 집착해서도 안 된다. 이는 법안(法眼)과 불안(佛眼)을 깨우쳐주기 위함이다.

[정리] 무아법을 통달하면 참된 보살이라 한다

수보리야, 보살이 '내가 불국토를 장엄하겠다'고 한다면 보살이라 할 수 없다. 왜냐하면 여래가 설한 불국토를 장엄한다는 것은 장엄이 아니기 때문이다. 그래서 장엄이라 한다.

수보리야, 보살이 무아법(無我法)을 통달한다면 여래는 그를 참된 보살이라 한다."

18 이는 여래가 구족한 다섯 가지 눈이다

一體同觀分
일체동관분

須菩提 於意云何 如來有肉眼不 如是 世尊 如來有肉眼 須菩提 於
意云何 如來有天眼不 如是 世尊 如來有天眼 須菩提 於意云何 如
來有慧眼不 如是 世尊 如來有慧眼 須菩提 於意云何 如來有法眼
不 如是 世尊 如來有法眼 須菩提 於意云何 如來有佛眼不 如是 世
尊 如來有佛眼

수보리 어의운하 여래유육안부 여시 세존 여래유육안 수보리 어
의운하 여래유천안부 여시 세존 여래유천안 수보리 어의운하 여
래유혜안부 여시 세존 여래유혜안 수보리 어의운하 여래유법안
부 여시 세존 여래유법안 수보리 어의운하 여래유불안부 여시 세
존 여래유불안

모든 것을 한 몸으로 보라

"수보리야, 어떻게 생각하느냐? 여래에게 육안(肉眼)이 있느냐?"
"그렇습니다, 세존이시여. 여래에게 육안이 있습니다."
"수보리야, 어떻게 생각하느냐? 여래에게 천안(天眼)이 있느냐?"
"그렇습니다, 세존이시여. 여래에게 천안이 있습니다."
"수보리야, 어떻게 생각하느냐? 여래에게 혜안(慧眼)이 있느냐?"
"그렇습니다, 세존이시여. 여래에게 혜안이 있습니다."
"수보리야, 어떻게 생각하느냐? 여래에게 법안(法眼)이 있느냐?"
"그렇습니다, 세존이시여. 여래에게 법안이 있습니다."
"수보리야, 어떻게 생각하느냐? 여래에게 불안(佛眼)이 있느냐?"
"그렇습니다, 세존이시여. 여래에게 불안이 있습니다."[1]

[해설]

1) 그러나 일체 법이 공함을 아는 것만으로는 부족하다. 그렇게 되면 보살이 중생을 구제하기 위한 방법은 유일하게 무아법을 방편으로 쓰는 것밖에는 없기 때문이다. 그래서 붓다는 혜안을 바탕으로 하면서, 수보리에게 중생의 근기에 맞게 자유자재로 방편을 쓰도록 법안과 불안을 소개하고 있는 것이다.

즉 붓다가 여기서 갑자기 오안(五眼)을 설하는 것은 오안을 방편으로 이를 깨닫게 하려는 것이다.

여래가 갖춘 다섯 가지 눈(五眼)을 간추려 보면 이렇다(Red Pine, pp.309~313 참고).

1. 육안 : 산스끄리뜨어 māṃsa-cakṣu로 육신의 눈을 뜻한다. 이는 욕계(欲界)의 차원에서 대상을 인식하는 것이다. 그러나 이는 외형적이고 표피적인 모습이다.

2. 천안 : 산스끄리뜨어 divya-cakṣu로 하늘의 눈을 뜻한다. 이는 색계(色界)의 차원에서 대상을 인식하는 것이다. 외적인 모습뿐만 아니라 내적인 모습도 인식하는 것이다. 즉 종이를 통해서 담을 볼 수 있고, 산을 볼 수 있는 것이다. 또한 시방세계의 모든 중생들이 죽고 나고 하는 것을 본다. 이는 천상에 태어난 천인들과 이 세상에서는 선정(禪定), 즉 삼매(三昧, samādhi)를 통해서 이룰 수 있다.

3. 혜안 : 산스끄리뜨어 prajñā-cakṣu로 지혜의 눈을 뜻한다. 이는 무색계(無色界)의 차원에서 대상을 인식하는 것이다. 따라서 이는 모든 것이 공함을 인식한다. 즉 지혜의 눈은 모든 것이 공하다는 것을 아는 것이다. 이 경에서 수보리는 지혜의 눈이 생겼다고 말한다(14장).

4. 법안 : 산스끄리뜨어 dharma-cakṣu로 법을 보는 눈을 뜻한다. 지혜의 눈은 공에 관심을 두지만, 법안은 임시로 존재하는 가상의 실재성에도 관심을 두는 것이다. 인연 따라 일어나는 만상을 하나하나 빠짐없이 훤히 보는 눈이다. 공에 집착하면 제법이 인연 따라 기기묘

묘하게 현현하는 세계가 보이지 않는다.

그래서 법안을 갖추게 되면, 각각의 현상을 다른 중생들을 구제하기 위한 방편으로 삼을 수 있을 뿐만 아니라 중생들의 근기의 차이를 보고 그에 맞은 가르침을 펼 수 있다.

5. 불안: 산스끄리뜨어 buddha-cakṣu로 부처의 눈을 뜻한다. 모든 법의 있는 그대로의 참모습을 보고, 시방세계를 두루 밝혀 볼 수 있는 눈이다. 이는 육안, 천안, 혜안, 법안으로 볼 수 있는 것을 포함하여 모든 것을 보는 것이다. 이는 현재의 모든 것을 보는 것뿐만 아니라 과거, 미래의 모든 것을 보는 것이다. 부처의 눈으로는 보이지 않는 게 없고, 인식할 수 없는 게 없고, 배워야 할 것도 알아야 할 것도 없다. 석가모니는 깨달음을 이룬 새벽, 불안을 얻은 것이다.

붓다는 지혜의 눈으로 모든 것이 공함을 보고, 법안으로 근원적인 외형의 모습을 본다. 그러나 부처의 눈으로는 중도를 본다. 공(空)과 현상(色)을 이원적으로 보는 것이 아니라 하나로 보는 것이다.

이는 《반야심경》에 나오는 '색불이공 공불이색, 공즉시색 색즉시공(色不異空 空不異色 色卽是空 空卽是色)'의 의미이다.

예컨대 중생들은 많은 번뇌에 시달린다. 하지만 부처의 눈으로 보면 "번뇌가 곧 보리다(煩惱卽菩提)."

그러나 이 다섯 가지 눈은 실제로 존재하는 것이 아니다. 이 다섯 가지 눈은 하나이고, 한 몸에서 나온 것이다. 소명태자가 붙인 '일체동관(一體同觀)'은 이런 의미이다.

"모래 한 알에 우주가 들어 있다"고 말하듯이 한 눈에 다섯 가지 눈이 들어 있는 것이다.

"수보리는 세 가지 눈은 갖추었지만, 법안과 불안은 갖추지 못한 상태이다. 그러나 공도 공함을 알지 못하면, 허무주의에 빠지고 만다. 공을 초월하여 연민의 깨달음을 일깨워 중생 구제를 할 수 있는 법안이나, 연등불이 수메다가 미래의 부처가 될 것이라고 볼 수 있는 불안을 얻기 위해서는 모든 것이 공함을 보는 것만으로는 충분하지 않다. 그렇지 않다면 보살이 중생을 구제하기 위한 유일한 방법은 중생의 집착을 깨기 위해 무아법을 방편으로 사용하는 것뿐이다. 따라서 붓다는 법안과 불안을 소개한 것이다(Red Pine, p.309)."

[정리] 이는 여래가 구족한 다섯 가지 눈이다

"수보리야, 어떻게 생각하느냐? 여래에게 육안(肉眼)이 있느냐?"
"그렇습니다, 세존이시여. 여래에게 육안이 있습니다."
"수보리야, 어떻게 생각하느냐? 여래에게 천안(天眼)이 있느냐?"
"그렇습니다, 세존이시여. 여래에게 천안이 있습니다."
"수보리야, 어떻게 생각하느냐? 여래에게 혜안(慧眼)이 있느냐?"
"그렇습니다, 세존이시여. 여래에게 혜안이 있습니다."
"수보리야, 어떻게 생각하느냐? 여래에게 법안(法眼)이 있느냐?"

"그렇습니다, 세존이시여. 여래에게 법안이 있습니다."
"수보리야, 어떻게 생각하느냐? 여래에게 불안(佛眼)이 있느냐?"
"그렇습니다, 세존이시여. 여래에게 불안이 있습니다."

須菩提 於意云何 恒河中所有沙 佛說是沙不 如是 世尊 如來說是
수보리 어의운하 항하중소유사 불설시사부 여시 세존 여래설시
沙 須菩提 於意云何 如一恒河中所有沙 有如是等恒河 是諸恒河所
사 수보리 어의운하 여일항하중소유사 유여시등항하 시제항하소
有沙數佛世界 如是 寧爲多不 甚多 世尊 佛告須菩提 爾所國土中
유사수불세계 여시 영위다부 심다 세존 불고수보리 이소국토중
所有衆生 若干種心 如來悉知 何以故 如來說諸心 皆爲非心 是名
소유중생 약간종심 여래실지 하이고 여래설제심 개위비심 시명
爲心 所以者何 須菩提 過去心不可得 現在心不可得 未來心不可得
위심 소이자하 수보리 과거심불가득 현재심불가득 미래심불가득

"수보리야, 어떻게 생각하느냐? 갠지스 강의 모래를 붓다가 말한 적이 있느냐?"
"그렇습니다, 세존이시여. 여래께서 그 모래를 말씀하셨습니다."
"수보리야, 어떻게 생각하느냐? 한 갠지스 강의 모래알만큼 많은 갠지스 강이 있고, 이 모든 갠지스 강의 모래알만큼 부처의 세계가 있다면, 그것을 많다고 하겠느냐?"[2]

"매우 많습니다, 세존이시여."

붓다께서 수보리에게 말씀하셨다.

"그 국토에 있는 중생들의 갖가지 마음을 여래는 다 안다.[3] 왜 그런가? 여래가 말한 갖가지 마음은 모두 마음이 아니기 때문이다. 그래서 마음이라 한다.[4] 왜냐하면 수보리야, 과거심도 얻지 못하고 미래심도 얻지 못하며 현재심도 얻지 못하기 때문이다.[5]

[해설]

2) 산스끄리뜨어에는 "수보리야, 이것을 어떻게 생각하느냐? 갠지스 강 큰 강의 모래알들만큼의 많은 갠지스 강들이 있다고 하자. 그 모래알들만큼 많은 갠지스 강들과 그만큼의 세계들이 있다고 한다면, 그 세계들은 어떻든 많다고 하겠는가?"로 되어 있다.

원문에는 '부처의 세계' 대신 그냥 '세계'라고 되어 있다(11장에는 '삼천대천세계'로 되어 있다).

'세계'는 산스끄리뜨어로 lokadhātu이다. loka는 '세(世)', dhātu는 '계(界)'이다. 구마라집, 보리류지는 '불세계(佛世界)', 진제, 급다, 현장, 의정은 '세계(世界)'로 옮겼다.

"많은 것을 설명하기 위해 이렇게 모래알을 예로 든 것은 육안이고, 이렇게 모래알이라는 실재성을 부인하지 않고 존재를 인정한 것은 혜안보다 법안을 방편으로 사용하고 있는 것이다. 이와 같이 혜안과 법안의 차이는 공에 관점을 두느냐, 사물의 차이에 관점을 두느냐이다(Red Pine, pp.315~316 참고).”

예컨대 나는 '없다'는 혜안이고, [연기적 존재로서 임시의] 나는 '있다'는 법안이다. 그래서 나는 '나가 아니고, 나가 아닌 것도 아니다'는 불안이다. 즉 불안은 '있다, 없다'의 이분법적 사고를 초월하는 것이다.

따라서 나가 있다는 그릇된 관념을 가져서도 안 되지만, 나가 없다는 관념에 빠져서도 안 된다. 나가 없다는 공에 빠지면, 자칫 삶의 의미를 잃고 허무주의에 빠지게 되거나 그 반대로 멋대로 살아도 된다는 쾌락주의에 빠질 수도 있기 때문이다.

3) 산스끄리뜨어에는 "수보리야, 그들 세계들에 있는 그들 중생들의 여러 가지 마음의 흐름을 나는 [지혜로] 알고 있다"로 되어 있다.

'마음의 흐름'은 산스끄리뜨어로 citta-dhārā이다.

'여러 가지 마음의 흐름'을 구마라집은 '약간종심(若干種心)', 즉 '갖가지 마음'으로, 보리류지는 '약간종심주(若干種心住)', 즉 '갖가지 마음이 머무는 곳'으로, 진제는 '심상속주 유종종류(心相續住 有種種類)', 즉 '마음이 서로 끊임없이 흘러가면서 머무는 여러 가지 마음'으로, 급다는 '종종유심유주(種種有心流注)', 현장은 '각유종종 기심유주(各有種種 其心流注)' 의정은 '종종성행 기심유전(種種性行 其心流轉)'으로 비슷하게 옮겼다.

마음이란 무엇일까? 대단히 어려운 질문이다.

일반적으로 마음을 뜻하는 것으로는 세 가지 용어가 있다. 즉 citta(心), mano(意), viññāṇa(識)이다. 이 세 가지 용어를 통해서 어느 정도는 파악할 수 있겠다.

"찟따(citta, Sk도 같음)는 우리의 사고나 생각 일반(나아가서는 심적 성향까지도 포함해서)을 뜻한다. 즉 생각의 의미이다.

마노(mano, Sk는 manas)는 그런 사고를 주관하는 기관이나 기능의 의미이다. 즉 의근이나 의처의 개념이다. 이것이 의근의 대상, 즉 법(法)을 만나서 생겨나고 사라지고 하는 여러 사고 작용들을 citta(心)라고 생각하면 된다.

윈냐나(viññāṇa, Sk는 vijñāna)는 오온 가운데 하나이며, 12연기 가운데 하나이다. viññāṇa(識)는 안이비설신의가 색성향미촉법을 만나서 느끼고(受), 인식하고(想), 의도적 행위(行, saṅkhāra : 의지, 즉 이 상카라가 대상과 접촉하여 애, 취, 유로 발전하면 생노병사 우비고뇌의 원인이 되는 것이다)를 거쳐 사고하며 쉴 새 없이 현상과 이치를 파악하고 식별하는 인식 작용을 말한다(각묵 스님, 60, 443쪽 참고)."

즉 좁은 의미에서는, 여섯 가지 감각기관 가운데 mano(意)가 법을 만나서 생겨난 인식 작용을 마음(citta, 心)이라고 한다.

넓은 의미에서는, 안식(眼識), 이식(耳識), 비식(鼻識), 설식(舌識), 신식(身識) 등 5식을 제외한 이 citta(心)를 '의식(意識)', 즉 '제6식'이라고도 하는데 이 '제6식'인 의식이 발전해서 생긴 '말나식(末那識 : '자아의식'을 뜻함)'을 '제7식'이라 하고, 우리가 깨닫지 못하는 사이에 이러한 의

식들이 잠재되는 '아뢰야식(阿賴耶識: '잠재의식'을 뜻함)'을 '제8식'이라고 부르는데, 제1식부터 제8식까지 통틀어 '생각' 혹은 '마음'이라 하기도 한다.

모래알만큼 많은 세계를 보는 것은 육안이고, 그 많은 세계의 중생들을 보는 것은 천안이고, 그들의 마음을 보는 것은 혜안이다.

그렇다면 "그 국토에 있는 중생들의 갖가지 마음을 여래는 다 안다"는 것은 무엇을 의미할까? 마음이 공함을 아는 것이다.

갠지스 강의 모래알만큼 많은 중생들이 갠지스 강의 모래알만큼 많은 온갖 갖가지 마음을 내지만, 조건에 따라 쉴 새 없이 바뀔 뿐 마음도 무상하다. 마치 바다의 파도와 같이 나타났다 사라졌다를 거듭하는 것이다. 마음도 공한 것이다.

따라서 마음도 공하기 때문에 잡을 수도 없고, 얻을 수도 없다. 마음도 바람 같고, 물거품 같은 것이다.

4) 산스끄리뜨어에는 "그것은 왜 그런가? '마음의 흐름, 마음의 흐름'이라는 것, 그것은 수보리야, [마음의] 흐름이 아니라고 여래는 설했나니 그래서 말하기를 마음의 흐름이라 하기 때문이다"로 되어 있다.

우리는 시간의 흐름에 따라 과거, 현재, 미래를 구분한다. 우리가 이런 시간의 흐름에 따라 과거, 현재, 미래나, 전생, 금생, 내생이라는 말로 부르지만, 우리가 편의상 그렇게 구분 지을 뿐 그것은 실체가 있는 것이 아니다.

즉 과거, 현재, 미래는 실제로는 구분 지을 수가 없다. 시간도 실상이 아니고, 공(空)하기 때문이다.

　시간도 공간이 있기 때문이고, 공간이 사라지면 시간도 사라진다. 시간도 고정불변의 실체가 아니라 공한 것이다. 따라서 시간의 흐름도 흐름이 아니다.

　이미 말했듯이 마음도 조건에 따라 생겼다가 사라진다. 아무리 짧은 찰나의 순간에도 생겼다가 사라진다. 따라서 시간의 흐름도 흐름이 아니고, 마음의 흐름도 흐름이 아니다.

　마음, 시간뿐만 아니라 모든 현상은 조건에 따라 생겼다가 사라졌다를 반복한다. 오온도 공하다. 색도 공하고, 수상행식도 공하다.

　그래서 다음 구절에서 "과거심도 불가득이고, 현재심도 불가득이고, 미래심도 불가득이다"고 말하는 것이다.

　《반야심경》에 "사리자 시제법공상 불생불멸, 불구부정 부증불감, 시고 공중무색 무수상행식, 무안이비설신의, 무색성향미촉법, 무안계 내지 무의식계(舍利子 是諸法空相 不生不滅 不垢不淨 不增不減 是故 空中無色 無受想行識 無眼耳鼻舌身意 無色聲香味觸法 無眼界 乃至 無意識界)"라는 말이 있다.

　즉 "사리자여! 모든 법은 공하여 나지도 멸하지도 않으며, 더럽지도 깨끗하지도 않으며, 늘지도 줄지도 않느니라. 그러므로 공 가운데는 색이 없고 수상행식도 없으며, 안이비설신의도 없고, 색성향미촉법도 없으며, 눈의 경계도 의식의 경계까지도 없다"고 말하는 것이다.

　5) 산스끄리뜨어에는 "그것은 왜 그런가? 수보리야, 과거심도 얻지

못하고 미래심도 얻지 못하며 현재심도 얻지 못하기 때문이다"로 되어 있다.

이처럼 경전에서는 '과거, 미래, 현재'로 표현한다.

구마라집, 보리류지는 '과거심불가득 현재심불가득 미래심불가득(過去心不可得 現在心不可得 未來心不可得)'으로 옮겼고, 원문의 순서대로 진제, 급다, 현장, 의정은 '과거심불가득 미래심불가득 현재심불가득(過去心不可得 未來心不可得 現在心不可得)'으로 옮겼다.

이 구절을 많은 사람들이 "과거는 이미 지나갔으므로 과거의 마음도 얻을 수 없고, 미래는 아직 오지 않았으므로 미래의 마음도 얻을 수 없고, 현재는 붙잡을 수 없으므로 현재의 마음도 얻을 수 없다"고 해석한다. 하지만 이는 부자연스러운 것이다.

마음도 공하기 때문에 얻을 수 없는 것이다.

혜안으로 마음을 보면, 과거 미래 현재의 모든 마음이 공함을 본다. 그렇게 마음을 다스리게 되면, 갠지스 강의 모래알과 같은 수많은 마음이 있다고 하더라도 그 어떤 마음에도 집착할 것이 없다. 그 결과 마음의 장애가 사라지게 된다.

[정리] 과거심, 미래심, 현재심도 불가득이다

"수보리야, 어떻게 생각하느냐? 갠지스 강의 모래를 여래가 말한

적이 있느냐?"

"그렇습니다, 세존이시여. 여래께서 그 모래를 말씀하셨습니다."

"수보리야, 어떻게 생각하느냐? 한 갠지스 강의 모래알만큼 많은 갠지스 강이 있고, 이 모든 갠지스 강의 모래알만큼 부처의 세계가 있다면, 그것을 많다고 하겠느냐?"

"매우 많습니다, 세존이시여."

붓다께서 수보리에게 말씀하셨다.

"그 국토에 있는 중생들의 갖가지 마음을 여래는 다 안다. 왜 그런가? 여래가 말한 갖가지 마음은 모두 마음이 아니기 때문이다. 그래서 마음이라 한다. 왜냐하면 수보리야, 과거의 마음도 얻지 못하고 미래의 마음도 얻지 못하며 현재의 마음도 얻지 못하기 때문이다.

19 복덕이라는 게 없기 때문에
   받을 복덕이 많다

法界通化分
법계통화분

須菩提 於意云何 若有人滿三千大千世界七寶 以用布施 是人以是
수보리 어의운하 약유인만삼천대천세계칠보 이용보시 시인이시
因緣 得福多不 如是 世尊 此人以是因緣 得福甚多 須菩提 若福德
인연 득복다부 여시 세존 차인이시인연 득복심다 수보리 약복덕
有實 如來不說得福德多 以福德無故 如來說得福德多
유실 여래불설득복덕다 이복덕무고 여래설득복덕다

법계를 다 교화하다

수보리야, 어떻게 생각하느냐? 어떤 사람이 삼천대천세계에 칠보를 가득 채워 보시한다면, 이 사람은 이 인연으로 받을 복이 많겠느

냐?"[1]

"그렇습니다, 세존이시여. 이 사람은 이 인연으로 많은 복을 받을 것입니다."[2]

"수보리야, 복덕이라는 게 실제로 있다면, 받을 복덕이 많다고 여래가 말하지 않았을 것이다. 그러나 복덕이라는 게 없기 때문에 받을 복덕이 많다고 여래가 말했다.[3]

[해설]

1) 산스끄리뜨어에는 "수보리야, 이것을 어떻게 생각하느냐? 어떤 선남자나 선여인이 이 삼천대천세계를 칠보로써 가득 채우고서 여래 아라한 정등각들께 보시를 행한다면, 그 선남자 선여인은 이로 인해서 참으로 많은 공덕의 무더기를 쌓겠는가?"로 되어 있다.

이는 8장, 11장을 참고하라.

8장에서는 "수보리야, 어떻게 생각하느냐? 어떤 사람이 삼천대천세계에 칠보를 가득 채워 보시를 한다면, 그가 받을 복덕이 많겠느냐?"라고 했다.

11장에서는 "수보리야, 내가 지금 사실대로 너에게 말하겠다. 어떤 선남자 선여인이 그 갠지스 강의 모래알만큼 많은 삼천대천세계에 칠보를 가득 채워 보시를 한다면, 그들이 받을 복이 많겠느냐?"라고 했다.

2) 산스끄리뜨어에는 "많습니다, 세존이시여. 많습니다, 선서시여"로 되어 있다.

구마라집, 보리류지는 '이 인연으로 받을 복이 많다(如是 世尊 此人以是因緣 得福甚多)'로 풀어서 옮겼고, 진제는 '심다세존 심다수가타(甚多世尊 甚多修伽陀)', 급다는 '다세존 다선서(多 世尊 多 善逝)', 현장은 '심다세존 심다선서(甚多世尊 甚多善逝)', 의정은 '심다세존(甚多世尊)'으로 옮겼다.

3) 산스끄리뜨어에는 "참으로 그러하다. 수보리야, 참으로 그러하다. 그 선남자 선여인은 이로 인해서 많은 공덕의 무더기를 쌓을 것이다. 그것은 왜 그런가? '공덕의 무더기, 공덕의 무더기'라는 것, 그것은 [공덕의] 무더기가 아니라고 여래는 설하였나니 그래서 말하기를 공덕의 무더기라 하기 때문이다. 수보리야, 만일 공덕의 무더기가 [실제로] 있다고 한다면 여래는 '공덕의 무더기, 공덕의 무더기'라고 설하지 않았을 것이다"로 되어 있다.

이는 8장을 참고하라.

8장에서는 "매우 많습니다, 세존이시여. 왜냐하면 그 복덕은 복덕성(福德性)이 아니기 때문입니다. 그래서 여래께서 복덕이 많다고 하셨습니다."라고 했다.

이렇게 계속해서 'A는 A가 아니라고 여래가 설했다. 그래서 A라고 한다'라고 말하는 것은 오안으로 보는 것이다. 그리고 이렇게 계속해서 비유를 거듭하며 말하는 것은 법안을 갖게 하려는 것이고, 궁극적으로는 부처의 눈을 갖게 하기 위한 것이다.

즉 'A'는 존재로 여기는 육안이고, 'A가 아니다'는 비존재, 즉 '공' 함을 보는 혜안이고, '그래서 A라고 한다'는 비존재에서 벗어나 쓰임의 연결성을 갖는 것, 즉 법안이다.

그러나 불안으로 보면, A도 아니고(혜안), A가 아닌 것도 아니다(법안).

즉 'A가 아니다'고 말하는 것은 실재가 아니라는 것이다.

이는 우리에게 집착을 끊게 하기 위함이다. 예컨대 청정하게 할 국토도 없고, 구제할 중생도 없고, 보시의 공덕도 없다고 말하는 것이다. 그러나 사람들은 청정하게 할 국토도 없고, 구제할 중생도 없고, 보시의 공덕도 없다고 말하면, 수행할 필요도 없다고 생각할 수 있다.

마찬가지로 공덕도 없다고 말하면, 중생을 구제하려는 마음을 일으켜야 할 이유가 없다고 생각할 수 있다. 그러나 이는 공에 집착한 것이다.

그래서 중생들을 구제하는 것으로 인해서 공덕의 무더기를 쌓을 것이라고 말하는 것은 공에서 벗어나 중생 구제로의 연결성을 갖게 하는 것이다.

즉 '그래서 A라고 한다'고 말하는 것은 공에서 벗어나도록 법안을 키우게 하려는 것이다.

혜안은 우리가 깨달음에 들어서게 하는 것이고, 법안은 공을 넘어서 중생 구제로의 연결성을 보는 것이다. 하지만 공함만 아는 혜안은 중생을 보지 못한다. 혜안은 공을 보지만, 법안은 모든 법을 관찰한다. 그래서 법안은 연결성, 이 경우에는 보시를 공덕으로 연결 짓고 있는 것이다.

그래서 28장에서도 "이 보살은 앞의 보살보다 더 나은 공덕을 얻을 것이다. 수보리야, 이 보살은 복덕을 받지 않기 때문이다.

수보리야, 보살은 지은 복덕에 탐착하지 않기 때문이다. 그래서 복덕을 받지 않는다고 한 것이다."라고 말한다.

탐착하지 않을 뿐, 공덕이 없다는 것이 결코 공덕이 없다는 것이 아니다.

그러나 불안은 혜안과 법안을 넘어 '있다 없다', '생과 멸', '존재와 비존재', '공과 색'의 이분법적 사고를 초월해 중도를 본다.

따라서 "이러한 보시는 공덕을 낳게 되는데 존재하는 것도 아니고 존재하지 않는 것도 아니다. 이러한 존재와 비존재는 오직 불안으로만 뚜렷이 볼 수가 있다. 불안은 존재와 비존재의 이분법을 넘어서 보기 때문이다(Red Pine, p.328)."

예컨대 "불안으로 알지 못하는 것은 없다. 설사 보이지 않다고 하더라도 보지 못하는 게 없다. 중생에게는 멀지만 붓다에게는 가깝고, 중생에게는 어둡지만 붓다에게는 밝고, 중생에게는 혼란스럽지만 붓다에게는 명확하고, 중생에게는 미세하지만 붓다에게는 거칠고, 중생에게는 심오하지만 붓다에게는 얄팍하다. —대지도론(大智度論)(Red

Pine, p.313)."

붓다는 혜안으로 모든 것이 공함을 보고, 법안으로 근원적인 외형의 모습을 본다. 그러나 부처의 눈으로는 중도를 본다. 공(空)과 현상(色)을 이원적으로 보는 것이 아니라 하나로 보는 것이다.

중생에게는 번뇌지만 붓다에게는 보리이다. 불안으로 보면, "중생도 부처다." 한 생각이 청정심을 일으키면 중생이 곧 부처다. 불안으로 보면, 모든 것이 별개가 아니다. 이런 깨달음을 얻게 하기 위함이다.

[정리] 복덕이라는 게 없기 때문에 받을 복덕이 많다

수보리야, 어떻게 생각하느냐? 어떤 사람이 삼천대천세계에 칠보를 가득 채워 보시한다면, 이 사람은 이 인연으로 받을 복이 많겠느냐?"

"그렇습니다, 세존이시여. 이 사람은 이 인연으로 많은 복을 받을 것입니다."

"수보리야, 복덕이라는 게 실제로 있다면, 받을 복덕이 많다고 여래가 말하지 않았을 것이다. 그러나 복덕이라는 게 없기 때문에 받을 복덕이 많다고 여래가 말했다.

20 구족한 색신으로 여래를 볼 수 없다

離色離相分
이색이상분

須菩提 於意云何 佛可以具足色身見不 不也 世尊 如來不應以具足
수보리 어의운하 불가이구족색신견부 불야 세존 여래불응이구족
色身見 何以故 如來說具足色身 卽非具足色身 是名具足色身 須菩
색신견 하이고 여래설구족색신 즉비구족색신 시명구족색신 수보
提 於意云何 如來可以具足諸相見不 不也 世尊 如來不應以具足諸
리 어의운하 여래가이구족제상견부 불야 세존 여래불응이구족제
相見 何以故 如來說諸相具足 卽非具足 是名諸相具足
상견 하이고 여래설제상구족 즉비구족 시명제상구족

색과 상을 떠나다

 수보리야, 어떻게 생각하느냐? 구족한 색신(色身)으로 부처를 볼 수 있겠느냐?"[1]

"아닙니다, 세존이시여. 구족한 색신으로 여래를 볼 수 없습니다. 왜냐하면 여래께서 말씀하신 구족한 색신은 구족한 색신이 아니기 때문입니다. 그래서 구족한 색신이라고 하셨습니다."[2]

"수보리야, 어떻게 생각하느냐? 구족한 여러 가지 상으로 여래를 볼 수 있겠느냐?"[3]

"아닙니다, 세존이시여. 구족한 여러 가지 상으로 여래를 볼 수 없습니다. 왜냐하면 여래께서 말씀하신 여러 가지 상을 구족했다는 것은 구족한 것이 아니기 때문입니다. 그래서 여러 가지 상을 구족했다고 하셨습니다."[4]

[해설]

1) 산스끄리뜨어에는 "수보리야, 이것을 어떻게 생각하느냐? 색신을 구족하고 있기 때문에 여래라고 보아야 하는가?"로 되어 있다.

'색신(色身)'은 산스끄리뜨어로 rūpa-kāya이다. '육체', '몸'을 뜻한다.

'구족한 몸'은 구마라집, 보리류지, 진제는 '구족색신(具足色身)', 급다는 '색신성취(色身成就)', 현장은 '색신원실(色身圓實)', 의정은 '색신원만(色身圓滿)'으로 옮겼다.

이는 5장을 참고하라.

5장에서는 "수보리야, 어떻게 생각하느냐? 몸의 형상으로 여래를 볼 수 있겠느냐?"라고 했다.

2) 산스끄리뜨어에는 "세존이시여, 참으로 그렇지 않습니다. 색신을 구족하고 있기 때문에 여래라고 보아서는 안 됩니다.

세존이시여, 그것은 왜 그런가 하면, '색신 구족, 색신 구족'이라는 것, 그것은 [색신] 구족이 아니라고 세존께서 설하셨나니 그래서 말하기를 색신 구족이라 하기 때문입니다"로 되어 있다.

5장에서는 "아닙니다. 세존이시여. 몸의 형상으로 여래를 볼 수 없습니다. 왜냐하면 여래께서 말씀하신 몸의 형상은 몸의 형상이 아니기 때문입니다."라고 했다.

우리가 흔히 부처의 세 가지 몸, 즉 '법신(法身, dharmakāya)', '보신(報身, sambhogakāya)', '화신(化身, nirmāṇakāya 혹은 응신應身)'을 삼신(三身)이라고 말한다.

여기서 화신(化身)은 색신의 의미이고, 보신(報身)은 구족한 몸, 즉 구족색신의 의미이고, 법신(法身)은 육체로서의 개념이 아니라 정신적인 몸, 즉 명신(名身, nāma-kāya)의 의미라고 보면 될 듯싶다.

보신과 화신은 공한 것이다. 그래서 구족한 몸이 아니다. 그러나 이러한 색신을 지닌 부처가 부처가 아닌 것도 아니다. 그래서 구족한 몸이라고 한 것이다.

중생들은 [법신을 보지 못하고] 구족한 색신을 보고 여래라 여길 수 있다. 붓다는 이런 미혹을 떨쳐주기 위해 구족색신으로 여래라고 볼 수 있느냐고 물은 것이다.

그러나 또한 붓다가 구족한 몸에 대해서 이야기 한 이유는 이런 것이다.

"혜안은 공을 보지만, 법안은 공을 넘어 중생 구제로의 연결성을 보게 된다. 붓다는 존재하지도 않는 것이 깨달음에 이르는 길에 방해가 되기 때문에 존재하지 않지만 존재하지 않는 것에 대해 말한다. 만약 무언가가 실제로 존재했다면, 그것은 시간에 의해, 공간에 의해, 또는 개념적 차원으로 제약을 받지 않았을 것이다. 이것이 실재(reality)에 대한 불교의 정의다. 실재는 다름 아닌 법신이다. 그리고 이것이 모든 부처의 실재 몸(true body : 참으로 구족한 몸)이다. 그러나 우리는 지금껏 실재하는 그 어떤 것도 발견해 본 적이 없기 때문에, 또 우리는 법신을 본 적이 없기 때문에 붓다는 공덕으로 얻게 되는 몸들을 이야기 한 것이다(Red Pine, pp.325~326)."

화신과 보신은 법신의 그림자일 뿐이다. 화신과 보신은 생멸의 구속을 받는 것으로 진짜 몸이 아니다. 그러한 몸은 여전히 무상한 것이다.

3) 산스끄리뜨어에는 "수보리야, 이것을 어떻게 생각하느냐? 상을 구족한 것으로 여래라고 보아야 하는가?"로 되어 있다.

앞에서는 '구족한 색신으로 여래라고 보아야 하는가?'라고 물었고, 여기서는 '구족한 상으로 여래라고 보아야 하는가?'라고 묻고 있다.

여기서 상을 구족했다는 것은 '32상'을 의미한다.

이는 13장을 참고하라.

13장에서는 "수보리야, 어떻게 생각하느냐? 32상(三十二相)으로 여래를 볼 수 있느냐?"라고 했다.

4) 산스끄리뜨어에는 "참으로 그렇지 않습니다, 세존이시여. 상을 구족한 것으로 여래라고 보아서는 안 됩니다. 세존이시여, 그것은 왜 그런가 하면, 상을 구족했다고 여래께서 설하신 것, 그것은 상을 구족한 것이 아니라고 여래는 설하셨나니 그래서 상을 구족했다고 하기 때문입니다"로 되어 있다.

이 역시 13장을 참고하라.

13장에서는 "아닙니다, 세존이시여. 32상으로 여래를 볼 수 없습니다. 왜냐하면 여래께서 말씀하신 32상은 상이 아니기 때문입니다. 그래서 32상이라 하셨습니다."라고 했다.

"붓다는 이전에 세계의 실상과 세계를 형성한 티끌에 대해 어떻게 생각하는지를 수보리에게 물었던 것처럼, 붓다는 수보리에게 공덕으로 인해 얻은 색신과 그 색신으로 형성된 구족한 여러 가지 상들에 똑같은 공의 논리를 적용해서 묻고 있는 것이다(Red Pine, p.332)."

즉 그 목적은 우리가 말하는 화신(化身), 보신(報身) 즉 색신, 구족한 몸, 구족한 상들에 대한 집착을 버리게 하려는 것이다.

[정리] 구족한 색신으로 여래를 볼 수 없다

수보리야, 어떻게 생각하느냐? 구족한 몸(色身)으로 여래를 볼 수 있겠느냐?"

"아닙니다, 세존이시여. 구족한 몸으로 여래를 볼 수 없습니다. 왜냐하면 여래께서 말씀하신 구족한 몸은 구족한 몸이 아니기 때문입니다. 그래서 구족한 몸이라고 하셨습니다."

"수보리야, 어떻게 생각하느냐? 구족한 여러 가지 상으로 여래를 볼 수 있겠느냐?"

"아닙니다, 세존이시여. 구족한 여러 가지 상으로 여래를 볼 수 없습니다. 왜냐하면 여래께서 말씀하신 여러 가지 상을 구족했다는 것은 구족한 것이 아니기 때문입니다. 그래서 여러 가지 상을 구족했다고 하셨습니다.

21 여래가 설한 법이 없다

非說所說分
비설소설분

須菩提 汝勿謂如來作是念 我當有所說法 莫作是念 何以故 若人言
수보리 여물위여래작시념 아당유소설법 막작시념 하이고 약인언
如來有所說法 卽爲謗佛 不能解我所說故 須菩提 說法者 無法可說
여래유소설법 즉위방불 불능해아소설고 수보리 설법자 무법가설
是名說法 爾時 慧命須菩提白佛言 世尊 頗有衆生 於未來世 聞說
시명설법 이시 혜명수보리백불언 세존 파유중생 어미래세 문설
是法 生信心不 佛言 須菩提 彼非衆生 非不衆生 何以故 須菩提 衆
시법 생신심부 불언 수보리 피비중생 비불중생 하이고 수보리 중
生衆生者 如來說非衆生 是名衆生
생중생자 여래설비중생 시명중생

설함은 설한 바가 아니다

"수보리야, 너는 여래가 '내가 설한 법이 있다'는 생각을 한다고 하지 마라. 그런 생각 하지 마라.[1] 왜냐하면 어떤 사람이 '여래가 설한 법이 있다'고 한다면 그는 부처를 비방하는 것이니, 내 말을 이해하지 못했기 때문이다.[2]

수보리야, 설법이란 설할 만한 법이 없다는 것이다. 그래서 설법이라 한다.[3]"

그때 혜명(慧命) 수보리가 붓다에게 여쭈었다.

"세존이시여, 미래에 이 가르침을 듣고 신뢰하는 마음을 낼 중생이 혹 있겠습니까?"[4]

붓다께서 말씀하셨다.

"수보리야, 그들은 중생이 아니고 중생이 아닌 것도 아니다. 왜 그런가? 수보리야, 중생 중생이라는 것은 중생이 아니라고 여래가 설했기 때문이다. 그래서 중생이라 한다."[5]

[해설]

1) 산스끄리뜨어에는 "수보리야, 이것을 어떻게 생각하느냐? 참으로 여래가 '나는 법을 설했다'는 이런 [생각을] 내겠는가?"라고 묻자,

수보리가 대답했다. "참으로 그렇지 않습니다, 세존이시여. 여래께서는 '나는 법을 설했다'는 그런 [생각을] 내시지 않습니다"로 되어 있다.

원문에 따라 급다는 '피하의념 선실 수연 여래여시념아법설 선실언 불여차 세존 불여래여시념아법설(彼何意念 善實 雖然 如來如是念我法說 善實言 不如此 世尊 不如來如是念我法說)'로 옮겨, 묻고 답하는 형식으로 했다.

이는 7장, 13장을 참고하라.

7장에서는 "수보리야, 어떻게 생각하느냐? 여래가 아뇩다라삼먁삼보리를 얻었느냐? 여래가 설한 법이 있느냐?"라고 묻자, 수보리가 대답했다. "제가 붓다께서 설하신 뜻을 이해하기로는 아뇩다라삼먁삼보리라고 할 일정한 법도 없고, 또 여래께서 설하신 일정한 법도 없습니다."

13장에서는 "수보리야, 어떻게 생각하느냐? 여래가 설한 법이 있느냐?"라고 묻자, 수보리가 붓다에게 말했다. "세존이시여, 여래께서 설하신 법이 없습니다."

"붓다는 얻은 법도 없고 설한 바도 없다고 말한다. 왜냐하면 부처는 공간적인 실체(spatial entities)로서 자아나 중생이라는 생각에 집착하지 않을 뿐만 아니라, 시간적인 실체(temporal entities)로서 목숨이나 다시 태어남이라는 생각에 집착하지 않으며, 또한 개념적인 실체(conceptional entities)로서 법이나 법 아닌 것에 집착하지도 않는다. 따라서 부처는 법을 설한 바도 없고, 가르친 일정한 법도 없다(Red Pine, p.338)."

2) 산스끄리뜨어에는 "수보리야, 누가 이와 같이 말하기를, '여래는 법을 설했다'고 한다면 그는 거짓을 말하며 사실이 아닌 것에 집착하여 나를 비방하는 것이다"로 되어 있다.

'거짓을 말하며 사실이 아닌 것에 집착하여'는 구마라집, 보리류지는 '내 말을 이해하지 못했기 때문이다(不能解我所說故)'로 의역했다.

이는 17장의 비유도 참고하라.

17장 산스끄리뜨어에서는 "수보리야, 어떤 사람이 여래가 아뇩다라삼먁삼보리를 얻었다고 말한다면, 그는 거짓을 말하며 사실이 아닌 것에 집착하여 나를 비방하는 것이다."라고 했다.

그렇다고 부처가 침묵하고 아무 말도 하지 않았다는 의미가 아니다. 많은 주석들을 보면, "부처의 가르침을 어떤 의도도 없고 집착도 하지 않으면서 사물을 있는 그대로 비춰주는 거울과 비교한다. 이것이 부처가 가르치지 않고도 가르치는 방법이다(Red Pine, p.339)."

3) 산스끄리뜨어에는 "그것은 왜 그런가? 수보리야, '설법, 설법'이라 [하지만] 설법이라는 이름을 얻을 만한 그 어떤 법도 없기 때문이다"로 되어 있다.

'설법(說法)'은 산스끄리뜨어로 dharma-deśanā이다. deśanā는 '가르침'의 의미이다.

이 역시 17장을 참고하라.

17장에서는 "왜냐하면 붓다가 아뇩다라삼먁삼보리를 얻은 그 어떤 법도 실은 없기 때문이다."라고 했다.

4) 산스끄리뜨어에는 "이와 같이 말씀하셨을 때 수보리 존자가 세존께 이렇게 말씀드렸다.

'세존이시여, 어떤 중생들이 있어서 미래세의 후오백세에 정법이 쇠퇴할 시기가 되었을 때에 이런 형태의 법들을 듣고서 수승한 마음을 일으키겠습니까?'"로 되어 있다.

이것이 수보리의 다섯 번째 질문이다. 6장에서의 두 번째 질문을 반복하고 있다.

그러나 이는 수보리가 지혜의 눈이 생긴 이후로는 다시 묻지 않아도 될 질문이다. 따라서 산스끄리뜨 원전에는 있지만, 구마라집은 이를 생략했다.

하지만 이 구절이 구마라집의 번역에 들어 있는 것은 많은 학자들의 주장처럼 이는 후대에 삽입된 구절이라고 보아야 한다.

즉 '이시(爾時)'부터 '시명중생(是名衆生)'까지의 62자(字)는 영유 법사(靈幽法師)가 구마라집이 누락한 것으로 보고, 당나라 장경(長慶) 2년(822)에 보리류지 역본에서 그대로 뽑아 넣은 것으로 보고 있다.

실제 보리류지 역본과 한 글자도 다르지 않고 완전히 일치한다.

또한 '혜명(慧命)'과 '중생중생자(衆生衆生者)'는 구마라집의 번역 문제가 아니다. 이미 알고 있듯이 구마라집은 혜명(慧命) 대신에 '장로(長老)'로 옮겼고(2장을 참고하라), 반복의 문체는 과감하게 생략하거나 간략하게 옮겼기 때문이다.

"이는 수보리가 부처의 가르침의 심오함에 감응할 때마다 묻는 질문이다. 수보리는 정법이 쇠퇴할 때 미래의 중생들이 통찰력이 떨어져 이 가르침을 이해할 수 없을 것 같아 걱정을 한다. 그러나 '정법이 쇠퇴할 때 미래의 중생들이'라는 이 질문의 바탕에는 이 가르침이 시간의 제약을 받는 것으로 잘못 이해하기 때문이다. 이는 아직 수보리가 목숨(삶과 죽음)이라는 생각을 완전히 끊지 못했기 때문이고, 중생이라는 생각을 아직 버리지 못한 것이다. 그래서 부처는 중생도 중생이 아니라고 말한다(Red Pine, 343)."

이는 6장에서 한 질문을 반복하고 있는데, 6장에서는 "세존이시여, 이런 말씀을 듣고서 참되다는 마음을 낼 중생이 혹 있겠습니까?"라고 했다.

그러나 지혜의 눈이 생긴 후, 14장에서 이미 미래의 500년 뒤에도 "세존이시여, 어떤 사람이 이 경을 듣고 신뢰하고 마음이 청정해지면 참되다는 생각이 생길 것이니, 이 사람은 제일 귀한 공덕을 성취할 것임을 알겠습니다."라고 말한 바 있듯이 이는 다시 묻지 않아도 될 질문이다.

따라서 구마라집은 이를 생략했던 것이다.

6) 산스끄리뜨어에는 "수보리야, 그들은 중생이 아니고 중생이 아닌 것도 아니다. 그것은 왜 그런가? 수보리야, '중생 중생'이라 [부르는] 그들 모두는 중생이 아니라고 여래는 설하였나니 그래서 말하기를 중생이라 하기 때문이다"로 되어 있다.

여기서 '그들은 중생이 아니고'는 지혜의 눈으로 본 것이고, '중생이 아닌 것도 아니다'는 법안으로 본 것이다.

또 '중생이 아니라고 여래가 설했다'는 지혜의 눈으로 본 것이고, '그래서 중생이라 한다'는 법안으로 본 것이다.

하지만 부처는 '중생이라는 생각'이 없다. 부처의 눈으로 보면, 실은 그들은 중생이 아니고, 중생이 아닌 것도 아니다. 또한 부처의 눈으로 보면, 부처와 중생은 같지도 않지만, 다르지도 않다.

이 역시 14장을 참고하라.

14장에서는 "여래가 말한 모든 생각은 생각이 아니고, 모든 중생도 중생이 아니다."라고 했다.

[정리] 설법이란 설할 만한 법이 없다는 것이다

"수보리야, 너는 여래가 '내가 설한 법이 있다'는 생각을 한다고 하지 마라. 그런 생각 하지 마라. 왜냐하면 어떤 사람이 '여래가 설한 법이 있다'고 한다면 그는 거짓을 말하며 사실이 아닌 것에 집착하여 부처를 비방하는 것이니, 내 말을 이해하지 못했기 때문이다.

수보리야, 설법이란 설할 만한 법이 없다는 것이다. 그래서 설법이라 한다."

그때 혜명(慧命) 수보리가 붓다에게 여쭈었다.

"세존이시여, 미래에 이 가르침을 듣고 신뢰하는 마음을 낼 중생이 혹 있겠습니까?"

붓다께서 말씀하셨다.

"수보리야, 그들은 중생이 아니고 중생이 아닌 것도 아니다. 왜 그런가? 수보리야, 중생 중생이라는 것은 중생이 아니라고 여래가 설했기 때문이다. 그래서 중생이라 한다."

22 아뇩다라삼먁삼보리라 깨달았다 할 어떤 법이 없다

無法可得分
무법가득분

須菩提白佛言 世尊 佛得阿耨多羅三藐三菩提 爲無所得耶 如是如
수보리백불언 세존 불득아뇩다라삼먁삼보리 위무소득야 여시여
是 須菩提 我於阿耨多羅三藐三菩提 乃至無有少法可得 是名阿耨
시 수보리 아어아뇩다라삼먁삼보리 내지무유소법가득 시명아뇩
多羅三藐三菩提
다라삼먁삼보리

얻을 법이 없다

수보리가 붓다에게 여쭈었다.

"세존이시여, 붓다께서 아뇩다라삼먁삼보리를 얻으셨다는 것이

얻으신 게 없다는 말씀입니까?"[1]

"그렇다, 그렇다. 수보리야, 내가 아뇩다라삼먁삼보리에서 조그마한 법도 얻은 게 없기 때문에 아뇩다라삼먁삼보리라고 한다.[2]

[해설]

1) 이것이 수보리의 여섯 번째 질문이다.
그러나 산스끄리뜨어에는 "수보리야, 이것을 어떻게 생각하느냐? 여래가 무상정등각을 철저히 깨달았다 할 그 어떤 법이 있는가?"로 묻자, 수보리가 대답했다. "참으로 그렇지 않습니다, 세존이시여. 여래께서 무상정등각을 철저히 깨달았다 할 그 어떤 법이 있지 않습니다"로 되어 있다.
이제 보살의 길에 거의 다다르고 있는 것이다. 수보리는 여래는 어떤 법도 얻은 바 없고 설한 바도 없다고 말할 뿐만 아니라 이제 깨달았다고 할 법도 없다고 말한다.

2) 산스끄리뜨어에는 "참으로 그러하다 수보리야, 참으로 그러하다. 털끝만한 법도 있지 않으며 얻은 것이 없으니 그래서 말하기를 무상정등각이라 한다"로 되어 있다.
이는 어떤 의미일까? 붓다는 무상정등각을 이루었다. 하지만 이 세상에 공(호) 아닌 그 어떤 것도 발견한 게 없다. 그래서 무엇을 깨달았다고 할 게 없다. 그러나 깨달아야 할 그 어떤 것도 없는 상태에 이르렀기 때문에 무상정등각이라고 하는 것이다.

　이 구절을 해석한 몇 개의 글을 소개하면 이렇다.

　"붓다는 한 인간이다. 깨달음은 도(道)다. 붓다는 그 길을 걸어 왔고 그 도를 깨달았다. 그래서 그것을 사람들에게 설했다. 그러나 붓다가 자신이 설한 법도 없다고 말한다면, 그는 그 도를 깨달았는가? 깨달음은 형상의 없음을 의미하고, 모든 것이 공이라는 것을 의미한다. 깨달음은 형상이 없기 때문에 깨달아야 할 무엇이 있겠는가? 깨달아야 할 그 어떤 것도 없는 상태에 이르는 것, 즉 그것이 궁극적인 도이다. ― 승조(僧肇, 384-414, 동진東晉의 승려, 구마라집의 제자)(Red Pine, p.351)"

　"붓다는 '깨달음을 구하려거나 혹은 얻으려는 어떤 생각도 갖지 않는다'고 말한다. 따라서 무상정등각이라고 하는 것이다(즉 이는 깨달음을 구하려거나 얻으려는 생각이 있다면, 아직 무상정등각을 이루지 못한 것이다). 육조 혜능은 또한 말한다. '우리의 경이로운 자연은 본질적으로 공하다. 그래서 발견할 단 하나의 법도 없다. 발견할 단 하나의 법도 없기 때문에 이루어야 할 어떤 깨달음이 있을 수 있겠는가? 붓다는 아무 것도 발견하지 않았고, 아무 것도 깨닫지 않았다. 이름 붙일 수 있는 이름이 없기 때문에 어쩔 수 없이 붓다는 무상정등각이라고 한다.' ― 혜능(Red Pine, p.351)"

　"붓다는 무상정등각이라는 법신을 성취했을 때, 어떤 위대한 법이 있는 것도 아니었고 심지어 아주 작고 하찮은 법마저도 있지 않음을 알았다. 그것은 마치 아주 작은 티끌도 실재가 아니고 아주 큰 세계도 실재가 아닌 바와 같았다. 그는 티끌 하나 조차도 실재가 아님을 알았다. 그러나 [티끌 하나 조차도] 실재가 없다는 것이 곧 그 자체가 실재라는 것이다. 실재하는 것은 곧 붓다의 법신이다. 이런 깨달음이 붓다가 말하는 무상정등각이다(Red Pine, p.350)."

이 가운데 세 번째는 아주 난해한 해석이다. 무상정등각을 법신으로 해석한 것이다. 이는 모든 부처는 법으로 몸을 삼기 때문이다.

《화엄경(華嚴經)》에서 "'붓다는 법으로 몸을 삼는다. 그것은 청정하고 허공과 같다'라고 말한다. 유한한 인간의 육안으로는 그것을 볼 수 없다. 오직 혜안으로 형상이 공함을 보고, 그리하여 여래의 법신을 본다. ㅡ성일(聖一)(Red Pine, pp.331)"

이미 말했듯이 법신은 사실 이해하기가 어렵다. 법신은 형상으로부터 벗어난 것이다. 그래서 법신에 대한 설명을 들어도 우리가 상상하거나 이해할 수가 없다.

그러나 법신을 어느 정도 이해할 수는 있다. 즉 지금까지 우리가 배워왔던 논리를 똑같이 적용하면 이렇다.

"형상은 공하기 때문에, [형상 속에서] 법신을 보게 된다. 법신은 공하고 고요하고 형상이 없고 몸이 없기 때문에 이것은 구족한 색신이 아니다. 법신은 구족한 색신이 아니지만 원인과 조건에 따라 모든 색신을 드러내 보이기 때문에 구족한 색신이라고 말한다. 형상과 구족한 상은 모두 법신으로부터 나온 것이다. [형상으로 드러난] 화신이 곧 법신이다.

형상을 공하다고 볼 때, 우리는 법신을 볼 수 있다. 《반야심경》에서 '색즉시공, 즉 색이 곧 공이다.' 따라서 형상에서 법신을 보게 된다. 마찬가지로 법신 그 자체에는 상이 없다. 그러나 법신이 형상을 드러낼 수 없다면, 누가 붓다를 볼 수 있겠는가? '공즉시색, 즉 공이 곧 색이다.' —성일(聖一)(Red Pine, pp.330~331)"

이로부터 우리는 놀라운 결론에 이를 수 있다. 형상이 공함을 보면, 형상으로 여래를 볼 수 있다는 것이다.

이는 5장에서 "모든 형상을 형상 아닌 것으로 본다면 여래를 볼 것이다."라고 말한 것과 통하는 것이다.

[정리] 아뇩다라삼먁삼보리라 깨달았다 할 어떤 법이 없다

수보리가 붓다에게 여쭈었다.

"세존이시여, 붓다께서 아뇩다라삼먁삼보리를 얻으셨다는 것이 얻으신 게 없다는 말씀입니까?"

"그렇다, 그렇다. 수보리야, 내가 아뇩다라삼먁삼보리에서 조그마한 법도 얻은 게 없기 때문에 아뇩다라삼먁삼보리라고 한다.

23 선법을 닦으면 아뇩다라삼먁삼보리를 얻는다

淨心行善分
정심행선분

復次須菩提 是法平等 無有高下 是名阿耨多羅三藐三菩提 以無
부차수보리 시법평등 무유고하 시명아뇩다라삼먁삼보리 이무
我無人無衆生無壽者 修一切善法 則得阿耨多羅三藐三菩提 須菩
아무인무중생무수자 수일체선법 즉득아뇩다라삼먁삼보리 수보
提 所言善法者 如來說非善法 是名善法
리 소언선법자 여래설비선법 시명선법

깨끗한 마음으로 선을 행하다

그리고 수보리야, 이 법은 평등하여 높고 낮음이 없으므로 아뇩다라삼먁삼보리라고 한다.[1] 자아도 없고 인간도 없고 중생도 없고 목

숨도 없어 온갖 선법(善法)을 닦으면 아뇩다라삼먁삼보리를 얻는다.[2]

수보리야, 선법(善法)이라는 것은 선법이 아니라고 여래가 설했다. 그래서 선법이라 한다.[3]

[해설]

1) 산스끄리뜨어에는 "그런데 참으로 다시 수보리야, 이 법은 평등하여 거기에는 어떤 차별도 없다. 그래서 말하기를 무상정등각이라 한다"로 되어 있다.

'평등한'은 산스끄리뜨어로 sama이다. '같은, 평평한, 균등한, 곧은' 등의 의미로 영어의 same과 같다.

'차별이 없는'은 산스끄리뜨어로 viṣama이다. 'vi-'를 붙여서 '차별이 없는'의 뜻이고, 영어의 undifferentiated의 뜻이다.

이와 유사한 구절로는 7장을 참고하라.

7장에는 "왜 그런가? 모든 성자들은 다 무위(無爲)의 상태에서 차별을 두기 때문입니다."라고 했다.

물론 '모든 성자들은 다 무위(無爲)의 상태에서 차별을 두기 때문입니다'는 구마라집이 의역한 것이다.

이 23장은 이 경의 후반부의 핵심이다.

2) 산스끄리뜨어에는 "무상정등각은 자아가 없고, 중생이 없고, 영

혼이 없고, 개아가 없기 때문에 평등하나니 그것은 모든 선법에 의해서 철저히 깨달아지는 것이다"로 되어 있다.

"이 구절은 이 경의 후반부의 핵심이다. 아뇩다라삼먁삼보리는 자아가 없고, 인간이 없고, 중생이 없고, 목숨이 없다. 그러나 그 안에 위대한 '평등'이 있다. 그 안에 차별할 만한 것이 아무 것도 없기 때문에 오직 '평등'만 있을 뿐이다. 그래서 이것은 모든 선법의 원천이고, 중생을 구제하는 데 쓰임이 있는 법이 된다. 차별할 아무 것도 없기 때문에 선법이고, 그리하여 선법을 닦으면 깨달음에 이른다는 것이다(Red Pine, p.353 참고)."

그러나 어떤 차별이 없는 상태에서는 이것이 선이고, 이것이 불선이라고 정해진 일정한 기준이 없다. 때문에 우리가 선법을 닦기 위해서는 그만큼 마음을 기울이고 지혜로운 주의가 필요하다.

그래서 선법은 단순히 악의 반대말이 아니다. 선법은 지혜로부터 나온다. 따라서 선법을 닦기 위해서는 무엇보다 우선 자아라는 생각, 인간이라는 생각, 중생이라는 생각, 목숨이라는 생각에서 벗어나 차별이 없는 상태에 머물러야 한다.

'선법(善法)'은 산스끄리뜨어로 꾸살라 다르마(kuśala-dharma)이다. 꾸살라(kusala, Sk. kuśala)는 '선(善)'을 뜻한다.

하지만 원래 이 꾸살라(kusala)는 꾸사(kusa)라는 '풀'과 '자르다, 베다'라는 라(la)의 합성어로 '꾸사풀을 꺾는 것'을 뜻한다며, 이것이 선의 의미로 쓰인 유래를 각묵 스님은 이렇게 설명한다.

"이 꾸사풀은 우리나라의 억새풀과 비슷하다. 이는 인도에서는 중요한 의미를 가진 풀이다. 인도의 전통적 제사에 반드시 필요하기 때문이다. 그런데 이 풀이 아주 억세고 날카로워서 주의를 기울이지 않고 잘못 꺾게 되면 손이 베이게 된다. 그래서 이 중요한 풀을 베려면 아주 마음을 기울여서 조심해서 꺾어야 한다. 이와 마찬가지로 어떤 것이 선이기 위해서는 지혜로운 주의를 기울임이 필요하다는 뜻에서 이 말이 유래되었다고 한다(각묵 스님, 121쪽 참고, 그래서 각묵 스님은 '선법'을 '능숙한 법'으로 옮겼다)."

또한 "꾸사풀은 붓다나 제자들이 명상을 할 때 자리로 이용한 풀이다. 그래서 선법(善法)은 지혜로부터 생겨난다는 뜻이 담겨 있고, 마음을 기울이는 명상으로 얻게 된다는 뜻이 담겨 있다. 즉 지혜나 선정(禪定 : 명상) 그 자체라는 뜻도 담고 있다(Red Pine, p.356 참고)."

그만큼 선법을 닦기 위해서는 마음을 기울이고 지혜로운 주의가 필요하다는 뜻이다.

또한 6장에는 "온갖 선근을 심었기 때문에 이 말을 듣고서 한마음으로 청정한 마음을 낼 것임을 알아야 한다."라는 말이 있다.

여기서 "선근(善根)은 산스끄리뜨어로 kuśala-mūla 이다. 초기경에 의하면 꾸살라물라는 탐, 진, 치가 없음을 의미한다(각묵 스님, 120쪽)."

이렇게 보면, 선법을 닦는다는 것은 자아라는 생각, 인간이라는 생각, 중생이라는 생각, 목숨이라는 생각에서 벗어나 차별이 없는 상태에 머무는 것이고, 탐, 진, 치를 없애려고 노력하는 것을 의미한다고

도 볼 수 있다.

우리는 흔히 '정진한다'는 말을 한다. 그런데 무엇을 위해 정진한다는 걸까? 그것은 선법을 닦기 위해서 정진하는 것이다.

"꾸살라(kuśala, 善)는 증장시키고, 아꾸살라(akuśala, 不善)는 소멸시키도록 노력하는 것이 바른 정진(正精進)이다(각묵 스님, 368쪽 참고)"는 것이다.

또한 선법은 선을 행하는 것이다.

소명태자가 '정심행선(淨心行善)'이라고 붙인 이 장의 제목처럼 '선법'은 '청정한 마음으로 선을 행하는 것이다.' 그러나 그 원천은 모든 중생이 평등하다는 것이다.

《법구경》에서도 수없이 "잘못을 저지르지 말고, 선을 행하라. 마음을 청정히 하라. 이것이 모든 부처의 가르침이다"고 말한다.

"이미 생긴 악은 더 이상 일어나지 않게 하고, 아직 생기지 않은 악은 미리 일어나지 않게 하며, 이미 생긴 선은 더욱 일어나게 하고, 아직 생기지 않은 선은 더욱 북돋워 일어나게 하는 것이 바로 '네 가지 바른 노력(四正勤)'이다(《잡아함경》, 〈단악불선법경斷惡不善法經〉)."

이와 같이 네 가지 바른 노력으로 선법을 닦고 선을 행하면서 선은 증장시키고 불선은 소멸시키도록 노력하는 정진을 하게 되면, 깨달음에 이르게 된다는 것이다.

3) 산스끄리뜨어에는 "그것은 왜 그런가? 수보리야, '선법들, 선법들'이라는 것, 그것들은 [선]법들이 아니라고 여래는 설하였나니 그래

서 말하기를 선법들이라 하기 때문이다"로 되어 있다.

"선법은 그 안에 어떤 법도 들어 있지 않다. 선법은 법이 아니다. 하지만 이것이 중생들을 고통으로부터 구제하기 위한 방편으로 유익하기 때문에 선법이다. 또한 이것은 차별이 없기 때문에 선법이다.

그렇지만 누군가가 집착하는 것은 그 무엇이든 또한 공한 것이다. 선법도 공하다. 그래서 선법은 법이 아니다. 그러나 비록 이것이 법이 아니지만, 여전히 중생들을 제도하고 깨달음에 이르게 하는 데 유익한 방편으로 쓰이고 있다. 그래서 선법을 불법이라 한다(Red Pine, p.358)."

[정리] 선법을 닦으면 아뇩다라삼먁삼보리를 얻는다

그리고 수보리야, 이 법은 평등하여 높고 낮음이 없으므로 아뇩다라삼먁삼보리라고 한다. 자아도 없고 인간도 없고 중생도 없고 목숨도 없기 때문에 평등하나니 온갖 선법(善法)을 닦으면 아뇩다라삼먁삼보리를 얻는다.

수보리야, 선법(善法)이라는 것은 선법이 아니라고 여래가 설했다. 그래서 선법이라 한다.

24 반야바라밀경의 공덕은 비교할 수 없다

福智無比分
복지무비분

須菩提 若三千大千世界中 所有諸須彌山王 如是等七寶聚 有人持
수보리 약삼천대천세계중 소유제수미산왕 여시등칠보취 유인지
用布施 若人以此般若波羅密經 乃至四句偈等 受持讀誦 爲他人說
용보시 약인이차반야바라밀경 내지사구게등 수지독송 위타인설
於前福德 百分不及一 百千萬億分 乃至算數譬喩 所不能及
어전복덕 백분불급일 백천만억분 내지산수비유 소불능급

복덕과 지혜를 비교할 수 없다

　　수보리야, 어떤 사람이 삼천대천세계에 있는 모든 수미산왕 만큼의 칠보 무더기를 보시하더라도, 다른 어떤 사람이 이 반야바라밀경에서 네 구절만이라도 받아 지녀서 읽고 외우고 남에게 설해 준다면,

앞의 복덕은 백분의 일에도 미치지 못하고 백천만억분의 일에도 미치지 못하며, 어떤 계산이나 비유로도 미칠 수 없을 것이다.[1]

[해설]

1) 산스끄리뜨어에는 "참으로 다시 수보리야, 여자나 남자가 삼천대천세계에 [있는] 산의 왕인 [모든] 수메루들과 같은 무더기만큼의 칠보들을 모아서 여래 아라한 정등각들께 보시를 행한다 하더라도 다시 선남자나 선여인이 이 법문으로부터 단지 네 구절로 된 게송이라도 뽑아내어 남들에게 가르쳐 준다면, 이 공덕의 무더기에 비하여 저 앞의 공덕의 무더기는 백분의 일에도 미치지 못하고 내지는 비교로도(類比) 미치지 못한다"로 되어 있다.

10장에서는 수미산왕을 '큰 몸'에 비유하였고, 여기서는 '칠보'에 비유하였다.

'법문'은 구마라집, 보리류지, 진제는 '반야바라밀경(般若波羅密經)' 급다는 '지혜피안도(智慧彼岸到)', 현장은 '반야바라밀다경(般若波羅密多經)', 의정은 '어차경중(於此經中)'으로 옮겼다.

이 경에서는 보시에 대한 이야기가 많이 나온다. 보시는 그만큼 이 경에서 차지하는 비중이 높다고 하겠다.

4장에서 "생각에 머무르지 않고 보시한다면, 그 복덕을 헤아릴 수 없기 때문이다"라며 보시의 공덕을 첫 번째로 이야기 한 후, 이 24장은 보시를 이 경과 비교한 여섯 번째 비유이다.

즉 8장에서 '삼천대천세계에 칠보를 가득 채워 보시하더라도', 11장에서 '갠지스 강의 모래알만큼 많은 삼천대천세계에 칠보를 가득 채워 보시하더라도', 13장에서 '갠지스 강의 모래알만큼 많은 목숨(身命)을 바쳐 보시하더라도', 15장에서 '아침에 갠지스 강의 모래알만큼 많은 몸을 보시하고, 낮에 또 갠지스 강의 모래알만큼 많은 몸을 보시하고, 저녁에도 갠지스 강의 모래알만큼 많은 몸을 보시하며, 이런 식으로 한량없는 백천만억 겁 동안 몸을 보시하더라도', 16장에서 '내가 그 많은 부처에게 공양한 공덕으로도', 그리고 여기 24장에서 '삼천대천세계에 있는 모든 수미산왕 만큼의 칠보를 모아서 보시하더라도' 미치지 못한다고 말하고 있다.

그러나 24장 이후에도 보시를 이 경과 한 번 더 비유하고 있다.

즉 32장에서 '한량없는 아승기 세계에 칠보를 가득 채워 보시하더라도', '이 경에서 네 구절만이라도 받아 지녀서 읽고 외우고 남에게 가르쳐 준다면, 그 복이 저 복보다 훨씬 낫다'고 말한다.

이외에도 이 경에서는 보시에 대한 이야기가 많이 나온다.

14장에서 "보살은 형상에 얽매이지 않고 보시해야 한다. 보살은 모든 중생을 이롭게 하기 위해 이렇게 보시해야 한다. 보살이 마음을 대상에 머무르지 않고 보시하면, 눈 있는 사람이 밝은 햇빛에서 갖가지 색깔을 보는 것과 같다."

19장에서 '삼천대천세계에 칠보를 가득 채워 보시를 한다면', '그 인연으로 많은 복을 받을 것입니다.' 그러나 '복덕이라는 게 없기 때문에 받을 복덕이 많다'고 말한다.

28장에서는 "갠지스 강의 모래알만큼 많은 세계에 칠보를 가득 채워 보시하더라도, 다른 어떤 사람이 일체법이 무아임을 알고 인욕으로써 성취한다면, 이 보살은 앞의 보살보다 더 나은 공덕을 얻을 것이다"라며 또 다른 비유도 들고 있다.

보시의 공덕, 그 공덕은 헤아릴 수 없다. 하지만 아무리 수미산왕만큼의 칠보를 모아서 보시하더라도 그 공덕은 지혜에 대한 이 반야바라밀경에서 네 구절만이라도 받아 지녀서 읽고 외우고 남에게 설해 주는 것에 미치지 못한다. 이것은 지혜의 씨앗을 뿌리는 것이다. 지혜는 자아, 인간, 중생, 목숨이라는 네 가지 생각으로부터 벗어난 것이고, 지혜는 형상이 없기 때문에 그 과보(열매) 또한 한계가 없다. 그러나 칠보의 무더기는 아무리 쌓더라도 한계가 있다. 그래서 비교할 수가 없는 것이다.

[정리] 반야바라밀경의 공덕은 비교할 수 없다

수보리야, 어떤 사람이 삼천대천세계에 있는 모든 수미산왕 만큼의 칠보를 모아서 보시를 하더라도, 다른 어떤 사람이 이 반야바라밀경에서 네 구절만이라도 받아 지녀서 읽고 외우고 남에게 설해 준다면, 앞의 공덕은 이 공덕의 백분의 일에도 미치지 못하고 백천만억분의 일에도 미치지 못하며, 어떤 계산이나 비유로도 미칠 수 없을 것이다.

25 범부들은 자아가 있다고 여긴다

化無所化分
화무소화분

須菩提 於意云下 汝等勿謂如來作是念 我當度衆生 須菩提 莫作是
수보리 어의운하 여등물위여래작시념 아당도중생 수보리 막작시
念 何以故 實無有衆生如來度者 若有衆生如來度者 如來則有我人
념 하이고 실무유중생여래도자 약유중생여래도자 여래즉유아인
衆生壽者 須菩提 如來說有我者 則非有我 而凡夫之人 以爲有我
중생수자 수보리 여래설유아자 즉비유아 이범부지인 이위유아
須菩提 凡夫者 如來說則非凡夫
수보리 범부자 여래설즉비범부

교화하되 교화하는 바가 없다

수보리야, 어떻게 생각하느냐? 너희들은 여래가 '내가 중생을 제

도했다'는 생각을 한다고 여기지 마라.

수보리야, 그런 생각 하지 마라. 왜냐하면 여래가 제도한 중생이 실은 없기 때문이다. 만약 여래가 제도한 중생이 있다고 한다면, 여래에게 자아와 인간과 중생과 목숨이 있게 된다.[1]

수보리야, 자아가 있다는 여래의 말은 자아가 있다는 뜻이 아닌데, 범부들은 그것을 자아가 있다고 여긴다.[2]

수보리야, 범부라는 것도 범부가 아니라고 여래가 설했다.[3]

[해설]

1) 산스끄리뜨어에는 "수보리야, 이것을 어떻게 생각하느냐? 참으로 여래가 '나는 중생들을 완전히 해탈하게 했다'는 이런 [생각을] 내겠는가? 그러나 수보리야, 참으로 이렇게 보아서는 안 된다.

그것은 왜 그런가? 수보리야, 여래가 완전히 해탈하게 한 어떤 중생도 없기 때문이다. 만일 다시 수보리야, 여래가 완전히 해탈하게 했다 할 어떤 중생이 존재한다면, 참으로 여래에게 자아에 대한 집착이 있는 것이고, 중생에 대한 집착, 영혼에 대한 집착, 개아에 대한 집착이 있는 것이다"로 되어 있다.

'해탈'은 산스끄리뜨어로 mokṣa이다. 이는 muc에서 파생된 것이다. muc는 '자유롭게 하다, 풀어주다, 구제하다, 해방시키다(free, let go, release, liberate)'의 뜻이다. 즉 해탈은 '놀람, 공포, 두려움도 완전히 사라지고(不驚不怖不畏, 14장)', '우리를 속박하는 모든 번뇌로부터 벗어난 것이다.'

구마라집은 '당도(當度)', 보리류지, 진제, 의정은 '도(度)', 급다는 '도탈(度脫)', 현장은 '당도탈(當度脫)'로 옮겼다.

이는 3장, 17장을 참고하라.

3장에는 "온갖 부류의 중생을 내가 다 무여열반에 들게 해서 멸도에 이르게 하겠다. 그러나 이렇게 헤아릴 수 없고 셀 수도 없고 끝없는 중생을 멸도에 이르게 했다 하더라도 실은 멸도에 이른 중생은 없다. 왜 그런가? 수보리야, 보살에게 중생이라는 생각이 있으면 보살이라고 말할 수 없기 때문이다."라고 했다.

17장에는 "수보리야, 보살도 그러하여 '내가 한량없는 중생을 멸도(滅度)에 이르게 하겠다'고 한다면 보살이라 할 수 없다. 왜냐하면 수보리야, 보살이라 할 그 어떤 법이 실은 없기 때문이다. 그러므로 붓다는 일체 법에는 자아도 없고, 인간도 없고, 중생도 없고, 목숨도 없다고 설했다."라고 했다.

즉 이는 깨달음을 이룬 붓다라도 마찬가지다. 만약 여래가 제도한 중생이 있다고 한다면, 여래에게 자아와 인간과 중생과 목숨이라는 생각이 있게 된다.

2) 산스끄리뜨어에는 "수보리야, 자아에 대한 집착, 그것은 [자아에 대한] 집착이 아니라고 여래는 설하였다. 그것은 단지 어리석은 범부

들이 집착하는 것이다'로 되어 있다.

"'범부(凡夫)'는 산스끄리뜨어로 pṛthagjana이다. pṛthag는 '분리된, 개개의' 뜻이다. jana는 '사람' 일반을 나타낸다. 그래서 pṛthagjana는 '개개의 인간' 즉 범부를 뜻한다.

초기경에서는 거의 대부분 '배우지 못한 범부(assutavā puthujjano)'라는 문구로 나타난다. 여기서 배우지 못했다는 assutavā는 문자적으로 '듣지 못한'의 뜻이다. 구전으로 스승의 가르침을 배우던 고대 인도에서 '듣지 못했다'는 말은 '배우지 못했다'는 뜻이 된다.

'배우지 못한 범부'의 반대되는 문구는 '잘 배운 성스런 제자(sutavā ariyasāvako)'라는 표현이 여러 곳에서 대(對)가 되어서 나타난다(각묵 스님, 375쪽 참고)."

'어리석은 범부'는 구마라집은 '범부(凡夫)', 보리류지는 모도범부(毛道凡夫: 가벼운 털이 바람 따라 흔들리듯 범부의 마음이 동요한다는 뜻), 진제는 '영아범부(嬰兒凡夫)', 급다는 '소아범부(小兒凡夫)'로 어린아이 같은 범부로 옮겼고, 현장은 '우부이생(愚夫異生)', 의정은 '우부(愚夫)'로 옮겼다.

"붓다가 중생을 구제한 바 없듯이 보살도 중생을 구제한 바 없다. 그렇지 않고 만약 중생을 구제한다는 생각이 있다면, 이는 자아에 집착하는 것이다. 그러나 자아라는 생각, 인간이라는 생각, 중생이라는 생각, 목숨이라는 생각에 집착하지 않는다면, 집착하는 행위자도 없고 집착의 대상도 없기 때문에 그 집착은 집착이 아니라는 것이다(Red Pine, p.369 참고)."

"그러나 범부들은 집착한다. 그래서 어리석은 범부들이라 한다. 하지만 범부들이 집착하는 것도 실은 집착이 아니다. 왜냐하면 비록 어리석어 자아에 집착하지만, 실제 존재하는 것이 아니기 때문에 어리석은 범부들의 집착도 실은 공한 것이다. 그러나 범부들은 이를 알지 못한다. 그들이 집착하는 것은 단지 깨달음에서 멀어져 있는 그들의 관념일 뿐이다. 그들의 집착도 [집착 자체가 공하기 때문에] 사실은 집착이 아닌 것이다. 그래서 구제한 중생이 없다고 하는 것이다 (Red Pine, p.370 참고)."

다만 어리석은 범부들은 집착하는 대상은 말할 것도 없고 그 집착도 실은 공한 줄 모르고 끝없이 집착한다.

3) 산스끄리뜨어에는 "수보리야, 어리석은 범부들이라 하지만 그들은 [어리석은] 범부들이 아니라고 여래는 설하였나니 그래서 말하기를 어리석은 범부들이라 한다"로 되어 있다.

배우지 못한 범부들은 자아에 대한 집착을 여간해서는 내려놓지 못한다. 그래서 범부라고 한다.

즉 "모든 집착은 자아에 대한 집착으로부터 나오는 것인데, 범부들은 태어난 후 다른 것은 몰라도 적어도 '자아'야말로 정말 실재한다고 인식한다. 지혜에 비추어 보면, 어떤 근거도 발견할 수 없는데도 그렇게 인식한다. 이것이 바로 부처와 범부 사이를 가로막고 있는 유일한 장애다.

만약 어리석은 범부가 이런 집착이 어리석다는 것을 깨닫고, 자아라는 생각, 인간이라는 생각, 중생이라는 생각, 목숨이라는 생각이 없다면, 부처가 되는 것이다. 그러나 그렇지 않는 한 여전히 어리석은 범부로 남아 있는 것이다(Red Pine, p.373 참고)."

'그래서 말하기를 어리석은 범부들이라 한다'는 구마라집은 생략했고, 보리류지는 '시고언모도범부생(是故言毛道凡夫生)', 진제는 '피고설영아범부중생(彼故說嬰兒凡夫衆生)', 급다는 '고설명소아범부생자(故說名小兒凡夫生者)', 현장은 '고명우부이생(故名愚夫異生)', 의정은 '고명우부중생(故名愚夫衆生)'으로 옮겨 넣었다.

[정리] 범부들은 자아가 있다고 여긴다

수보리야, 어떻게 생각하느냐? 여래가 '나는 중생을 제도했다'는 생각을 하겠는가?

수보리야, 그런 생각 하지 마라. 왜냐하면 여래가 제도한 중생이 실은 없기 때문이다. 만약 여래가 제도한 중생이 있다고 한다면, 여래에게 자아와 인간과 중생과 목숨이라는 생각이 있게 된다.

수보리야, 자아가 있다는 여래의 말은 자아가 있다는 뜻이 아닌데, 범부들은 그것을 자아가 있다고 여긴다.

수보리야, 범부라는 것도 범부가 아니라고 여래가 설했다. 그래서 범부라 한다.

26 법으로 여래를 보아야 한다

法身非相分
법신비상분

須菩提 於意云何 可以三十二相 觀如來不 須菩提言 如是如是 以
수보리 어의운하 가이삼십이상 관여래부 수보리언 여시여시 이
三十二相 觀如來 佛言須菩提 若以三十二相 觀如來者 轉輪聖王
삼십이상 관여래 불언수보리 약이삼십이상 관여래자 전륜성왕
則是如來 須菩提白佛言 世尊 如我解佛所說義 不應以三十二相 觀
즉시여래 수보리백불언 세존 여아해불소설의 불응이삼십이상 관
如來 爾時 世尊而說偈言
여래 이시 세존이설게언

若以色見我 以音聲求我 是人行邪道 不能見如來
약이색견아 이음성구아 시인행사도 불능견여래

법신은 모습이 없다

수보리야, 어떻게 생각하느냐? 32상(三十二相)으로 여래를 볼 수 있느냐?"[1]

수보리가 말했다.

"그렇습니다, 그렇습니다. 32상으로 여래를 볼 수 있습니다."[2]

붓다께서 말씀하셨다.

"수보리야, 32상으로 여래를 볼 수 있다면, 전륜성왕(轉輪聖王)도 여래일 것이다."[3]

수보리가 붓다에게 말했다.

"세존이시여, 제가 붓다께서 설하신 뜻을 이해하기로는 당연히 32상으로 여래를 볼 수 없습니다."

그때 세존께서 게송으로 설하셨다.[4]

"형상으로 나를 보거나

음성으로 나를 찾으면

그릇된 길을 가는 자이니

여래를 볼 수 없으리.[5]

[해설]

1) 산스끄리뜨어에는 "수보리야, 이것을 어떻게 생각하느냐? 상을 구족했기 때문에 여래라고 보아야 하는가?"로 되어 있다.

'구족한 상'을 다른 한역에서는 원문에 따라 옮겼지만, 구마라집은 '32상(三十二相)'으로 옮겼다.

이는 붓다가 수보리에게 '몸의 형상으로 여래를 볼 수 있느냐?'고 5장, 13장, 20장에 이어 네 번째 묻고 있는 것이다.

5장에는 "수보리야, 어떻게 생각하느냐? 몸의 형상으로 여래를 볼 수 있겠느냐?"라고 했고,

13장에는 "수보리야, 어떻게 생각하느냐? 32상(三十二相)으로 여래를 볼 수 있느냐?"라고 했고,

20장에는 "수보리야, 어떻게 생각하느냐? 구족한 몸(色身)으로 여래를 볼 수 있겠느냐?"라고 했다.

이러한 상은 오랜 겁 동안 쌓은 공덕과 업의 결과이다. 하지만 그것이 깨달음의 원인은 아니다. 모든 형상은 허깨비일 뿐이다. 그래서 형상으로 나를 보면 여래를 볼 수 없다고 말하는 것이다.

2) 산스끄리뜨어에는 "참으로 그렇지 않습니다, 세존이시여. 제가 세존의 설하신 뜻을 깊이 아는 바로는 상을 구족했기 때문에 여래라고 보아서는 안 됩니다"로 되어 있다.

구마라집을 제외한 모든 한역에서는 이 원문을 따랐다.

그러나 구마라집은 "그렇습니다, 그렇습니다. 32상으로 여래를 볼 수 있습니다"라고 옮겼다.

왜 구마라집은 '32상으로 여래를 볼 수 있다'고 했을까?

하나는 단순한 실수라고 할 수 있다. 그러나 이런 가능성은 거의 없다. 5장, 13장, 20장에서 계속해서 '볼 수 없다'고 말했기 때문이다.

또 하나는 의도적이라고 할 수 있다. 왜냐하면 이 구절에서는 '여아해불소설의(如我解佛所說義)', 즉 '제가 붓다께서 설하신 뜻을 이해하기로는'을 생략하고 있기 때문이다. 아무 생각 없이 '볼 수 있습니다'라는 뉘앙스를 풍기고 있다. 그러자 붓다가 '그렇다면 전륜성왕도 여래일 것이다'라고 예를 들자, 그때서야 '제가 붓다께서 설하신 뜻을 이해하기로는 볼 수 없습니다'라며 수긍한다. 이에 붓다가 게송을 읊게 되는 것으로 좀 극적으로 번역하고 있기 때문이다.

이와 같이 구마라집은 반전을 꾀하면서 청중들의 주의를 끌게 하려는 의도가 있었다고 볼 수 있다. 왜냐하면 그렇더라도 문맥이 끊기거나 이 경의 가르침을 전혀 흐트러뜨리지 않고 있기 때문이다.

3) 산스끄리뜨어에는 "선재 선재라. 수보리야, 참으로 그러하다. 수보리야, 참으로 그러하다. 상을 구족했기 때문에 여래라고 봐서는 안 된다.

그것은 왜 그런가? 만일 다시 수보리야, 상을 구족했기 때문에 여래라고 보아야 한다면 전륜성왕도 역시 여래가 될 것이기 때문이다. 그러므로 상을 구족했기 때문에 여래라고 봐서는 안 된다"로 되어 있다.

"'전륜성왕(轉輪聖王)'은 산스끄리뜨어 rājā-cakravartī이다. rājā는 '왕', cakra는 '바퀴, 원반' vartī는 '가진, 행하는'의 뜻이다. 그래서 이 말은 '바퀴를 가진(혹은 굴리는) 왕'이라는 뜻이다. 마치 부처님이 법의 짜끄라(dharma-cakra)를 굴려서 천하에 법을 펴듯이, 인도의 전설에 의하면 이런 32상을 갖춘 전륜성왕이 즉위하면 하늘에서 이 짜끄라(輪)가 주어져서 이 윤보(輪寶)로써 천하를 평정한다고 한다(각묵 스님, 381쪽 참고)."

이는 석가모니가 태어났을 때, 아사타(阿沙陀, Asita)가 상을 보고 전륜성왕이 되던가, 출가하면 부처가 될 것이라는 예언을 떠올리게 한다.

"이는 육체, 즉 형상으로 본다면 여래와 전륜성왕은 다르지 않다. 그러나 깨달음으로 본다면, 부처는 바퀴를 굴리는 왕과 다르다. 즉 32상으로 깨달음을 얻는 것은 아니기 때문이다. 세친(世親, Vasubandhu, 320?-400?, 인도의 승려이며, 아상가의 동생)이 논하기를, '비록 붓다의 상이 오랜 억겁 동안 축적된 공덕의 결과이지만, 그것은 깨달음의 원인이 아니라 단지 깨달음의 징조(precursor)일 뿐이다. ―아상가(Asaṅga, 阿僧伽, 310-390)(Red Pine, p.382 참고)"라고 논하였다.

4) 산스끄리뜨어에는 "제가 세존의 설하신 뜻을 깊이 아는 바로는 상을 구족했기 때문에 여래라고 봐서는 안 됩니다. 그러자 참으로 세존께서 그때에 이 게송을 읊으셨다"로 되어 있다.

8장에서 말했듯이 '게송'은 산스끄리뜨어로 gāthā이다. 구마라집, 보리류지, 진제는 '게(偈)', 급다는 '가타(伽陀)'로 음역했고, 현장,

의정은 '송(頌)'으로 옮겼다(8장의 사구게에서는 급다와 현장은 각각 四句等偈와 四句伽陀로 옮김).

"붓다는 긴 설법을 요약하기 위해 게송을 자주 사용한다. 이런 시적인 게송은 기억하기 쉬울 뿐만 아니라 마음에 간직하기 쉽기 때문이다. 이 게송은 이 장의 요약이고, 동시에 이 경의 요약이기도 하다 (Red Pine, p.384)."

5) 구마라집은 이 게송을 '약이색견아 이음성구아 시인행사도 불능견여래'로 옮겼다. 이는 우리에게 잘 알려진 세 번째 사구게이며, 이 경의 대표적인 사구게라고 할 수 있다.

산스끄리뜨어에 나오는 게송은 이렇다.

형상으로 나를 보았거나,
소리로써 나를 찾았던 자들은,
그릇되이 정진한 것이니,
그 사람들은 나를 보지 못할 것이다.

법으로 부처님들을 보아야 한다.
참으로 스승들은 법을 몸으로 하기 때문이다.
그러나 법됨은 분별로 알아지지 않나니
그것은 분별해서 알 수 없기 때문이다.

구마라집은 아래 두 번째 게송은 생략했고, 다른 한역에서는 모두 원문에 따라 옮겼다.

진제(眞諦)는 아래 게송을 "법으로 부처를 보니, 여래는 법이 그 몸이다. 그러나 법은 의식의 경계가 아니니, 법은 깊어서 보기가 어려운 것이다"로 옮겼다.

즉 이는 형상이 아니라 법으로 여래를 보아야 한다는 것이다. 여래는 법이 그 몸이다. 즉 법신(法身)이 곧 여래이기 때문이다. 하지만 법 됨(법신)은 여간해서는 보기 어렵다는 것이다. 왜냐하면 여래의 법신은 인식의 영역이 아니기 때문이다.

그러나 아래에 나오는 이 게송은 후대에 만들어진 게송이라는 주장도 있다.

즉 "아래 슬로까(śloka : 사구게)는 전형적인 슬로까 운율로 된 시인데, 위의 시에 비하면 연대적으로 후대에 만들어진 시인 것 같다. 그리고 '법을 몸', 즉 dharma-kāya(法身) 같은 술어는 초기경에 거의 나타나지 않는다(각묵 스님, 385쪽 참고)."

물론 다른 견해도 있다. 빠알리어 경전에 의하면, 붓다가 반열반에 들기 전에도 법신이라는 용어가 존재했다. 법신은 문자 그대로 진리의 몸이라는 뜻이다.

아무튼 이는 영어 번역본에서도 나타나는 현상인데, Edward Conze의 번역본에는 들어있지만, A. F. Price & Wong Mou-lam, Red Pine의 번역본에는 들어 있지 않다.

보리류지는,

약이색견아 이음성구아 시인행사도 불능견여래(若以色見我 以音聲求我 是人行邪道 不能見如來)

피여래묘체 즉법신제불 법체불가견 피식불능지(彼如來妙體 卽法身諸佛 法體不可見 彼識不能知)

진제는,

약이색견아 이음성구아 시인행사도 불응득견아(若以色見我 以音聲求我 是人行邪道 不應得見我)

유법응견불 조어법위신 차법비식경 법여심난견(由法應見佛 調御法爲身 此法非識境 法如深難見)

급다는,

약아색견 약아성구 사해탈행 아불견피(若我色見 若我聲求 邪解脫行 我不見彼)

법체불견응 법신피여래 법체급불식 고피불능지(法體佛見應 法身彼如來 法體及不識 故彼不能知)

현장은,

제이색관아 이음성심아 피생이사단 불능당견아(諸以色觀我 以音聲尋我 彼生履邪斷 不能當見我)

응관불법성 즉도사법신 법성비소식 고피불능요(應觀佛法性 卽導師法身 法性非所識 故彼不能了)

의정은,

약이색견아 이음성구아 시인기사관 불능당견아(若以色見我 以音聲求我 是人起邪觀 不能當見我)

응관불법성 즉도사법신 법성비소식 고피불능요(應觀佛法性 卽導師法身 法性非所識 故彼不能了)

로 옮겼다.

[정리] 법으로 여래를 보아야 한다

수보리야, 어떻게 생각하느냐? 32상(三十二相)으로 여래를 볼 수 있느냐?"

수보리가 말했다.

"그렇습니다, 그렇습니다. 32상으로 여래를 볼 수 있습니다."

붓다께서 말씀하셨다.

"수보리야, 32상으로 여래를 볼 수 있다면, 전륜성왕(轉輪聖王)도 여래일 것이다."

수보리가 붓다에게 말했다.

"세존이시여, 제가 붓다께서 설하신 뜻을 이해하기로는 당연히 32상으로 여래를 볼 수 없습니다."

그때 세존께서 게송으로 설하셨다.

"형상으로 나를 보거나

음성으로 나를 찾으면
그릇된 길을 가는 자이니
여래를 볼 수 없으리.

법으로 부처를 보니,
여래는 법이 그 몸이다.
그러나 법은 의식의 경계가 아니니,
법은 깊어서 보기가 어려운 것이다.

27 모든 현상은 단멸하는 게 아니다

無斷無滅分
무단무멸분

須菩提 汝若作是念 如來不以具足相故得阿耨多羅三藐三菩提 須
수보리 여약작시념 여래불이구족상고득아뇩다라삼먁삼보리 수
菩提 莫作是念 如來不以具足相故得阿耨多羅三藐三菩提 須菩提
보리 막작시념 여래불이구족상고득아뇩다라삼먁삼보리 수보리
汝若作是念 發阿耨多羅三藐三菩提者 說諸法斷滅相 莫作是念 何
여약작시념 발아뇩다라삼먁삼보리자 설제법단멸상 막작시념 하
以故 發阿耨多羅三藐三菩提心者 於法不說斷滅相
이고 발아뇩다라삼먁삼보리심자 어법불설단멸상

끊어짐도 없고 멸함도 없다

수보리야, 네가 '여래는 상을 구족했기 때문에 아뇩다라삼먁삼보

리를 얻었다'고 생각한다면, 수보리야, 그런 생각 하지 마라. 여래는 상을 구족했기 때문에 아뇩다라삼먁삼보리를 얻은 게 아니다.[1]

수보리야, 네가 '아뇩다라삼먁삼보리를 구하려는 자는 모든 법을 단멸상(斷滅相)으로 설했다'고 생각한다면, 그런 생각 하지 마라. 왜냐하면 아뇩다라삼먁삼보리를 구하려는 마음을 낸 자는 법을 단멸상으로 설하지 않았기 때문이다.[2]

[해설]

1) 산스끄리뜨어에는 "수보리야, 이것을 어떻게 생각하느냐? 상을 구족했기 때문에 여래는 무상정등각을 철저하게 깨달았는가? 참으로 다시 수보리야, 그대는 이렇게 보아서는 안 된다.

그것은 왜 그런가? 참으로 수보리야, 상을 구족했기 때문에 여래는 무상정등각을 철저하게 깨달은 것이 아니기 때문이다"로 되어 있다.

이는 5장, 20장을 참고하라.

5장에는 "수보리야, 어떻게 생각하느냐? 몸의 형상으로 여래를 볼 수 있겠느냐? 아닙니다, 세존이시여. 몸의 형상으로 여래를 볼 수 없습니다. 왜냐하면 여래께서 말씀하신 몸의 형상은 몸의 형상이 아니기 때문입니다."라고 했다.

20장에는 "수보리야, 어떻게 생각하느냐? 구족한 여러 가지 상으로 여래를 볼 수 있겠느냐? 아닙니다, 세존이시여. 구족한 여러 가지 상으로 여래를 볼 수 없습니다. 왜냐하면 여래께서 말씀하신 여러 가지 상을 구족했다는 것은 구족한 것이 아니기 때문입니다. 그래서 여러 가지 상을 구족했다고 하셨습니다."라고 했다.

앞에서 몸의 형상으로 여래를 볼 수 없고, 상을 구족했다는 것도 구족한 것이 아니라고 했다면, 여기서는 상을 구족했기 때문에 여래가 무상정등각을 깨달은 것도 아니라고 말하고 있다.

의정은 이 구절 전체를 생략했다.

여기서 한 가지 덧붙이면, '여래불이구족상고득아뇩다라삼먁삼보리(如來不以具足相故得阿耨多羅三藐三菩提)'에서 여래(如來) 다음에 나오는 '불(不)'은 문장 전체에 걸리는 것이다. 즉 '여래는 상을 구족했기 때문에 아뇩다라삼먁삼보리를 얻은 것이 아니다'라는 뜻이다.

그렇지 않고 이 문장을 '고(故)' 앞에서 끊어 읽거나 혹은 '고(故)' 다음에 끊어 '불(不)'을 한정시켜, '여래는 상을 구족하지 않았기 때문에 아뇩다라삼먁삼보리를 얻었다'로 해석하면 안 된다.

2) 산스끄리뜨어에는 "참으로 다시 수보리야, 누구도 너에게 이렇게 말하지 않았을 것이다. '보살승에 굳게 나아가는 자들은 어떤 법의 소멸이나 단멸을 인정한다'고. 수보리야, 참으로 너는 이렇게 봐서는 안 된다. 그것은 왜 그런가? 보살승에 굳게 나아가는 자들은 어떤 법의 소멸이나 단멸을 결코 인정하지 않기 때문이다"로 되어 있다.

'참으로 다시'는 구마라집, 보리류지, 진제, 의정은 생략했고, 급다는 '부시(復時)', 현장은 '부차(復次)'로 옮겨 넣었다. '그리고, 또한'이라는 의미가 담겨 있다.

'누구도 너에게 이렇게 말하지 않았을 것이다'는 모든 한역에서 '그렇게 생각한다면'의 의미로 옮겼다.

"'소멸'은 산스끄리뜨어로 vināśa이다. '소멸, 파멸, 손실, 잃음' 등을 뜻한다.

'단멸'은 산스끄리뜨어로 uccheda이다. '부서짐, 소멸'의 뜻이다(각묵 스님, 389쪽)."

사실 소멸이나 단멸은 거의 비슷한 말로 정확히 구분 짓기가 어렵다. 구마라집, 보리류지는 '단멸상(斷滅相)', 진제는 '멸(滅)', 의정은 '단멸(斷滅)'로 이 둘을 뭉뚱그려 옮겼고, 급다는 '파멸(破滅)'과 '단(斷)', 현장은 '괴(壞)'와 '단(斷)'으로 각각 옮겼다.

이 구절 또한 매우 중요한 가르침이다. 즉 단견에 빠지는 것을 경계하라는 가르침이다.

"무릇 형상이 있는 것은 모두 허망하다." 이는 상(相), 즉 형상은 모두 공한 것이다. 그래서 여래는 상을 구족했기 때문에 아뇩다라삼먁삼보리를 얻은 게 아니다.

그러나 공에 빠져 서도 안 된다. 5장에서 말했듯이 이는 존재 자체가 허망하다는 것이 아니라 실재라고 인식하는 것이 허망하다는 뜻이다. 상을 공한 것으로만 보면(예컨대 32상을 구하려고 해서도 안 되지만, 허망한 것으로만 보면), 단멸에 떨어지고 만다. 단멸은 있는 것을 없다고 보는 것이고, 단견은 단멸이라는 견해에 집착하는 것이다. 그래서 모든 법을 단멸하는 것으로 설했다는 생각을 갖지 말라고 말하는 것이다.

공함을 보는 것은 혜안이고, 단멸을 인정하지 않는 것은 법안이다. 그러나 태어남이 없음을 보는 것은 불안이다. 부처의 눈으로 보면, '있다(有), 없다(無)', '존재한다, 존재하지 않는다', '불멸이다, 단멸이다' 등의 이분법적 사고를 떠난 것이다.

《잡아함경》〈유아경(有我經)〉을 보면, 출가한 어떤 바차(婆蹉) 종족이 부처님께 "세존이시여, 나라고 하는 것이 있습니까?"라고 여쭈었다. 이렇게 세 번씩이나 물어도 대답을 하지 않자, 아난이 "'그가 묻는 것에 대답하지 못한다'고 잘못 생각하지 않겠습니까?"라고 부처님께 여쭈었다. 그때 부처님께서 "내가 만약 나라는 것이 있다고 대답하면 그가 이전부터 가지고 있던 삿된 견해를 더 늘어나게 할 것이고, 내가 나라는 것이 없다고 대답한다면 그가 이전부터 가지고 있던 의혹이 더 늘어나지 않겠느냐? 그렇다고 그에게 본래는 나라고 하는 것이 있었는데, 지금은 끊어 없앴다고 말해야 하겠느냐? 만약 본래부터 나라고 하는 것이 있었다고 한다면 그것은 곧 상견(常見)이고, 지금은 끊어 없앴다고 한다면 그것은 곧 단견(斷見)이다. 여래는 두 극단을 여의고 중도에 서서 다음과 같이 설법한다. '이것이 있어 저것이 있고, 이것이 생기기 때문에 저것이 생긴다. 즉 무명을 연하여 행이 있고 …… 태어남, 늙음, 병듦, 죽음, 근심, 슬픔, 괴로움의 번민이 생기느니라. 무명이 사라지면 행이 사라지고 …… 태어남, 늙음, 병듦, 죽음, 근심, 슬픔, 괴로움의 번민이 멸하느니라"라고 아난에게 말한다 (김월운 옮김,《잡아함경》4권, 178~179쪽).

이를 아주 쉽게 이야기하면, 영원히 변하지 않는 불멸의 '나'가 있다고 보는 것은 상견이고, 죽으면 끝이라고 보는 것은 단견이다.

"세속적인 법들에 집착하는 사람들은 그릇된 견해에서 벗어나지 못한다. 따라서 소멸이 다가오면, 불멸의 영원함에 집착한다. 그리고 불멸의 영원함이 지속될 때, 소멸할까 집착한다. ─제불(濟佛, Chi-fo)(Red Pine, p.391)"

즉 여래는 불멸과 단멸의 두 극단을 여의고 중도에 서서 다음과 같이 설법한다.

"이 세상의 모든 존재와 현상은 이것이 있어 저것이 있고, 이것이 사라지면 저것도 사라진다."

"여기서 붓다가 단멸하지 않는다고 말하는 것은 법은 무너지는 것도 아니고 무너지지 않는 것도 아니라는 의미이다. 단멸이나 혹은 불멸이라는 견해로는 붙잡을 수 없다. ─제불(濟佛, Chi-fo)(Red Pine, p.391)"

[정리] 모든 현상은 단멸하는 게 아니다

수보리야, '여래는 상을 구족했기 때문에 아뇩다라삼먁삼보리를 얻었다'고 생각하느냐? 수보리야, 그런 생각 하지 마라. 여래는 상을 구족했기 때문에 아뇩다라삼먁삼보리를 얻은 게 아니다.

 그리고 수보리야, 네가 '아뇩다라삼먁삼보리를 구하려는 자는 모든 현상이 단멸(斷滅)한다는 것을 설했다'고 생각한다면, 그런 생각 하지 마라. 왜냐하면 아뇩다라삼먁삼보리를 구하려는 마음을 낸 자는 현상을 단멸하는 것으로 설하지 않았기 때문이다.

28 자아도 없고 생겨남도 없는 법을 인욕으로 성취하다

不受不貪分
불수불탐분

須菩提 若菩薩 以滿恒河沙等世界七寶布施 若復有人 知一切法無
수보리 약보살 이만항하사등세계칠보보시 약부유인 지일체법무
我 得成於忍 此菩薩 勝前菩薩所得功德 須菩提 以諸菩薩 不受福
아 득성어인 차보살 승전보살소득공덕 수보리 이제보살 불수복
德故 須菩提白佛言 世尊 云何菩薩 不受福德 須菩提 菩薩所作福
덕고 수보리백불언 세존 운하보살 불수복덕 수보리 보살소작복
德 不應貪著 是故說不受福德
덕 불응탐착 시고설불수복덕

받지도 않고 탐하지도 않는다

　수보리야, 어떤 보살이 갠지스 강의 모래알만큼 많은 세계에 칠보를 가득 채워 보시하더라도, 다른 어떤 사람이 일체 법이 무아임을 알고 인욕을 성취한다면, 이 보살은 앞의 보살보다 더 나은 공덕을 얻을 것이다.[1] 수보리야, 이 보살은 복덕을 받지 않기 때문이다."[2]
　수보리가 붓다에게 여쭈었다.
　"세존이시여, 어찌하여 보살이 복덕을 받지 않는다고 합니까?"[3]
　"수보리야, 보살은 지은 복덕에 탐착하지 않기 때문이다. 그래서 복덕을 받지 않는다고 한 것이다.[4]

[해설]

1) 산스끄리뜨어에는 "참으로 다시 수보리야, 선남자 선여인이 갠지스 강의 모래알들과 같이 많은 세계들을 칠보로써 가득 채우고서 여래 아라한 정등각들께 보시를 행한다 하더라도 다시 보살이 자아도 없고 생겨남도 없는 법들에서 인욕을 성취한다면, 이로 인해서 참으로 측량할 수 없고 헤아릴 수 없는 더 많은 공덕의 무더기를 쌓을 것이다"로 되어 있다.
　'생겨남이 없는'은 산스끄리뜨어로 anutpattika이다.

'자아도 없고 생겨남도 없는 법들에서 인욕을 성취한다면'은 '보리류지는 '지일체법무아 득무생법인(知一切法無我 得無生法忍)', 진제는 '어일체법무아 무생 득무생인(於一切法無我 無生 得無生忍)', 급다는 '무아무생중 법중인득(無我無生中 法中忍得)', 현장은 '어제무아 무생법중 획득감인('於諸無我 無生法中獲得堪忍)', 의정은 '어무아리 불생법중 득인해자(於無我理 不生法中 得忍解者)'로 옮겼다.

구마라집은 '생겨남도 없는'은 생략하고, '지일체법무아 득성어인(知一切法無我 得成於忍)'으로 옮겼다.

이 가운데 보리류지는 '일체 법에는 자아가 없음을 알고 태어남이 없는, 즉 무생법인(無生法忍)을 얻었다면'으로 옮겼고, 진제는 '어떤 보살이 일체의 법에 나가 없고 생겨남이 없고 태어남이 없는 인(忍)을 얻었다면'으로 옮겼다.

이는 혜안이나 법안을 떠나 부처의 눈으로 보는 것이다. 부처의 눈으로 보면 모든 현상은 생겨남도 없고 멸함도 없다.

"법은 지금껏 존재한 적이 없고, 미래에도 존재하지 않을 것이고, 현재도 존재하지 않는다면, 과거에 끊어짐이나 단멸한 적도 없었고, 미래에도 현재도 끊어지거나 단멸할 법이 없다(Red Pine. pp.390~391)"

'인욕'은 산스끄리뜨어로 Kṣānti 이다. 인욕바라밀을 뜻한다. 인욕은 '참고 견디다'의 뜻이다. 하지만 인욕의 진정한 의미는 '무아법을 끝내 이루다', 즉 '일체의 법은 자아가 없고 생겨남이 없다는 것을 참고 견디며 끝내 이루어 내다'의 의미이다.

따라서 이 구절은 '일체 법이 무아임을 아는 것을 인욕으로써 성취한다면'으로 이해해야 한다.

혼히 "'생겨남이 없는 법들에서 인욕을 성취한다'는, 한문으로 '무생법인(無生法忍)'으로 옮긴다. 즉 일체의 것이 불생불멸임을 받아들이는 것이다. 그러나 단순히 받아들이는 것이 아니라 인욕으로써 터득한다는 의미가 담겨 있다. 무아와 무생을 설하는 법을 받아들여 인욕으로 무아와 무생을 묵묵히 수행하여 무상정등각을 지금 여기서 실현하기 위해 노력한다는 뜻이다(각묵 스님, 393, 394쪽 참고)."

산스끄리뜨어 원문에는 "'선남자 선여인'이 칠보를 가득 채워 보시하더라도, '보살'이 자아도 없고 생겨남도 없는 법들에서 인욕을 성취한다면"으로 되어 있다.

이를 구마라집은 '선남자 선여인'과 '보살'의 대비를 뒤바꿔 놓았다.

"'보살'이 칠보를 가득 채워 보시하더라도, '선남자 선여인'이 일체 법이 무아임을 알고 인욕을 성취한다면, 보살보다 더 나은 공덕을 얻을 것이다"라고 옮겼다.

그런데 이 구절 안에는 세 가지 바라밀이 들어 있다.

"즉 보시바라밀, 인욕바라밀, 지혜바라밀이다. 붓다는 여기에 이 세 가지 바라밀을 모아 놓은 것이다. 예컨대 우리가 무언가를 주면, 그 잃음을 견딜 수 있어야 한다. 그리고 그 없음을 받아들여야 한다. 보시와 인욕은 동일한 수행이다. 그리고 이 이중적인 수행을 하게 하는 것이 지혜바라밀이다. 왜냐하면 지혜바라밀은 모든 요소들이 공하다는 것을 깨닫게 해주기 때문이다. 즉 보시도 없고, 보시하는 자도 없고, 보시 받는 자도 없다. 그리하여 실은 수행하는 자도 없고, 수행도 없는 것이다. 즉 일체 법이 무아이다.

그렇게 일체 법이 무아이고, 실재가 아니라는 것을 받아들여 깨달음으로써만 모든 것에 집착을 내려놓을 수가 있다. 그렇게 집착을 내려놓을 때 목숨도 보시하고, 목숨을 잃어도 인욕할 수 있는 것이다(인욕선인忍辱仙人은 14장을 참고하라). 또한 모든 중생들을 구제할 수 있다. 즉 중생들은 과거에도 존재하지 않았고, 미래에도 존재하지 않을 것이며, 현재도 중생들은 존재하지 않는다. 그리하여 중생을 구제해도 구제한 중생이 하나도 없는 것이다(Red Pine, p.395, 398)."

나가르주나는 연기(緣起, paṭicca-samuppāda, 조건지워져서 생겨남)이기에 무아이고, 무아이기에 공(호, śūnyatā)이라고 한다. 즉 일체 법이 무아이다. 무아이기 때문에 태어남이 없다. 자아는 지금껏 존재한 적이 없다. 무아는 깨달음의 필수불가결한 원인이다. 그러나 사람들은 인욕으로써 성취하지 못하기 때문에 무아를 받아들이지 못한다. 또 무아를 받아들이지 못하기 때문에 머무는 데 없이 보시를 하거나, 인욕을 할 수 없다. 그래서 이 두 가지 수행을 하게 하는 것이 지혜바라밀이라고 하는 것이다.

2) 산스끄리뜨어에는 "참으로 다시 수보리야, 보살마하살은 공덕의 무더기를 수용해서는 안 된다"로 되어 있다.

이는 보살은 공덕에 집착하지 않기 때문이다.

3) 산스끄리뜨어에는 "세존이시여, 참으로 보살은 공덕의 무더기를 수용해서는 안 됩니까?"로 되어 있다.

이것이 수보리의 일곱 번째 질문이다.

구마라집은 '운하보살 불수복덕(云何菩薩 不受福德)', 보리류지는 '보살불취복덕(菩薩不取福德)', 진제는 '차복덕취 가섭지부(此福德聚 可攝持不)', 급다는 '불 세존 보살복취취응(不 世尊 菩薩福聚取應)', 현장은 '운하보살 불응섭수복취(云何菩薩 不應攝受福聚)', 의정은 '보살 기불취복취야(菩薩 豈不取福聚耶)'로 옮겼다.

이 가운데 진제는 '차복덕취 가섭지부(此福德聚 可攝持不)', 즉 "이 복덕의 쌓임을 받고 지닐 수 있겠습니까?"로 독특하게 옮겼다.

4) 산스끄리뜨어에는 "수보리야, 수용은 하더라도 국집해서는 안 된다. 그래서 말하기를 수용한다고 한 것이다"로 되어 있다.

여기서 '수용'은 '받아들인다(受)'의 뜻이고, '국집'은 '집착, 탐착한다(貪著)'의 뜻이다.

이 구절을 이해하는 데 보리류지의 번역이 도움이 될 듯싶고, 진제의 독특한 번역도 음미해 볼 만하다.

보리류지는 '보살수복덕 불취복덕 시고보살취복덕(菩薩受福德 不聚福德 是故菩薩聚福德)', 즉 "보살은 복덕을 받더라도 복덕에 집착하지 않는다. 그래서 보살은 복덕을 받는다고 한 것이다"로 옮겼다.

진제는 '차복덕취 가득섭지 불가집취 시고설차복덕지취 응가섭지(此福德聚 可得攝持 不可執取 是故說此福德之聚 應可攝持)', 즉 "이 복덕의 쌓임이란 그것을 받고 지닐 수 있지만 잡거나 가질 수 없는 것이므로 이 복덕의 쌓임을 받고 지닐 수 있다고 한 것이다"로 옮겼다.

이는 16장, 19장을 참고하라.

16장에서 "수보리야, 훗날 말세에 선남자 선여인이 이 경을 받아 지니고 읽고 외워서 얻을 공덕을 내가 일일이 다 말한다면, 혹 어떤 사람은 그 말을 듣고서 마음이 몹시 혼란스러워 의심하고 신뢰하지 않을 것이다."

19장에서 "수보리야, 복덕이라는 게 실제로 있다면, 받을 복덕이 많다고 여래가 말하지 않았을 것이다. 그러나 복덕이라는 게 없기 때문에 받을 복덕이 많다고 여래가 말했다."

만약 자아도 없고 생겨남도 없는 법들을 인욕으로써 성취한다면, 그 복덕은 측량할 수 없고 헤아릴 수도 없이 많다. 하지만 그 복덕에 탐착하지 않기 때문에 복덕이 없다고 말하는 것이다.

[정리] 자아도 없고 생겨남도 없는 법을 인욕으로 성취하다

수보리야, 어떤 보살이 갠지스 강의 모래알만큼 많은 세계에 칠보를 가득 채워 보시하더라도, 다른 어떤 사람이 모든 것에는 자아가 없다는 것을 인욕으로써 성취한다면, 이 보살은 앞의 보살보다 측량할 수 없고 헤아릴 수 없는 더 많은 공덕을 쌓을 것이다. 수보리야, 보살은 복덕을 받지 않기 때문이다."

　수보리가 붓다에게 여쭈었다.

　"세존이시여, 어찌하여 보살이 복덕을 받지 않는다고 합니까?"

　"수보리야, 보살은 복덕을 짓더라도 탐착하지 않는다. 그래서 복덕을 받지 않는다고 한 것이다.

29 여래란 어디로 가는 것도 아니고 어디로 부터 오는 것도 아니다

威儀寂靜分
위의적정분

須菩提 若有人言 如來若來若去若坐若臥 是人不解我所說義 何以
수보리 약유인언 여래약래약거약좌약와 시인불해아소설의 하이
故 如來者 無所從來 亦無所去 故名如來
고 여래자 무소종래 역무소거 고명여래

위의가 적정하다

수보리야, 어떤 사람이 '여래는 오기도 하고 가기도 하고 앉기도 하고 눕기도 한다'고 한다면, 이 사람은 내가 말한 뜻을 이해하지 못한 것이다.[1] 왜냐하면 여래란 온 일도 없고 간 일도 없기 때문이다. 그래서 여래라고 한다.[2]

[해설]

1) 산스끄리뜨어에는 "그런데 참으로 다시 수보리야, 어떤 자가 이와 같이 말하기를 '여래는 가거나 오거나 서거나 앉거나 눕는다'라 하면, 그는 나의 설한 바 뜻을 깊이 알지 못한다"로 되어 있다.

구마라집, 의정은 '약래약거약좌약와(若來若去若坐若臥)', 보리류지, 현장은 '약래약거약주약좌약와(若來若去若住若坐若臥)' 진제는 '행주좌와(行住坐臥)', 급다는 '거약불거약주약좌약와약(去若不去若住若坐若臥若)'로 옮겼다.

이는 17장을 참고하라.

17장에는 "왜냐하면 여래란 있는 그대로의 참모습을 뜻하기 때문이다."라고 했다.

2) 산스끄리뜨어에는 "그것은 왜 그런가? 수보리야, 여래라고 일컫는 것은 어디로 가지도 않았으며 어디로부터 온 것도 아니기 때문이다. 그래서 말하기를 여래 아라한 정등각이라 한다"로 되어 있다.

'여래'는 산스끄리뜨어로 tathāgata 이다.

17장에서 말했듯이 여래라고 일컫는 tathāgata 를 분석하면, thāta (thus, 如)+āgata (come, 來)로 보면 여래(如來)라는 뜻이 되고, thāta+gata (go, 去)로 보면 여거(如去)의 뜻이 된다. 이를 문자적으로 해석하면, tathāgata 라는 문자는 '來'와 '去'를 동시에 함께 지니고 있다. 즉 '오고 감'을 떠나 항상 여여(如如, tathātā, suchness)하다는 의미를 내포하고 있다.

　일체 법은 무아이고, 생멸이 없다. 즉 모든 것은 자아가 없고 생겨남이 없고 멸함이 없다. 그런데 어떻게 오고 감이 있겠는가?

　여래는 '유와 무, 생과 사, 하나(一)와 다수(多), 오고 감, 같음과 다름'이라는 이분법적 사고나 유위(有爲)의 분별로는 이해할 수 없고, 알 수 없고, 볼 수 없다.

　그래서 26장에서 "형상으로 나를 보거나, 음성으로 나를 찾으면, 그릇된 길을 가는 자이니, 여래를 볼 수 없으리. 법으로 부처를 보니, 여래는 법이 그 몸이다. 그러나 법은 의식의 경계가 아니니, 법은 깊어서 보기가 어려운 것이다."라고 했다.

　이 구절을 해석한 글들을 소개하면 이렇다.

　"여래는 어느 곳으로 가지도 않고, 어느 곳으로부터 오지도 않는다. 여여함은 움직이는 것이 아니고, 여래는 여여하기 때문이다. 여래를 형상이나 음성으로 찾는 사람이나 여래는 오고 간다고 생각하는 사람들은 어리석은 자들이다. 여래는 몸의 형상으로 볼 수 없다. 법이 여래의 몸이고, 법의 본성(the true nature of dharmas)은 오지도 가지도 않는다. 마술사가 마술을 부린 코끼리, 말, 마차, 전사들의 몸은 오지도 않고 가지도 않는다. 마치 이와 같이 여래는 오지도 않고 가지도 않는다. 부처의 몸은 하나의 원인이나 조건에 의해서 생겨난 것이 아니라, 많은 원인과 조건들이 결합하여 생겨난 것이다. 그러나 그것은 어디로부터 온 것이 아니다. 그 원인과 조건들이 사라지면 어디로 가는 것

이 아니다. 우리는 여래의 '오고 감'을 이렇게 바라보아야 한다. ―《도행반야경(道行般若經)》

오고 가는 것은 화신이다. 부처는 여여부동(如如不動)이다. 법계에 머물며, 하나(一)도 아니지만 다(多)도 아니다. ―Asaṅga(無着)

여래는 오지 않지만 오지 않는 것도 아니고, 가지 않지만 가지 않는 것도 아니고, 앉지 않지만 앉지 않는 것도 아니고, 눕지 않지만 눕지 않는 것도 아니고, 그러면서 고요히 머물러 있다. 그러함이 여래다. ―혜능(慧能).

부처는 모습이 없다. 그래서 '오거나, 가거나, 앉거나, 눕거나'라고 묘사할 수 없다. 묘사할 수 있다면, 형상을 지니고 있는 것이다. 그래서 붓다는 '형상으로 보는 것은 부처의 가르침을 잘못 이해한 것이다'라고 말한다. 부처는 여래로서 보는 것, 그것이 부처를 보는 것이다. 부처는 형상이 없다. 게다가 하늘과 세계에 꽉 차 있다. 그런데 어떻게 오고 감이 있겠는가? ―왕일체(王日體, ?-1173)

구름이 흘러가는가? 달이 움직이는가? 배가 떠가는가, 해변이 움직이는가? 달은 머물러 있는 것도 아니지만 움직이는 것도 아니고, 해변은 움직이는 것도 아니지만 머물러 있는 것도 아니다. 마찬가지로 여래는 움직이는 것도 아니고 고요히 머물러 있는 것도 아니다. 나타남과 사라짐(生滅)은 시각적인 착각이다. ―《원각경(圓覺經)》

물이 맑아지면 달이 비치지만, 달이 실제 온 것은 아니다. 구름이 끼면 달이 사라지지만, 달이 어디로 간 것은 아니다. 마음이 깨끗하면 부처를 보지만, 부처가 실제 온 것은 아니다. 마음이 더러우면 부처를 보지 못하지만, 부처가 어디로 간 것은 아니다. 마음이 순수한가, 불순한가에 달려 있는 것이다. 부처는 오는 것도 아니고 가는 것도 아니다. 32상의 몸은 단지 여래의 화신일 뿐이다. ―《화엄경(華嚴經)》(Red Pine, pp.403~406)"

[정리] 여래란 어디로 가는 것도 아니고 어디로부터 오는 것도 아니다

수보리야, 어떤 사람이 '여래는 오기도 하고 가기도 하고 앉기도 하고 눕기도 한다'고 한다면, 이 사람은 내가 말한 뜻을 이해하지 못한 것이다. 왜냐하면 여래란 어디로부터 온 것도 아니고 어디로 간 것도 아니기 때문이다. 그래서 여래라고 한다.

30 모이나 흩어지나 한 모습이다

一合離相分
일합리상분

須菩提 若善男子善女人 以三千大千世界 碎爲微塵 於意云何 是微
수보리 약선남자선여인 이삼천대천세계 쇄위미진 어의운하 시미
塵衆 寧爲多不 甚多 世尊 何以故 若是微塵衆實有者 佛則不說是
진중 영위다부 심다 세존 하이고 약시미진중실유자 불즉불설시
微塵衆 所以者何 佛說微塵衆 則非微塵衆 是名微塵衆 世尊 如來
미진중 소이자하 불설미진중 즉비미진중 시명미진중 세존 여래
所說三千大千世界 則非世界 是名世界 何以故 若世界實有者 則是
소설삼천대천세계 즉비세계 시명세계 하이고 약세계실유자 즉시
一合相 如來說一合相 則非一合相 是名一合相 須菩提 一合相者
일합상 여래설일합상 즉비일합상 시명일합상 수보리 일합상자
則是不可說 但凡夫之人 貪著其事
즉시불가설 단범부지인 탐착기사

모이나 흩어지나 한 모습이다

수보리야, 선남자 선여인이 삼천대천세계를 부수어 티끌로 만든다면 어떻게 생각하느냐? 이 티끌들이 많다고 생각하느냐?" [1]

"매우 많습니다, 세존이시여. 왜냐하면 이 티끌들이 실제로 있는 것이라면, 붓다께서 티끌들이라 하시지 않았을 것이기 때문입니다.[2] 왜냐하면 붓다께서 말씀하신 티끌들은 티끌들이 아니기 때문입니다. 그래서 티끌들이라 하셨습니다.[3]

세존이시여, 여래께서 말씀하신 삼천대천세계도 세계가 아니기 때문에 세계라고 하셨습니다.[4] 왜냐하면 세계가 실제로 있는 것이라면 하나로 합쳐진 형상일 텐데, 여래께서 하나로 합쳐진 형상은 하나로 합쳐진 형상이 아니라고 설하셨기 때문입니다. 그래서 하나로 합쳐진 형상이라 합니다.[5]"

"수보리야, 하나로 합쳐진 형상이란 말할 수 없는 것인데, 다만 범부들이 그것에 탐착할 뿐이다.[6]

[해설]

1) 산스끄리뜨어에는 "참으로 다시 수보리야, 선남자 선여인이 삼천대천세계에 있는 땅의 미진들만큼의 세계들을 헤아릴 수 없는 노

력으로, 원자덩이와 같은 그러한 형태의 가루로 만든다 하자, 이것을 어떻게 생각하는가, 수보리야. 참으로 그 원자덩이는 많다 하겠는가?"로 되어 있다.

"'원자'는 산스끄리뜨어로 빠라마누(paramāṇu)이다. parama(최고의, 최상의)와 āṇu(미세한 혹은 원자)로 이루어진 합성어이다(각묵 스님, 404쪽)."

구마라집, 보리류지, 진제는 '미진(微塵)', 급다, 의정은 '진(塵)', 현장은 '극미진(極微塵)'으로 옮겼다. 즉 모두 '티끌'의 뜻으로 옮겼다.

"'가루'는 산스끄리뜨어로 maṣi이다. '가루', 특히 불로 태워서 남는 잿가루나 숯가루를 뜻한다(각묵 스님, 403쪽)."

'가루로 만든다 하자'는 구마라집은 '쇄위미진(碎爲微塵)', 보리류지는 '쇄위미진아승기(碎爲微塵阿僧祇)', 진제는 '소성회말 합위묵환(燒成灰末 合爲墨丸)', 즉 '불태워서 잿가루로 만들고, 합하여 검고 둥근 덩어리로 되게 하다'로 옮겼고, 급다는 '피여시색류묵작이(彼如是色類墨作已)', 현장은 '색상위묵(色像爲墨)', 의정은 '쇄위묵진(碎爲墨塵)', 즉 '재로 만든다 혹은 잿가루로 만든다'의 의미를 넣어 옮겼다.

소명태자가 붙인 '一合離相'에서 '리(離 : 쪼개진)'는 극미한 미시적인 세계, '합(合 : 덩어리)은 삼천대천세계와 같은 거시적인 세계를 뜻한다고 볼 수 있다(이 제목이 다른 판본에는 '一合相理分' 혹은 '一合理相分'로 된 것도 있다).

2) 산스끄리뜨어에는 "그러합니다. 세존이시여, 그러합니다. 선서

시여, 그 원자덩이는 많습니다.

세존이시여, 그것은 왜 그런가 하면, 그 원자덩이가 [참으로] 많은 것이라면 세존께서 원자덩이라 설하지 않으셨을 것이기 때문입니다"로 되어 있다.

원자덩이가 '많은 것이라면' 대신에 구마라집, 보리류지, 진제, 현장은 '실유자(實有者)', 의정은 '실자(實者)' 등 티끌들이 '실제로 있는 것이라면'으로 옮겼고, 급다는 '유(有)', 즉 '있는 것이라면'으로 옮겼다.

3) 산스끄리뜨어에는 "그것은 왜 그런가하면, 여래께서 설하신 원자덩이, 그것은 [원자덩이가 아니라고 여래께서는 설하셨나니 그래서 말하기를 원자덩이라 하기 때문입니다"로 되어 있다.

여기서 말하는 '덩이'는 여러 개가 모아져 뭉쳐진 것으로 '다수(多)', 즉 '아주 많다'는 뜻이다. 수많은 티끌의 입자들이 모아져 뭉쳐진 것 혹은 수많은 원자들의 입자가 모아져 뭉쳐진 덩어리라는 것이다.

이는 8장에서 말했듯이 '무더기'란 어떤 것들이 모여서 형성된 것이다. 그러나 그것을 구성하고 있는 요소가 무엇이든 그것은 공하기 때문에 '무더기' 역시 공한 것이다. 그래서 사실은 '무더기'라고 하지만, 그것은 실체가 아니다.

즉 무더기나 덩이는 티끌이나 원자들이 많이(多) 뭉쳐서 크게(大) 형성된 것이지만, 무더기나 덩이 역시 공한 것이다. 그래서 무더기도 덩이도 아니라고 한 것이다.

'하나(一)와 다수(多)'는 우리의 관념이다. 하나(一)에 다수(多)가 들어 있는 것이다. 마치 모래 한 알에 우주가 담겨있는 것과 같다. 그래서 다수(多)가 하나(一)이고, 하나(一)가 다수(多)인 것이다. 이는 쪼개진다고 하나가 아니며, 합해진다고 다수가 아닌 것이다.

'크고(大), 작다(小)'는 분별도 마찬가지다. 여러 가지 원인과 조건들이 합해져 티끌이 되고, 티끌들이 합해져 세계가 되는 것이다. 그러나 아무리 작은 티끌도 공한 것이고, 아무리 큰 세계도 공한 것이다. '크고(大), 작다(小)' 역시 우리의 관념일 뿐이다.

그래서 부처의 눈으로 보면 모든 것은 같지도 않고, 다르지도 않다고 말한다.

4) 산스끄리뜨어에는 "그리고 삼천대천세계라 여래께서 설하신 것, 그것은 [삼천대천]세계가 아니라고 여래께서는 설하셨나니 그래서 말하기를 삼천대천세계라 하는 것입니다"로 되어 있다.

'그래서 말하기를 삼천대천세계라 하는 것입니다'를 구마라집은 '시명세계(是名世界)'로 옮겼고, 다른 모든 한역에서는 '삼천대천세계(三千大千世界)'를 넣어 옮겼다.

삼천대천세계도 세계가 아니라는 것은 혜안으로 보는 것이고, 그래서 삼천대천세계라고 하는 것은 법안으로 보는 것이다.

부처의 눈으로 보면 열반과 법계는 같지도 않지만, 다르지도 않다.

5) 산스끄리뜨어에는 "세존이시여, 그것은 왜 그런가하면, 만일 세계가 있다면 그것은 다만 한 덩어리로 뭉쳐진 것이기 때문입니다. 그리고 한 덩어리로 뭉쳐진 것이라고 여래께서 설하신 것, 그것은 [한 덩

어리로 뭉쳐진 것이 아니라고 여래께서는 설하셨나니 그래서 말하기를 한 덩어리로 뭉쳐진 것이라고 하기 때문입니다"로 되어 있다.

'한 덩어리로 뭉쳐진 것'은 산스끄리뜨어로 piṇḍa-grāha이다. piṇḍa는 '덩어리'를 뜻하고, grāha는 '움켜쥠, 붙잡음, 집착 혹은 파악, 이해, 견해'라는 뜻이다.

구마라집, 보리류지는 '일합상(一合相)', 진제는 '취일집(聚一執)', 급다는 '단취(摶取)', 현장은 '일합집(一合執)', 의정은 '취집(聚執)'으로 옮겼다.

이 세계는 모든 것이 다 뭉뚱그려져 있는 거대한 한 덩어리이다. 그러나 말했듯이 아무리 작은 '티끌'이라 하더라도 사실은 공한 것이다. 그래서 이것들이 뭉쳐져 아무리 거대한 세계를 이루더라도 결국 이 큰 '세계' 역시 공한 것이다.

우리가 말하는 '티끌, 돌, 꽃, 인간, 세계'는 모두 실재가 아니다. 또한 크든 작든 부드러운 것이든 딱딱한 것이든 흩어진 것이든 뭉쳐진 것이든 모두 실재가 아니다. 왜냐하면 모든 현상은 공이고, 공 아닌 것이 없기 때문이다.

그러나 실체가 있다는 것은 아니지만, 연기적으로 임시로 존재하기 때문에 '티끌, 돌, 꽃, 인간, 세계'라고 부르는 것이다. 다만 범부들은 이들이 각각 실제로 존재한다고 생각하고 자아, 인간, 중생, 목숨에 집착하고, 색, 성, 향, 미, 촉, 법에 집착한다.

6) 산스끄리뜨어에는 "그런데 수보리야, 한 덩어리로 뭉쳐진 것은

말로써 표현할 수 없고 희론할 수 없다. 그것은 법이 아니요, 법이 아님도 아니다. 그것은 다만 어리석은 범부들이 [그와 같이] 집착할 뿐인 것이다"로 되어 있다.

'말로써 표현할 수 없고 희론할 수 없다'는 구마라집, 보리류지는 '불가설(不可說)', 진제는 '단세언설(但世言說)', 급다는 '불세속어 불가설(不世俗語 不可說)', 현장은 '불가언설 불가희론(不可言說 不可戲論)', 의정은 '시세언론 연기체성 실무가설(是世言論 然其體性 實無可說)'로 옮겼다.

'그것은 법이 아니요, 법이 아님도 아니다'는 구마라집, 보리류지, 현장, 의정은 생략했고, 진제는 '시법비가언법(是法非可言法)', 즉 '이 법은 말할 수 있는 법이 아니다'로 옮겨 넣었고, 급다는 원문대로 '비법 비비법(非法 非非法)'으로 옮겼다.

첫 번째, 이 가르침은 '모든 것은 공이다'의 의미이다. 그러나 이것은 말로 표현할 수 없다. 왜냐하면 "공이 곧 색이고, 색이 곧 공이기 때문이다(空卽是色 色卽是空)." 공이기 때문에 법이 아니고, 색이기 때문에 법이 아닌 것도 아니다. 그러나 다만 어리석은 범부들은 공은 보지 못하고 색에 집착할 뿐이다.

두 번째, 이 가르침은 "하나와 다수의 견해를 극복하게 하기 위함이다. 붓다는 이를 설명하기 위해서 티끌 같은 원자와 우주를 방편으로 삼아 하나(一)도 아니고 다(多)도 아니라고 일깨워 주는 것이다. 왜냐하면 티끌 같은 원자도 하나(一)가 아니다. 그리고 우주도 다(多)가 아니다. 원자들이 함께 쌓여 우주를 만들 때, 그것은 하나이지만 그렇다고 하나도 아닌 것이다. 또한 우주가 티끌 같은 원자로 쪼개질 때, 그것은 다(多)이지만 그렇다고 다(多)도 아닌 것이다. 이런 견해로 보면, 하나(一) 혹은 다(多)의 모습을 설명하는 것은 불가능하다. －덕청(德淸, 1546-1623, 명나라 때 승려)(Red Pine, pp.410~411)"

"티끌이 곧 세계이다. 하지만 티끌, 돌, 꽃, 세계는 하나(一)도 아니지만, 다(多:각각)도 아니다. 즉 같지도 않지만, 다르지도 않다. 하나 속에 모든 것이 있고, 모든 것이 하나이다. 하나(一)나 다(多:각각)라는 외형으로 세계를 바라본다면, 아무 것도 볼 수 없다. 이름이나 모양은 모두 공한 것이다. 그래서 언어를 초월한다. －제불(濟佛)(Red Pine, p.414)"

그럼에도 불구하고 범부들은 오직 육안으로만 볼 뿐, 범부들에게는 이들이 각각 '실재'로 존재한다고 생각하는 것이 참이다.

그러나 하나와 다수, 티끌과 세계, 심지어는 '참과 거짓'도 마찬가지다. 부처의 눈으로 보면 참도 없고 거짓도 없다.

예컨대 "여래가 깨달은 법에는 참도 없고 거짓도 없다. 법도 아니고, 법이 아닌 것도 아니다."

"왜냐하면 참과 거짓도 별개가 아니기 때문이다. 거짓은 어리석은 범부들의 눈으로 보면 참이다. 반면에 참도 부처의 눈으로 보면 거짓이다. 그러나 이 거짓도 실재가 아니기 때문에 불가해하고 말로 설명할 수 없다. 그래서 이것은 법이 아니다. 그러나 사람들은 그것에 집착하기 때문에 그것은 법이 아닌 것도 아니다(Red Pine, p.416)."

예컨대 만약 티끌이 실재라면 티끌이 결합하여 세계를 형성할 수 없다. 만약 세계가 실재라면, 세계가 티끌로 분리될 수 없다. 한 덩어리로 뭉쳐져 생겨난 것이 작은 것이든 큰 것이든 유정이든 무정이든 그 무엇이든 실재가 아니다. 즉 어떤 원인과 조건들이 뭉쳐져 생겨난 '티끌, 돌, 꽃, 인간, 세계'라는 것들이 실재, 즉 실체가 있는 것이 아니다.

만약 어떤 실체가 실제로 존재한다면, 그것에 대한 집착에서 벗어날 수 없다. 마치 행성이 별을 중심으로 돌듯이 우리의 삶은 그것을 중심으로 맴돌게 될 것이다. 붓다는 우리에게 그것이 실재가 아니기 때문에 벗어날 수 있다고 말하는 것이다.

"또한 모든 것은 변한다. 산, 강, 일체 만물은 모두 변한다. 만약 그렇지 않았다면, 우리는 엄청난 난관에 처했을 것이다. 구제에 대한 희망도 갖지 못했을 것이다. 그러나 독립적이고, 영원히 변하지 않는 실체가 있는 그 무엇도 없기 때문에 깨달음에 이르는 길에 장애가 없는 것이다. 비록 어리석은 사람은 이 길을 걷기를 거부하지만, 그들은 아무 것도 보지 못하고 실체가 존재한다고 생각하기 때문에 오직 장애만 볼 뿐이다(Red Pine, p.410)."

다시 말해서 범부들은 공은 보지 못하고 이들이 각각 '실재'로 존재한다고 생각하고, 범부들이 그것에 탐착할 뿐이다.

[정리] 모이나 흩어지나 한 모습이다

수보리야, 선남자 선여인이 삼천대천세계를 부수어 티끌로 만든다면 어떻게 생각하느냐? 이 티끌들이 많다고 하겠느냐?"

"매우 많습니다, 세존이시여. 왜냐하면 이 티끌들이 실제로 있는 것이라면, 붓다께서 티끌들이라 하시지 않았을 것이기 때문입니다. 왜냐하면 붓다께서 말씀하신 티끌들은 티끌들이 아니기 때문입니다. 그래서 티끌들이라 하셨습니다.

세존이시여, 여래께서 말씀하신 삼천대천세계도 세계가 아니기 때문에 세계라고 하셨습니다. 왜냐하면 세계가 실제로 있는 것이라면 하나로 합쳐진 형상일 텐데, 여래께서 하나로 합쳐진 형상은 하나로 합쳐진 형상이 아니라고 설하셨기 때문입니다. 그래서 하나로 합쳐진 형상이라 합니다."

"수보리야, 하나로 합쳐진 형상이란 말로 설명할 수 없는 것인데, 다만 범부들이 그것에 탐착할 뿐이다.

31 일체 법을 이렇게 알고, 이렇게 보고, 이렇게 확신하라

知見不生分
지견불생분

須菩提 若人言 佛說我見人見衆生見壽者見 須菩提 於意云何 是人
수보리 약인언 불설아견인견중생견수자견 수보리 어의운하 시인
解我所說義不 世尊 是人不解如來所說義 何以故 世尊說我見人見
해아소설의부 세존 시인불해여래소설의 하이고 세존설아견인견
衆生見壽者見 卽非我見人見衆生見壽者見 是名我見人見衆生見
중생견수자견 즉비아견인견중생견수자견 시명아견인견중생견
壽者見 須菩提 發阿耨多羅三藐三菩提心者 於一切法 應如是知 如
수자견 수보리 발아뇩다라삼먁삼보리심자 어일체법 응여시지 여
是見 如是信解 不生法相 須菩提 所言法相者 如來說卽非法相 是
시견 여시신해 불생법상 수보리 소언법상자 여래설즉비법상 시
名法相
명법상

지견을 내지 마라

수보리야, 어떤 사람이 '붓다가 자아라는 견해, 인간이라는 견해, 중생이라는 견해, 목숨이라는 견해를 말했다'고 한다면, 수보리야, 어떻게 생각하느냐? 이 사람은 내가 말한 뜻을 이해했느냐?"[1]

"세존이시여, 그 사람은 여래가 말한 뜻을 이해하지 못했습니다. 왜냐하면 세존께서 말씀하신 자아라는 견해, 인간이라는 견해, 중생이라는 견해, 목숨이라는 견해는 자아라는 견해, 인간이라는 견해, 중생이라는 견해, 목숨이라는 견해가 아니기 때문입니다. 그래서 자아라는 견해, 인간이라는 견해, 중생이라는 견해, 목숨이라는 견해라고 하셨습니다."[2]

"수보리야, 아뇩다라삼먁삼보리를 구하려는 마음을 낸 자는 일체법을 이렇게 알고, 이렇게 보고, 이렇게 확신하고 이해하여 법이라는 생각을 내지 말아야 한다.[3]

수보리야, 법이라는 생각은 법이라는 생각이 아니라고 여래가 설했다. 그래서 법이라는 생각이라 한다.[4]

[해설]

1) 산스끄리뜨어에는 "그것은 왜 그런가? 수보리야, 어떤 자가 이

와 같이 말하기를, '여래는 자아라는 견해를 설하셨다. 여래는 중생이라는 견해, 영혼이라는 견해, 개아라는 견해를 설하셨다'라고 한다면, 참으로 그는 바르게 말하면서 말한 것인가?"로 되어 있다.

'그는 바르게 말하면서 말한 것인가?'는 구마라집은 '시인해아소설의부(是人解我所說義不)', 즉 '내가 말한 뜻을 이해했느냐?'로 옮겼고, 보리류지는 '시인소설 위정어부(是人所說 爲正語不)', 진제는 '시인언설 위정어부(是人言說 爲正語不)', 급다는 '정설어(正說語)', 현장은 '여시소설 위정어부(如是所說 爲正語不)' 등 '바른 말을 한 것인가?'로 옮겼고, 의정은 '시위정설 위부정야(是爲正說 爲不正耶)'로 '바르게 말한 것인가 바르지 않는 것인가?'로 옮겼다.

'견해'는 산스끄리뜨어로 드르스띠(dṛṣṭi, Pāli. 딧티diṭṭhi)이다.

이는 붓다가 생각뿐만 아니라 견해에 대해서도 벗어나게 하려는 것이다.

예컨대, "3장에서는 자아, 인간, 중생, 목숨이라는 '생각'에 얽매이지 말라고 했고, 4장에서는 겉모양에 대한 '생각'에 얽매이지 말라고 했다면, 여기서는 '견해'에 대해서도 얽매이지 말라는 가르침이다. 샨냐(sañña, 생각, Sk. 삼즈냐saṃjñā)는 견해보다는 훨씬 덜 치명적이다. 이것이 이 둘의 차이다. 그래서 생각을 다스리는 것이 훨씬 쉽다. 그래서 붓다는 이를 먼저 언급한 것이다. 견해는 마음의 돌에 생각이 새겨진 것과 같다(즉 생각이 집착으로 발전하고, 견해로 고착된다). 그래서 붓다는 이를 말하기 위해 지금껏 기다려왔던 것이다. 또한 산스끄리뜨어 드르쓰띠(dṛṣṭi)는 인식한다는 것뿐만 아니라 잘못 인식한다는 것도 내포하고 있다(Red Pine, p.421).”

여래가 말한 깊고, 모양도 없고, 조건에 구속받지 않고, 걸림이 없는 반야바라밀의 가르침을 깨닫지 못한 어리석은 범부들은 붓다가 말한 뜻을 이해하지 못하고, 여래가 자아라는 견해, 인간이라는 견해, 중생이라는 견해, 목숨이라는 견해를 이야기하고 있다고 생각한다. 그러나 여래가 말한 자아, 인간, 중생, 목숨이라는 견해는 견해가 아니다. 이를 깨닫게 하기 위해 여래는 먼저 자아, 인간, 중생, 목숨이라는 생각을 여의게 했고, 이제 어리석은 범부가 가지고 있는 자아라는 견해, 인간이라는 견해, 중생이라는 견해, 목숨이라는 견해에서 스스로 벗어나게 하려는 것이다.

즉 일체 법에는 자아가 없다는 것이다. 이것이 '자아'라는 견해이다. 일체 법에는 인간도 없다. 이것이 '인간'이라는 견해이다. 일체 법에는 중생도 없다. 이것이 '중생'이라는 견해이다. 일체 법은 생겨난 것도 아니고 멸하는 것도 아니다. 이것이 '목숨'이라는 견해이다.

그래서 여래가 말한 자아, 인간, 중생, 목숨이라는 견해는 견해가 아니다.

2) 산스끄리뜨어에는 "참으로 그렇지 않습니다, 세존이시여. 참으로 그렇지 않습니다, 선서시여. 그는 바르게 말하면서 말한 것이 아닙니다. 세존이시여, 그것은 왜 그런가 하면, 자아라는 견해라고 여래께서 설하신 것, 그것은 [자아라는] 견해가 아니라고 여래께서는 설하셨나니

그래서 말하기를 자아라는 견해라 하기 때문입니다"로 되어 있다.

이는 17장을 참고하라.

17장에서는 "수보리야, 보살이 무아법(無我法)을 통달한다면 여래는 그를 참된 보살이라 한다."라고 했다.

우리가 자아에 대한 집착을 끊고 무아법을 통달한다면, 모든 생각과 견해를 여의게 된다.

"가르침 자체는 아주 단순하다. 그러나 우리는 매우 복잡한 중생이고, 단순한 것을 아주 쉽게 오해한다. 붓다는 윤회의 수레바퀴의 굴레에서 벗어나지 못하게 하는 견해로부터 벗어나게 하기 위해 법을 설하고 있다. 그러나 이 법은 우리의 삶을 지배하고 끝없는 윤회를 낳게 하는 견해들에 대응하는 견해이다. 그래서 견해가 아니라고 말한다. 그러나 이 역시 방편으로 사용하는 순간 견해이고, 다른 견해와 마찬가지로 공하다(Red Pine, p.422)."

그래서 이를 깨닫고 나면 6장의 '뗏목의 비유'처럼 법에도 집착해서는 안 된다.

3) 산스끄리뜨어에는 "참으로 그와 같다. 수보리야, 보살승에 굳게 나아가는 자는 참으로 일체 법들을 알아야 하고 보아야 하고 확신을 가져야 한다. 법이라는 생각을 일으키지 않고 알아야 하고 보아야 하고 확신을 가져야 한다"로 되어 있다.

'알아야'는 산스끄리뜨어로 jñāta 이다. '알다(know)'의 뜻이다. 모든 한역에서 '지(知)'로 옮겼다.

'보아야'는 산스끄리뜨어로 draṣṭa이다. '보다(see)'의 뜻이다. 모든 한역에서 '견(見)'으로 옮겼다.

'확신'은 산스끄리뜨어로 아디목샤(adhimokṣa)이다(이는 6장을 참고하라). 구마라집, 급다, 현장는 '신해(信解)', 보리류지, 진제는 '신(信)', 의정은 '해(解)'로 옮겼다.

붓다는 이제 결론을 내리고 있다. 그렇다면 이제 우리는 일체 법을 어떻게 알아야 하고, 보아야 하고, 확신을 가져야 할까?

첫째, 모든 법은 자아가 없고, 태어남이 없다. 아뇩다라삼먁삼보리를 구하려는 선남자 선여인은 이렇게 알아야 한다.

둘째, 형상으로 여래를 볼 수 없다. 여래는 법이 몸이라고 보아야 한다. 아뇩다라삼먁삼보리를 구하려는 선남자 선여인은 이렇게 보아야 한다. 따라서 일체 법이 반야지혜라고 보아야 한다.

셋째, 이 경은 반야바라밀이다. 아뇩다라삼먁삼보리를 구하려는 선남자 선여인은 지혜의 완성에 이르는 이 가르침에 대한 확신을 가져야 한다. 지혜의 완성에 이르기 위해 반야바라밀로 마음을 다스려야 한다.

이제 우리는 "모든 법은 자아가 없고, 태어남이 없는 것을 알아야 한다. 모든 것은 법이 몸이라고 보아야 한다. 지혜의 완성에 이르는 가르침에 대한 확신을 갖고 마음을 다스려야 한다. 그러나 법이라는 생각을 일으키지 않고, 어떤 법에도 집착하지 말아야 한다(Red Pine, p.424)."

"이는 반야바라밀에 대한 가르침의 결론 부분이라고 할 수 있다. 수보리는 붓다의 가르침을 잘 받아들였고, 이제 수보리는 그의 동료들인 성문들과 신들에게 반야바라밀을 설할 수 있는 대표적인 제자가 되었다. 한 가지 약이 모든 사람들에게 효력이 있거나, 모든 병에 효력이 있는 것은 아니다. 만병통치약이란 없다. 분노로 고통을 받는 중생들에게, 붓다는 연민을 가르친다. 욕망으로 고통을 받는 중생들에게, 붓다는 선을 가르친다. 그리고 미혹으로 고통을 받는 중생들에게, 붓다는 지혜를 가르친다. 의사는 병이 나으면 환자가 약을 먹기를 바라지 않는다. 따라서 [깨달으면] 붓다의 법은 법이 아니다. 왜냐하면 모든 법은 자아만 없는 것이 아니라, 태어남이 없다는 것을 알았기 때문이다(Red Pine, p.422)."

4) 산스끄리뜨어에는 "그것은 왜 그런가? 수보리야, '법이라는 생각, 법이라는 생각'이라는 것, 그것은 [법이라는] 생각이 아니라고 여래는 설하였나니 그래서 말하기를 법이라는 생각이라 하기 때문이다"로 되어 있다.

법이라는 생각도 공한 것이다. 그래서 법이 아니라고 말한다. 그러나 중생을 구제하기 위해서 법을 방편으로 사용한다. 그래서 법이라고 말한다.

진리를 깨닫게 되면, 법도 아니고, 법이 아닌 것도 아닌 것이다.

[정리] 일체 법을 이렇게 알고, 이렇게 보고, 이렇게 확신하라

수보리야, 어떤 사람이 '붓다가 자아라는 견해, 인간이라는 견해, 중생이라는 견해, 목숨이라는 견해를 말했다'고 한다면, 수보리야, 어떻게 생각하느냐? 이 사람은 내가 말한 뜻을 이해했느냐?"

"세존이시여, 그 사람은 여래가 말한 뜻을 이해하지 못했습니다. 왜냐하면 세존께서 말씀하신 자아라는 견해, 인간이라는 견해, 중생이라는 견해, 목숨이라는 견해는 자아라는 견해, 인간이라는 견해, 중생이라는 견해, 목숨이라는 견해가 아니기 때문입니다. 그래서 자아라는 견해, 인간이라는 견해, 중생이라는 견해, 목숨이라는 견해라고 하셨습니다."

"수보리야, 아뇩다라삼먁삼보리를 구하려는 마음을 낸 자는 일체 법을 이렇게 알고, 이렇게 보고, 이렇게 확신하고 이해하여 법이라는 생각을 내지 말아야 한다.

수보리야, 법이라는 생각은 법이라는 생각이 아니라고 여래가 설했다. 그래서 법이라는 생각이라 한다.

32 모든 유위법은 꿈 같고 물거품 같다

應化非眞分
응화비진분

須菩提 若有人以滿無量阿僧祇世界七寶 持用布施 若有善男子善
수보리 약유인이만무량아승기세계칠보 지용보시 약유선남자선
女人 發菩薩心者 持於此經 乃至四句偈等 受持讀誦 爲人演說 其
여인 발보살심자 지어차경 내지사구게등 수지독송 위인연설 기
福勝彼 云何爲人演說 不取於相 如如不動 何以故
복승피 운하위인연설 불취어상 여여부동 하이고
一切有爲法 如夢幻泡影 如露亦如電 應作如是觀
일체유위법 여몽환포영 여로역여전 응작여시관
佛說是經已 長老須菩提 及諸比丘比丘尼 優婆塞 優婆夷 一切世間
불설시경이 장로수보리 급제비구비구니 우바새 우바이 일체세간
天人阿修羅 聞佛所說 皆大歡喜 信受奉行 金剛般若波羅密經
천인아수라 문불소설 개대환희 신수봉행 금강반야바라밀경

응화는 참 모습이 아니다

　수보리야, 어떤 사람이 한량없는 아승기 세계에 칠보를 가득 채워 보시하더라도, 보살의 마음을 낸 어떤 선남자 선여인이 이 경에서 네 구절만이라도 받아 지녀서 읽고 외우고 남에게 가르쳐 준다면, 그 복이 저 복보다 훨씬 낫다.[1]

　어떻게 남에게 가르쳐 주어야 하나? 생각을 갖지 말고, 여여(如如)하고 흔들리지 않아야 한다.[2] 왜냐하면,

　모든 유위법(有爲法)은
　꿈같고 허깨비 같고 물거품 같고 그림자 같고
　이슬 같고 번개 같기 때문이니
　이렇게 관찰해야 한다."[3]

　붓다께서 이 경을 다 설하시자 장로 수보리와 비구·비구니·우바새·우바이, 모든 세상의 천신·인간·아수라가 붓다의 말씀을 듣고 매우 기뻐하면서 금강반야바라밀경을 신뢰하고 받아들이고 받들어 행하였다.[4]

[해설]

　1) 산스끄리뜨어에는 "참으로 다시 수보리야, 보살마하살이 측량

할 수 없고 헤아릴 수 없이 [많은] 세계들을 칠보로 가득 채우고서 여래 아라한 정등각들께 보시를 행한다 하자. 그리고 다시 선남자 선여인이 이 반야바라밀 법문으로부터 단지 네 구절로 된 게송이라도 뽑아내어 [마음에] 간직하고 가르쳐주고 독송하고 이해하고 남들에게 상세하게 잘 가르쳐 준다면 이로 인해서 이것이 측량할 수도 없고 헤아릴 수도 없이 더 많은 공덕의 무더기를 쌓을 것이다"로 되어 있다.

이 마지막 구절에서도 붓다는 이 세상에서 가장 귀중한 칠보로써 보시하는 것보다 이 반야바라밀경의 단 하나의 게송만이라도 가르쳐 준다면 더 많은 공덕을 쌓을 것이라고 말한다.

여기서 소명태자가 붙인 응화(應化)는 응화신(응신 혹은 화신)을 뜻한다. 이는 어떤 중생이라 하더라도 이 경의 네 구절만이라도 '받아 지녀서 읽고 외우고 남에게 가르쳐 준다면', 그 공덕으로 인해 응화신의 실재 몸인 붓다가 지닌 몸을 얻게 된다는 뜻이다.

2) 산스끄리뜨어에는 "그러면 어떻게 자세히 가르쳐 주어야 하는가? 가르쳐 주지 않는 것처럼 해야 하나니 그래서 말하기를 자세히 가르쳐 주어야 한다고 하는 것이다"로 되어 있다.

보리류지는 '운하위인연설 이불명설 시명위설(云何爲人演說 而不名說 是名爲說)', 급다는 '운하급광설 여불광설 피고설명광설(云何及廣說 如不廣說 彼故說名廣說)', 의정은 '운하정설 무법가설 시명정설(云何正說 無法可說 是名正說)'로 옮겼다.

즉 이는 '설법이라고 할 게 없기 때문에 설법이라 한다'와 같은 맥락으로 옮겼다.

현장은 '운하위타선설개시 여불위타선설개시 고명위타선설개시(云何爲他宣說開示 如不爲他宣說開示 故名爲他宣說開示)'로 옮겼다.

즉 "어떻게 남에게 설법을 하고 열어 보여야 하는가?[설법을 하고 열어 보이는 것도] 이와 같이 설법이나 열어 보이는 것이 아니다. 그래서 설법이나 열어 보이는 것이라고 한다"로 옮겼다.

진제는 '운하현설차경 여무소현설 고언현설(云何顯說此經 如無所顯說 故言顯說)'로 옮겼다.

즉 "어떻게 이 경을 나타내고 설하겠느냐? 이와 같이 말로 나타낼 수 없는 것이므로 말로 나타내고 설하겠다"로 옮겼다.

그러면서 '여여부동 항유정설(如如不動 恒有正說)', 즉 "여여하고 흔들림이 없이 항상 바르게 설해야 한다"라고 덧붙였다.

구마라집은 '운하위인연설 불취어상 여여부동(云何爲人演說 不取於相 如如不動)'으로 옮겼다.

즉 "어떻게 남에게 가르쳐 주어야 하나? 생각을 갖지 말고, 여여하고 흔들리지 않아야 한다"로 옮겼다.

어떻게 남에게 가르쳐 주어야 할까? 가르쳐 주려는 생각을 갖지 말고, 여여하게 행동하라는 뜻이다.

주석가들에 따라, 이 구절에 대한 해석을 보면 크게 두 가지로 나눌 수 있다.

하나는 이 구절의 '운하(云何, how to)' 즉 '어떻게 가르쳐 주는가?'에 방점을 찍는 것이다. 그래서 많은 사람들이 이 게송처럼 가르쳐야 한다는 것으로 해석한다.

또 하나는 이와 크게 구별되는 것으로, 뮐러(Friedrich Max Müller)나 레드 파인(Red Pine)을 들 수 있다. 즉 '어떻게 가르쳐 주는가?'의 앞 구절보다 '[가르쳐 준다는] 생각을 갖지 말고, 여여(如如)하고 흔들리지 않아야 한다'라는 뒷 구절에 방점을 찍는 것이다.

왜냐하면 이 게송처럼 '일체 유위법은 꿈같고 허깨비 같고 물거품 같고 그림자 같고 이슬 같고 번개 같기 때문에' 가르칠게 없다. 그래서 가르친다고 할 게 없으므로 가르친다고 말한다.

이는 가르쳐 줄만한 게 없으므로 침묵하고, 그 대신에 여여하고 흔들림이 없는 '행동'으로써 가르침을 주라는 뜻이다.

붓다가 말했듯이 설한 바도 없고, 설할 법도 없기 때문이다.

이는 1장을 참고하라.

1장에는 "그때 세존께서 식사 때가 되자 가사를 입고 발우를 들고서 걸식하러 사위대성에 들어가셨다. 그 성에서 차례로 탁발을 하시고 나서 본래 머물던 곳으로 돌아와 공양을 마치고, 가사와 발우를 제자리에 놓고 발을 씻은 다음 자리를 펴고 앉으셨다."

존재로서의 붓다의 일상생활이 우리의 삶과 그렇게 다르지 않고, 너무도 평범한 하루 일과 속에서도 아무런 번뇌나 집착을 전혀 엿볼 수가 없다고 말한 바 있다.

'가르치지 않고 가르친다는 것'은 가사 한 벌, 텅 빈 발우, 붓다의 일상의 삶처럼 매일 수행하는 것으로부터 시작된다고 할 수 있다.

이처럼 우리가 무엇을 하든 집착하지 않고 행할 수 있고, 우리가 무엇을 하든 망념에 사로잡히지 않고 있는 그대로 바라볼 수 있다면, 그 삶이 '가르치지 않고 가르친다는 것'이고, 부처와 다를 바 없다는 것이다.

그래서 레드 파인은 '어떻게 가르쳐야 하는가?'라기보다는 '가르치지 않고도 가르쳐야 한다'는 데 방점을 찍고 있다.

그렇다면 이 장에 나오는 게송은 어떤 의미가 있는 걸까? 혹은 어떤 역할을 하는 걸까? 이는 다음 구절에서 설명하겠다.

3) 산스끄리뜨어에는 이렇다.

형성된 것은 참으로 이와 같이 보아야 하나니
별, 눈의 가물거림, 등불과도 같고
환영, 이슬, 물거품과도 같으며
꿈, 번개, 구름과 같다"고.

구마라집은 이를 '일체유위법 여몽환포영 여로역여전 응작여시관'으로 옮겼다. 이는 우리에게 잘 알려진 네 번째 사구게이다.

보리류지는 '일체유위법 여성예등환 로포몽전운 응작여시관(一切有爲法 如星翳燈幻 露泡夢電雲 應作如是觀)', 진제는 '응관유위법 여암예등환 로포몽전운(應觀有爲法 如暗翳燈幻 露泡夢電雲)', 급다는 '성예등환 로포몽전 운견여시 차유위자(星翳燈幻 露泡夢電 雲見如是 此有爲者)', 현장은

'제화합소위 여성예등환 로포몽전운 응작여시관(諸和合所爲 如星翳燈幻 露泡夢電雲 應作如是觀)', 의정은 '일체유위법 여성예등환 로포몽전운 응작여시관(一切有爲法 如星翳燈幻 露泡夢電雲 應作如是觀)'으로 옮겼다.

"붓다는 이 경을 시작하면서 수보리에게 아뇩다라삼먁삼보리를 구하려는 사람은 자아라는 생각, 인간이라는 생각, 중생이라는 생각, 목숨이라는 생각에 집착하지 않고, 중생을 구제한다는 생각에도 집착하지 않고, 일체 중생을 구제하려는 마음을 일으킴으로써 지혜와 연민을 닦아야 한다고 말했다.

이 마지막 장에서 붓다는 지혜와 연민이 결합된 가르침을 압축해서 보여주고 있다. 즉 중생을 구제하고 가르치되, 가르친다는 생각을 갖지 말고, 가르치지 않고 가르치는 것이다. 이렇게 가르침을 설하는 사람은 누구나 붓다가 하듯이 하는 것이다. 이것이 붓다에 이르는 길이고, 붓다의 도고, 불가사의한 씨앗을 뿌리는 것이고, 불가사의한 과보를 얻는 것이고, 금강의 몸을 얻는 것이다. 그 어떤 것도 다만 허상일 뿐이다(Red Pine, 430).”

그렇다면 이 게송은 어떤 의미가 있는 걸까? 레드 파인(Red Pine)은 이 게송은 헤어질 때 하는 인사말이라고 한다. 그가 이 게송에 대한 해설을 하였는데, 꽤 특색 있는 해설이라 생각되어 소개하면 이렇다.

"이 경을 대표하는 게송으로는 오히려 26장의 게송이라 할 수 있다. 이 경의 전체를 더 잘 설명하고 더 잘 나타내고 있기 때문이다. 그래서 여기 32장의 게송은 단순히 인사말로 보는 게 낫다. 즉 '다시 만날 때까지, 텅 빈 발우에 이 게송을 담아준다'는 의미로 읊은 것이다. '모든 존재, 모든 중생, 이 가르침, 이 경, 이 공덕, 이 깨달음, 이 모든 것이 실재가 아니라고 여기라'라며, 붓다가 헤어질 때 건네는 인사 방법으로 읊는 정형화된 게송이라는 것이다. 왜냐하면 이 게송은 《금강경》에만 나오는 것이 아니기 때문이다. 이는 《대반야경》 안에 《금강경》 바로 앞에 실려 있는 《오백송반야경》에서도 '가르치지 않고도 가르쳐야 한다'면서 이 게송으로 끝을 맺고 있는 것으로도 알 수 있다 (Red Pine, pp.432~433)."

즉 붓다가 헤어질 때 건네는 인사로 이 게송을 읊었고, 다시 만날 때까지 잘 가라며 이 게송을 텅 빈 발우에 담아주듯 이 게송을 마음에 담아두라는 뜻으로 볼 수 있다는 것이다.

4) 산스끄리뜨어에는 "세존께서 이렇게 말씀하셨다. 장로 수보리와 그리고 그들 비구·비구니·우바새·우바이들과 보살들과 천·인·아수라·간다르와 등 [모든] 세계는 세존의 말씀을 듣고 환희하고 기뻐했다"로 되어 있다.

'비구'는 산스끄리뜨어로 bhikṣu이다. 구마라집, 보리류지, 진제, 급다는 '비구(比丘)', 현장, 의정은 '필추(苾芻)'로 옮겼다.

'비구니'는 산스끄리뜨어로 bhikṣuṇy이다. 구마라집, 보리류지, 진제, 급다는 '비구니(比丘尼)', 현장, 의정은 '필추니(苾芻尼)'로 옮겼다.

'우바새'는 산스끄리뜨어로 upāsaka이다. 구마라집, 보리류지, 진제, 급다는 '우바새(優婆塞)', 현장, 의정은 '오파삭가(鄔波索迦)'로 옮겼다.

'우바이'는 산스끄리뜨어로 upāsikā 이다. 구마라집, 보리류지, 진제, 급다는 '우바이(優婆夷)', 현장, 의정은 '오파사가(鄔波斯迦)로 옮겼다.

'아수라'는 산스끄리뜨어로 asura이다. 구마라집, 보리류지, 진제, 급다는 '아수라(阿修羅)', 현장은 '아소락(阿素洛)', 의정은 '아소라(阿蘇羅)'로 옮겼다.

'간다르와'는 산스끄리뜨어로 gandharva이다.

'보살과 간다르와'는 구마라집, 진제는 생략했고, 보리류지는 '보살마하살(菩薩摩訶薩), 건달바(乾闥婆)'로 옮겼고, 급다는 '건달바(乾闥婆)', 현장은 '건달박(健達縛)'으로 보살은 생략하고 옮겼고, 의정은 '보살마하살(菩薩摩訶薩)'로 건달바는 생략하고 옮겼다.

이는 "붓다가 《금강경》을 설한 때가 초기 제자들을 중심으로 이루어진 비구 집단을 넘어 비구니·우바새·우바이들과 보살들과 천·인·아수라·간다르와 등까지를 포함한 것으로 보아 그 이후의 진전된 시기였던 것으로 보인다. 간다르와는 진리를 수호하는 천상의 신이다(Red Pine, p.435)."

그런 다음 산스끄리뜨어에는 "이렇게 고귀한 금강이요 복덕 구족한 반야바라밀은 완결되었다(iti Ārya-Vajracchedikā Bhagavatī prajñāpāramitā samāptā)"로 끝을 맺고 있다(각묵 스님, 430쪽)."

구마라집은 '금강반야바라밀경(金剛般若波羅密經)'을 끝으로 이 경을 마치고 있고(해인사 《고려대장경》 판본), 보리류지, 진제, 현장은 '신수봉행(信受奉行)', 급다는 '귀명일체불보살해등(歸命一切佛菩薩海等)', 의정은 '불설능단금강반야바라밀다경(佛說能斷金剛般若波羅密多經)'으로 끝을 맺었다.

보리류지, 진제, 현장, 의정의 모든 한역에서는 진언(眞言)은 생략하였고, 급다는 '귀명일체불보살해등(歸命一切佛菩薩海等)', 즉 '모든 불보살들의 세계에 귀의합니다' 로 진언을 대신한 듯싶다.

[정리] 모든 유위법은 꿈 같고 물거품 같다

수보리야, 어떤 사람이 한량없는 아승기 세계에 칠보를 가득 채워 보시하더라도, 보살의 마음을 낸 어떤 선남자 선여인이 이 경에서 네 구절만이라도 받아 지녀서 읽고 외우고 남에게 가르쳐 준다면, 그 공덕이 저 공덕보다 측량할 수도 없고 헤아릴 수도 없이 더 많은 공덕을 쌓을 것이다.

어떻게 남에게 가르쳐 주어야 하나? 가르쳐 준다는 생각을 갖지 말고, 여여(如如)하고 흔들리지 않아야 한다. 왜냐하면,

모든 형성된 것(有爲法)은
꿈같고 허깨비 같고 물거품 같고 그림자 같고
이슬 같고 번개 같기 때문이니
이렇게 관찰해야 한다."

붓다께서 이 경을 다 설하시자 장로 수보리와 비구·비구니·우바

새·우바이, 모든 세상의 천신·인간·아수라가 붓다의 말씀을 듣고 매우 기뻐하면서 금강반야바라밀경을 신뢰하고 받아들이고 받들어 행하였다.

眞言
진언

那謨婆伽跋帝 鉢喇壤 波羅弭多曳

나모바가발제 발라양 바라미다예

唵 伊利底 伊室利 輸盧駄 毗舍耶 毗舍耶 莎婆訶

옴 이리지 이실리 수로다 비사야 비사야 사바하

'진언'은 '진리의 말'이라는 뜻이다. 산스끄리뜨어로 다라니(dhāraṇī, 陀羅尼)라 하고, 한역으로는 '모든 것을 지니고 있다'는 뜻에서 총지(總持)라고도 한다.

진언은 말 그대로 진언이기 때문에 굳이 해석을 할 필요가 없다. 진언은 염송하는 것이다.

굳이 해석을 한다면, 이 진언은 나모(namo)로 시작해서 쓰와하(savāhā)로 끝난다. 나모(namo)는 '나무(南無)', 즉 '귀의한다'는 뜻이다. 그래서 첫 번째 구절은 '세존 반야바라밀에 귀의합니다'의 뜻이다.

물론 이 진언을 완전히 이해하고 해석하면 좋겠지만, 사실 이것으로 된 것이다. 진언은 그 자체로서 신성한 힘을 지니고 있기때문이다.

그래서 두 번째 구절은 그 뜻을 애써 이해하려는 것보다 깨달음이나 서원을 비는 마음으로 주문을 염송하는 것이 낫다.

다만 옴(oṃ)은 a-u-m의 합성어로 세 자(字)는 각각 우주만물의 발생·유지·소멸, 즉 처음부터 끝까지라는 뜻을 함축하는 진언으로 신성한 '우주의 소리'이다. 그리고 맨 끝 쓰와하(savāhā)는 보통 진언 끝에 축복이 깃들기를 비는 말이라고 할 수 있다. '그렇게 되기를 바란다'의 원만성취의 뜻으로 염원을 담고 있는 말이다.

이렇게 고귀한 금강이요 복덕 구족한 반야바라밀은 완결되었다.